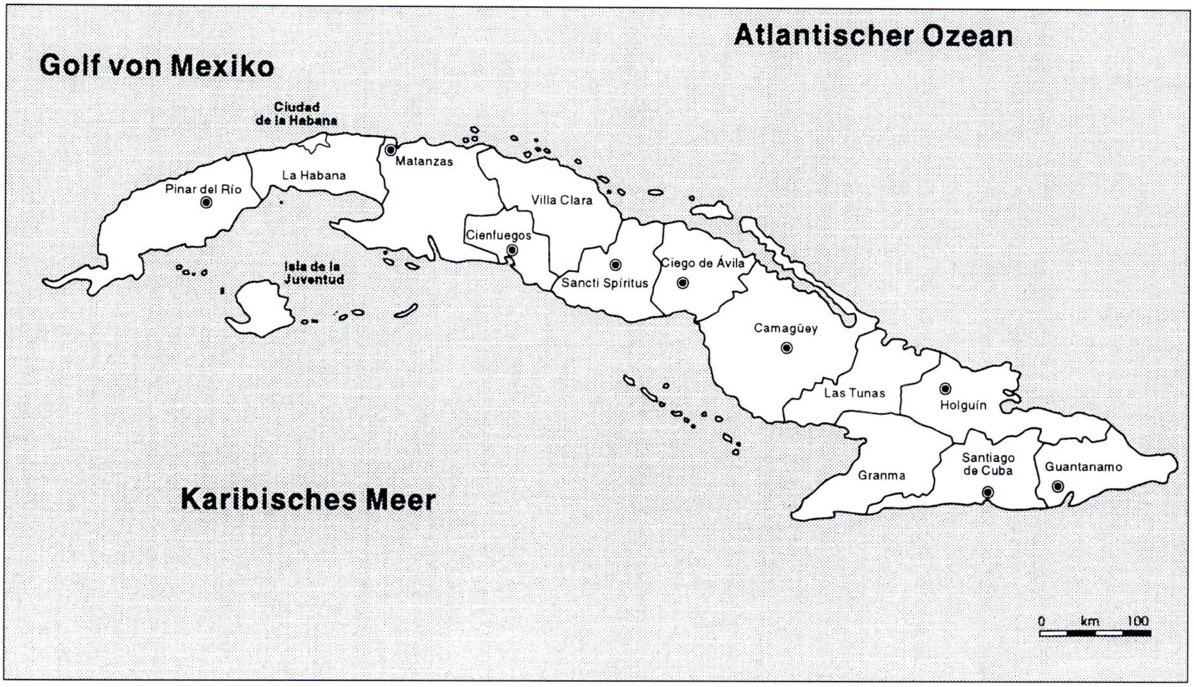
Atlantischer Ozean
Golf von Mexiko
Ciudad
de la Habana
Matanzas
La Habana
Pinar del Río
Villa Clara
Cienfuegos
Isla de la
Juventud
Sancti Spíritus
Ciego de Ávila
Camagüey
Las Tunas
Holguín
Granma
Santiago
de Cuba
Guantanamo
Karibisches Meer
0 km 100

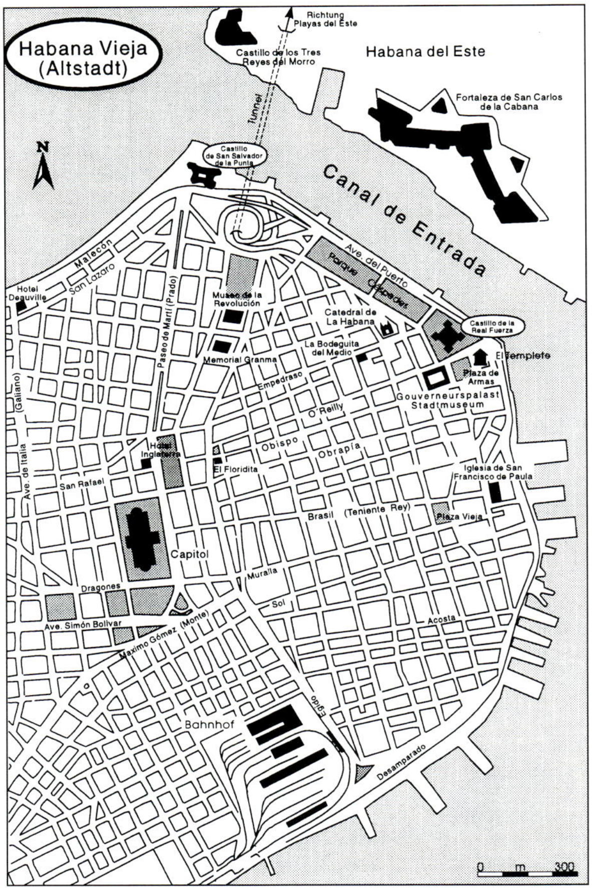
Habana Vieja
(Altstadt)
Richtung
Playas del Este
Castillo de los Tres
Reyes del Morro
Habana del Este
Fortaleza de San Carlos
de la Cabana
Tunnel
Castillo
de San Salvador
de la Punta
N
Canal de Entrada
Malecón
San Lazaro
Hotel
Deauville
Ave. del Puerto
Parque
Céspedes
Museo de la
Revolución
Paseo de Martí (Prado)
Catedral de
La Habana
Castillo de la
Real Fuerza
La Bodeguita
del Medio
El Templete
Memorial Granma
Plaza de
Armas
Empedrado
(Galiano)
O'Reilly
Gouverneurspalast
Stadtmuseum
Obispo
Obrapía
Hotel
Inglaterra
El Floridita
Iglesia de San
Francisco de Paula
Ave. de Italia
San Rafael
Brasil (Teniente Rey)
Plaza Vieja
Capitol
Muralla
Dragones
Sol
Acosta
Ave. Simón Bolívar
Maximo Gómez (Monte)
Egido
Bahnhof
Desamparado
0 m 300

Sven Creutzmann Henky Hentschel

Salsa einer Revolution

Eine Liebeserklärung an Cuba zum 40. Geburtstag

Mit Photographien
von Sven Creutzmann
und Texten von
Henky Hentschel

Rogner & Bernhard bei Zweitausendeins

1. Auflage, Januar 1999.
2. Auflage, Juni 1999.

ISBN 3-8077-0191-5

Lektorat: Evelin Schultheiß, Benkel.
Mitarbeit: Peter Graf, Aachen, Kay Dohnke, Hamburg.
Umschlag: Kathrin Steigerwald, Hamburg.
Herstellung und Gestaltung: Eberhard Delius, Berlin.
Satz: Theuberger, Berlin.
Gesetzt aus der Bramley.
Lithographie: Steidl / Schwab Scantechnik, Göttingen.
Druck: Steidl, Göttingen.
Bindung: Lachenmaier, Reutlingen.
Printed in Germany.

Dieses Buch gibt es nur bei Zweitausendeins im Versand, Postfach, D-60381 Frankfurt am Main, Telefon 069 - 420 8000 oder 01805 - 23 2001, Fax 069 - 415 003 oder 01805 - 24 2001.
Internet www.zweitausendeins.de, E-Mail info@zweitausendeins.de.
Oder in den Zweitausendeins-Läden in Berlin, Düsseldorf, Essen, Frankfurt, Freiburg, 2 x in Hamburg, in Köln, Mannheim, München, Nürnberg, Saarbrücken, Stuttgart.

In der Schweiz über buch 2000
Postfach 89, CH-8910 Affoltern a. A.

Inhalt

Die Aguacate - Straße der kleinen Freuden . 22

Montagsenergie 29

»Revolution« von Miguel Barnet 32

Irrfahrten eines Eintopfs - Cubas Kreuzweg durch die Geschichte 33

Zeittafel 54

»Süßes Schicksal« - Vom gelungenen Versuch einer Pflanze, eine Insel zu versklaven 56

Verzuckert 63

Geschenk des Teufels - Der Tabak 70

Die »Auferstehung« der afrocubanischen Religionen 80

Vom Son zur Salsa und zurück 90

»Erdbeer und Schokolade« oder: Wenn der Wind sich dreht - Der Autor Senel Paz . . . 114

La cubana 122

Engelland - Der Friedhof »Cristobal Colon« 130

»Vedado« von Miguel Barnet 141

Die Insel auf der Insel - Alt-Havanna 142

Der Rettungsanker - Licht und Schatten der Tourismusindustrie 154

Durchs Netz gefallen 160

Der Reichtum des Volkes - Springflut der Bildung 165

Perspektiven im Sozialismus - Drei Interviews 170

Alltag 174

Halbgott in Grün - Fidel Castro 178

Die Blockade - 38 Jahre Krieg der USA gegen die Cubaner 190

Die Insel der trotzigen Sieger - Cubas Sportler 198

Die Machbarkeit der wundersamen Heilungen - Das Gesundheitssystem 204

Von der entfesselten Phantasie eines Volkes 211

»Es gibt Leute« von Miguel Barnet 221

Von Macht und Ohnmacht der Ideologie 222

Ein Volk macht Front - Katastrophenschutz der sozialistischen Art 236

Warten auf Lilly 239

»Der Dichter auf der Insel« von Miguel Barnet 244

Bibliographie und Quellen 246

Copyrighthinweise, Dank 247

Vorbemerkung

Dieses Buch erhebt keinen Anspruch auf Vollständigkeit,
ebensowenig will es »objektiv« sein.
Es ist ein Mosaik aus unseren Eindrücken und Erfahrungen und so
widersprüchlich wie unsere Gefühle, wie die Gefühle der meisten Ausländer,
die auf Cuba leben, und die heute denken, sie würden
dieses Land verstehen, aber morgen schon wieder
an seiner Unverständlichkeit verzweifeln. Die Wahrheit hält
sich in diesem faszinierenden Land versteckter
als anderswo, und wir sind sicher, sie nicht gefunden zu haben.
Zumindest aber haben wir versucht,
die Unwahrheit zu vermeiden.

SVEN CREUTZMANN   HENKY HENTSCHEL

Dieses Land überrascht einen immer wieder.
Es passieren sehr seltsame Dinge. Man muß fest im Guten
stehen, um nicht den Kopf zu verlieren.
Ich meine ernst, was ich
sage, ganz ernst.

Der Galizier
in »Alle träumten von Cuba«
von Miguel Barnet

Danzón in der »Casa de los Estudiantes« in Santiago de Cuba

Salsa spontan in Havanna

»Balsero-Krise« 1994: Flucht nach Florida

Abschied von den *balseros* in Cojimar

nächste Seite:
Altstadtleben in Havanna - die Aguacate am Abend

FELIZ

Frauen privat: Lisandra, Damaris und Marysol in der Altstadt von Santiago de Cuba

Frauen im Dienst: Aufmarsch weiblicher Miliztruppen auf dem »Platz der Revolution« in Havanna

Bauern in einer *bodega*, einem staatlichen Lebensmittelgeschäft in El Toro, ein Dorf in den Bergen von Pinar del Rio westlich von Havanna

Bauern auf ihrer Farm im Tal von Viñales in der Provinz Pinar del Rio

nächste Seite:
Gitarrentrio in einem Buchladen in der Altstadt von Santiago de Cuba.
übernächste Seite:
Mythos Che: Guevara-Silhouette am Gebäude des Innenministeriums, »Platz der Revolution« in Havanna

XVIII FESTIVAL DEL CARIBE
Ernesto Che Guevara
POMBO
CAMILO
CUBA

Die Aguacate

Straße der kleinen Freuden

Es wird schon seinen Grund haben, daß das Leben auf Cuba
schon immer so teuflisch verzwickt und würzig war.
FERNANDO ORTIZ

»Dímelo!« ruft Gonzalo von der anderen Seite der Straße, »sag's mir!« und dabei reckt er die geballte Linke nach oben, und seine dünnen, alten Lippen öffnen sich zu einem Lächeln oder auch zu einem tonlosen Lachen, während der Zeigefinger der Rechten erst auf einen Knoblauchzopf und dann auf einen Haufen hellgrüner Prinzeßzitronen deutet. Aber heute morgen sage ich weder »Knoblauch!« noch »Zitronen!«, weder »Rum!« noch »Damenbinden!«, »Benzin!«, »Frankfurter Würstchen!«, »Bananen!«, »Zigaretten!« oder »Kaffee!«.

Nichts aus dem reichhaltigen Angebot meines Nachbarn fehlt ausnahmsweise in meinen gehamsterten Vorräten, und so erwidere ich reuevoll, aber kopfschüttelnd: »Tut mir leid, Kapitän!« denn obwohl er nie in seinen 80 Lebensjahren ein Schiff betreten hat, trägt Gonzalo wie immer eine blaue Kapitänsmütze mit schwarzem Schild auf dem Kopf. Was mir heute aus dem unterirdischen Beschaffungssystem Alt-Havannas zupaß käme, das wären Rohre und ein Gewindeschneider, um das Wasser in meiner Wohnung im vierten Stock der Nummer 13 wieder zum Laufen zu bringen, aber für Wasser ist Gonzalo nicht zuständig. Der Wassermann hier wohnt ein paar Häuser weiter in dieser Straße der kleinen Freuden und winzigen Gewinne. »Aguacate« heißt sie, und sie bildet eines der vielen, unscheinbaren Eingangstore in das Labyrinth der Altstadt.

Dem Touristen sagt sie nichts, aber einem guten Zuhörer erzählt sie wie die Rue de Seine in Paris oder die Untere Straße in der Heidelberger Altstadt oder die Gassen um die Piazza Farnese im Herzen Roms vom Strom des Lebens, von seiner Geschwindigkeit und seinem Rhythmus, seiner Essenz und seiner Vielfalt, von dem eben, was wirklich geschieht unter dem bleiernen Himmel der großen Politik, der Systeme und Ideologien in ihren jeweiligen Krisen. Die Aguacate, unscheinbar, altersschwach und salpeterzerfressen, erzählt ihre Geschichte auf Cubanisch, und ich höre ihr zu wie einer schönen Mulattin auf der Mauer des »Malecón«. Sie spricht aus den Mündern Gonzalos und seiner Mitstreiter in der *lucha*, dem Kampf ums tägliche Brot. Sie spricht aus den Erkern und schäbig gewordenen Fassaden zwei- und vierstöckiger Häuser, aus schmiedeeisernen Balkongittern und wuchernden Topfpflanzen, trocknender Wäsche, Wasserbehältern auf Flachdächern, Schlaglöchern und Pfützen, Fernsehantennen und – ja, sogar aus dem Müll der zehn aneinandergelehnten Häuser in ihrem meernahen Anfangsstück, in dem ich wohne und ihr lausche, Tag für Tag. Sie erzählt von Wärme und Nachbarschaft, von gegenseitiger Hilfe und ärmlichen Festen, von Neid, Eifersucht, Liebe und Haß, von Armut, verlorenen Arbeitsplätzen, schlechtem Brot und billigem Fusel, von streikenden Sowjet-Kühlschränken und rostenden Ami-Schlitten – kurzum vom Alltag eines sorgengeplagten Volkes in der Krise, das sich genervt die Frage stellt: wie lange noch?

Um diese frühe Morgenstunde allerdings schweigt die Aguacate noch. Der »Engel von Tejadillo«, die Bar an der Ecke der gleichnamigen Querstraße, schläft noch hinter heruntergelassenen, eisernen Rolläden. Aus den Mini-Cafeterias links und rechts von Gonzalos Wohnung strömt noch kein Kaffee- oder Pizzaduft, und selbst die fetten, weißen Hühner, die Odalys auf dem Balkon im dritten Stock der Nummer acht züchtet und außerdem heftig liebt, warten noch schweigend und voller cubanisch-stoischer Geduld hinter den Vorhängen ihrer Käfige auf Futter. Nur Gonzalo, der diesen Teil der schmalen Straße wie ein Denkmal beherrscht, hat die Arbeit bereits aufgenommen und sitzt in seinem Hauseingang, als habe er da die ganze Nacht zugebracht. »Dímelo!« ruft er den Vorübergehenden zu und schwingt den Knoblauchzopf vor seinem monatlich schmaler werdenden Bauch, aber die Geschäfte gehen schleppend in Zeiten der Krise, das Geld klebt in den Taschen, und betuchte Cubaner verirren sich um diese Zeit nur selten in die Aguacate. Gonzalo bleibt gelassen. Noch hat er seine Havanna, und nach jedem »Dímelo!« schiebt er sie in den Mund und kaut bedächtig an ihrem Ende, denn angezündet wird das Luxusstück erst nach dem Mittagessen oder wenn der Knoblauch verkauft ist.

Als ich eine Stunde später zurückkomme – der Wassermann hat keine Rohre auftreiben können, und sein Gewindeschneider ist immer noch kaputt –, fällt das Sonnenlicht in spitzem Winkel über die Kreuzung, im »Engel« ziehen sie die Läden hoch, und Gonzalo hat sechs Zitronen und ein Fünftel des Knoblauchs verkauft. Die Aguacate ist aufgewacht und beginnt zu sprechen – vom Geschäft natürlich. Die dicke Mulattin aus der Sechs bietet Dosenbier für 70 Cents an. Das abgehärmte Mädchen im Eckhaus versucht es mit romantischen Gemälden. Zigarren warten in Hinterhöfen – »Echte Montecristo, direkt aus der Fabrik gestohlen, Mann, ich schwör's dir bei der Jungfrau von Regla!« –, und der Junge aus Tejadillo, der

Gonzalo und seine Frau vor ihrem Haus in der Aguacate

mit den guten Beziehungen zu Fischern und Bauern, bietet Leckerbissen wie Langusten, Garnelen oder weißen Käse feil, Delikatessen, die für die meisten unerschwinglich sind.

Alle Fenster sind jetzt geöffnet, und in den oberen Stockwerken mischen sich Schleier aus Musik mit Kaskaden tropischen Lichts, während unten im Schlagschatten der Häuser mit geraden Nummern die ersten Diskussionen des Tages beginnen, Auseinandersetzungen über Baseball und Frauen, Geschäfte und Gaunereien. Die Hände sagen dabei weitaus mehr als die Münder. Die Zuhörer biegen sich vor Lachen bei einer gelungenen Pointe, während der Freund und Gegner sprachlos mit den Händen fuchtelt, bis ihm die letzte, die Überpointe, einfällt und er den anderen schachmatt setzt. Die Begleitmusik für Geschäft und Geschwätz liefern Fahrradklingeln, denn auf der wirtschaftlichen Talfahrt sind die Cubaner die Chinesen der Karibik geworden. Millionen von Stahlrössern rollen über die Insel, und wem die Klingel noch nicht gestohlen worden ist, der klingelt. Die anderen pfeifen durch die Zähne, um sorglose Fußgänger zu warnen. An dieser Geräuschkulisse würde ich Cuba mit geschlossenen Augen erkennen.

Im Lagerraum der *bodega* gegenüber dem »Engel« liegt eine Lastwagenladung grüner Bananen, und zwischen dem Wassertank der Aguacate und der Kreuzung warten rund zwei Dutzend Frauen und ältere Männer mit ihren Einkaufstaschen in der Hand darauf, an die Reihe zu kommen. Es gibt kein Gedrängel und kein Geschiebe. Wer sich zu der Gruppe gesellt, fragt nach »el ultimo«, dem letzten. Der hebt die Hand, und jetzt ist der Neuankömmling selbst der Letzte. Die Zeit für einen Schwatz ist gekommen. Was machen die Enkel? Wie geht's den Verwandten in den USA? Ist der Onkel immer noch im Krankenhaus? Man kennt sich, man weiß übereinander Bescheid, in so enger Nachbarschaft hätten Geheimnisse keine Überlebenschance. Jeder weiß, wer was zu verkaufen hat, wer ohne Lizenz Taxi fährt und wer illegal Zimmer an Touristen vermietet. Eigentlich könnte jeder jeden anzeigen. In Wirklichkeit verrät keiner keinen, und Väterchen Staat, verkörpert durch die blonde Vorsitzende des »Komitees zur Verteidigung der Revolution«, drückt beide Augen zu.

Auf der braunlilarosafarbenen Fassade der *bodega* prangt lachend und mit den Händen winkend die Frucht, der die Straße ihren Namen verdankt, die *aguacate*, die Avocado, aber verkauft wird sie hier seit Jahren schon nicht mehr.

Seit Ausbruch der Krise gibt es nur noch Kartoffeln für 30 Centavos das Pfund, Bananen für den gleichen Preis, Orangen für 25 und Kohl für 20 Centavos - das alles auf die *libreta*, das Büchlein, das zum Erwerb staatlich subventionierter Nahrungsmittel berechtigt. Für zwei Wochen im Monat hält die *libreta* die Aguacatianer am Leben. Die andere Hälfte des Monats liegt in den Händen Gottes, der ausgewanderten Angehörigen oder der *lucha*. Aber, selbst in den schlimmsten Zeiten ist keiner verhungert, und jetzt, da es wieder aufwärts geht, droht die Eisenwaage aus den Anfängen des Jahrhunderts nicht mehr am Rost der Untätigkeit zu sterben.

Um ein Uhr mittags dreht der *bodeguero* die Salsa-Musik aus seinem Radio ab und schließt. Sofort springen die Kellner des »Engel« mit Schnulzen der beiden Iglesias in die musikalische Bresche, obwohl die Aguacate jetzt wie tot unter der Mittagssonne liegt. Die Fassaden, hellblau, beige, rosa, hellgrün, gelb und schmutzigweiß, scheinen im Schlaf zu schwitzen. Der »Engel« mit seinen drei Plastiktischen, seiner Zwölf-Meter-Theke und den neun roten Barhockern wirkt noch leerer als die Straße. Es ist nicht lange her, da gehörte die Kneipe an der Ecke noch zur vierten Kategorie, und der Doppelte kostete 2.50 Pesos. Die Alten trafen sich da, die Jungen, die Liebespärchen, es gab nur eine Sorte Fusel, und hinter den Flaschen hingen keine Spiegel. Am

Mobiliar klebte die Patina von Jahrzehnten, in denen reichlich Rum ausgeschenkt wurde. Der Staat schloß den Laden und ließ ihn aufpeppen. Jetzt glänzt er, es gibt zehn verschiedene Sorten von ausgezeichnetem Rum, der Doppelte kostet sieben Pesos, und es geht kaum mehr einer hin.

Auf den Genossen Fidel läßt trotzdem niemand etwas kommen. Dem Genossen Fidel ist es zu danken, daß schräg gegenüber dem »Engel« der Hausarzt des Viertels kostenlos praktiziert. Der Genosse Fidel hat dafür gesorgt, daß der Kindergarten gerade mal einen Block und die Poliklinik vier Blöcke weit entfernt liegen. Die Revolution - und wer anderes ist das als der Genosse Fidel - hat billigen Wohnraum für alle geschaffen. Am Wahltag wird gewählt und zwar die Einheitsliste. Vollzählig. Es geht ja auch kaum anders. Und wenn der Abgeordnete des Viertels seinen Rechenschaftsbericht abgibt, reichen die Stühle auf der Straße nicht aus. Erster Mai? Alle auf der Plaza! Schließlich ist da was los. Keiner in der Aguacate verzichtet darauf, sich als Revolutionär zu bezeichnen, auch wenn er noch so hart am Rande der Legalität entlangschlittert in seiner *lucha*. Selbst wenn sie auf den bösen Staat, der den Bürgern neuerdings per Steuern in die Taschen greift, wie Rohrspatzen schimpfen, zurück in die Vergangenheit mit ihren Parteien, Diktatoren, Mördern und Halsabschneidern wollen sie alle nicht. Sie haben die Lektion gelernt, die Batista auf der einen und Castro auf der anderen Seite ihnen erteilt hat. Und sie sind auf nichts so stolz, wie auf die Tatsache, Cubaner zu sein und in »ihrem« cubanischen Staat zu leben.

Gonzalo hat seinen Platz gewechselt und sitzt jetzt im Eingang der Fünfzehn, weil das Sonnenlicht inzwischen die Straße hinunterbraust Richtung Meer, blendend, weiß, mit spitzen, stechenden Strahlen. Die Schatten sind hinübergewandert auf die Seite der ungeraden Nummern und mit ihnen die Fußgänger, Gonzalos mögliche Kunden. Manchmal setzt sich ein Nachbar zu dem Alten. Dann lassen sie die guten alten Zeiten wieder aufleben, als es die Sowjetunion noch gab und den Ostblock, als beinahe Überfluß herrschte auf der Insel, und es genügte, für den Lebensunterhalt ein paar Stunden zu arbeiten, als den Cubanern die gebratenen Tauben noch in den Mund flogen und eine Havanna statt eines Luxusartikels eine Selbstverständlichkeit war. Bedächtig wiegt der Alte dann den runden Schädel mit der Kapitänsmütze und sagt: »Ja, es geht uns schlecht, verdammt schlecht sogar. Aber schaut euch mal Haiti an, Nicaragua, Guatemala! Da verhungern die Leute wirklich. Wir hier sind nur arm geworden, und damit können wir leben.«

Gonzalo ist Rentner, und der Staat zahlt ihm 154 Pesos im Monat - zum Sterben zu viel, zum Leben zu wenig. Aber seine Wohnung, die gehört ihm. Als Castro kam, flohen die reichen Besitzer der Häuser in der Aguacate ins gelobte Land, in die USA. Der Staat übernahm ihre Hinterlassenschaft, die neuen Mieter zahlten 15 bis 20 Jahre lang die Miete auf ein Konto ein, und seitdem gehören ihnen die Wohnungen, in denen sie leben. Die Festkosten sind gering: Das Gas kommt auf zwei Pesos, der Strom auf 10 oder 15 Pesos im Monat. Und das Wasser?

Da kommt es! Der LKW mit der Zisterne, der eben in die Aguacate einbiegt, wirkt so museumsreif wie der 49er Opel-Kapitän von Luigi, der zwei Stockwerke über Gonzalo wohnt. Der Krach der Pumpe läßt die altersschwachen Häuser erzittern. Gleichzeitig wirkt er wie ein Startschuß. Die Aguacate macht mobil. Ölfässer werden aus den Häusern gerollt und fahren auf winzigen Wägelchen - als Räder dienen vier Kugellager - zum Wassertank neben dem Gemüseladen. An Stricke gebundene Eimer wandern über die Balkone hinunter auf die Straße. Es geht zu wie in einem aufgeschreckten Hühnerhof. Der Durchgangsverkehr kommt zum Erliegen, doch schon eine knappe Viertelstunde später ist alles wieder beim Alten. Die Tanks in den Wohnungen sind gefüllt, die Aguacate kehrt in ihre Siesta zurück. Pfützen verdampfen unter der unbarmherzigen Sonne, die Fassaden saugen sich voll mit Licht, die Balkonhühner verstecken sich im hintersten Winkel ihrer Käfige.

Vor ein paar Jahren weinte die Aguacate, weinte die Stadt, weinte das ganze Land. Der Dollar kostete 150 Pesos, und außer Dollars und Zigaretten war für Pesos nichts zu bekommen. Der Nahverkehr hatte sich in Nichts aufgelöst, die Arbeitsplätze waren schwerer zu erreichen als der Mond. Es fehlte an allem und jedem, und auch der Wasserwagen kam nur noch höchst selten. Heute lacht die Aguacate wieder - trotz aller Schwierigkeiten. Der Dollar ist auf 21 Pesos gefallen, und es gibt Bauernmärkte, auf denen diese Pesos etwas wert sind. Die Busse des Nahverkehrs haben wieder Sprit. Auch das Gas bleibt nur noch selten aus, man hat das Schlimmste hinter sich. Jede Familie hat ihren eigenen mühsamen Weg aus der Krise gefunden. Niemand ist auf der Strecke geblieben. Nicht alle waren erfolgreich. Drei der sechs Mini-Cafeterias haben wieder schließen müssen, denn der Staat greift inzwischen zu wie alle anderen Staaten auch. Lizenzen, Abgaben und Steuern fressen die Gewinne auf. Auch die bunten Vordächer, die die Straße eine Weile verjüngten, sind wieder verschwunden, weil der Fiskus sie besteuert hat. Aber die Lethargie, die Hoffnungslosigkeit, die wie ein unsichtbarer Nebel über dem Viertel lagen, sind einem vorsichtigen Optimismus gewichen. Der Genosse Fidel, dieser Tausendsassa, hat es wieder einmal bewiesen: Cubaner sind einfach nicht totzukriegen.

Am Abend drängeln sich die Fahrer dreirädriger Fahrradtaxis vor den Cafeterias. Es gibt Reis mit Bohnen, gekochte Bananen, zwei Scheiben Tomate und eine Schuhsohle aus Schweinefleisch in grauen Pappschachteln. Die Finger ersetzen Messer und Gabel, und das Ganze kostet 20 Pesos. Gonzalo hat zwölf Zitronen und fast den gesamten Knoblauch verkauft. Jetzt sitzt er wie die meisten vor dem Fernseher. Da läuft eine brasilianische Schnulze mit 212 Fortsetzungen, und wer eine Folge versäumt, hat am nächsten Morgen das Nachsehen: Er weiß nicht, wovon die Nachbarn reden.

Im »Engel« ist Pedro aus der Achtzehn eingetroffen. Seine Flasche hat er hinter dem Tresen versteckt, denn er möchte seinen Rum ausnahmsweise alleine trinken. Neben dem Glas liegt eine Doppelaxt, und Pedro ist ganz in Weiß gekleidet. Er gehört zur *Santería* und ist ein Sohn Changós, des Gottes des Feuers, des Blitzes und der Doppelaxt. Ein Altar mit einer hölzernen Maske Changós ziert das Innere der Cafeteria im Haus Nummer zwei. Zum Geburtstag des Feuergottes gibt es ein Fest zu seinen Ehren, die Afrocubaner singen und tanzen zum Klang heiliger Trommeln, und der *Orisha* nimmt mit unbeweglicher Miene Speise-, Trank- und Geldopfer entgegen. Zwei Häuser weiter hängt das Bild des Papstes, und im Eckhaus wohnen Zeugen Jehovas. Auch Atheisten gehören zum religiösen Mosaik der Aguacate. Bunt wie ihre Häuser, unterschiedlich wie die Wege aus der Krise sind auch die Glaubensgewohnheiten der Aguacatianer. Toleranz ist erste Bürgerpflicht. Um Mitternacht schließt der »Engel von Tejadillo«, und die Straße schläft unter dem dünnen, orangefarbenen Licht zweier Laternen. Wer so spät noch unterwegs ist, braucht sich keine Sorgen um seine Sicherheit zu machen: Die Aguacate paßt auf ihn auf.

Montagsenergie

Stark wie ein Bär bin ich. Bäume könnt' ich ausreißen, große schöne Mulattinnen lieben, einen Roman schreiben. Es ist Montag, und ich bin stark wie ein Bär. Jeden Montag bin ich das. Wenn diese Energie anhält, habe ich diese Woche kein einziges Problem mehr. Ich drehe den Hahn auf, und es kommt Wasser. Das Gas rauscht aus dem Herd, als gäbe es zu viel davon. Ohne jeden Zweifel hat eine Woche der Wunder begonnen, eine, in der alle ihre Verabredungen einhalten, pünktlich sind wie Deutsche, eine, in der ich jeden jederzeit an seinem Arbeitsplatz antreffe, eine, in der alle Geräte einwandfrei funktionieren und alle Telefonnummern stimmen. Eine Woche, in der ich den Frust nicht mit Rum besänftigen muß. Ich trinke Kaffee und erstelle den Tagesplan. Schließlich leben wir hier in der Planwirtschaft.

Aus dem Telefon kommt das Knurren eines bissigen Hundes. Nein, das liegt nicht an der Leitung. Das liegt an meinem Gerät. Auch Faxe kommen nicht mehr durch. Ich rufe bei der »Canon« an. »Einen Augenblick bitte!« Das Mädchen legt den Hörer neben sich. Ich höre Bürotratsch. Drei Minuten vergehen. »Worum handelt es sich?« »In meinem Telefon knurrt ein Hund.« »Einen Augenblick bitte!« Sie legt den Hörer neben sich. Ich höre Bürotratsch. Drei Minuten vergehen. »Worum handelt es sich?« »Das habe ich Ihnen doch gerade erklärt. In meinem Telefon ...« »Das war nicht ich. Einen Augenblick bitte!« Ich höre Bürotratsch. Jemand drückt auf die Gabel. Die Leitung schaltet auf besetzt. Ich wähle neu. Besetzt. Zum Glück gibt es zwei Nummern bei der »Canon«. Ich wähle die zweite. Niemand geht ans Telefon. Ich wähle die erste. Besetzt. Ich verschiebe den Hund auf später. Ich bin immer noch stark wie ein Bär. Mit dem Hund werde ich schon noch fertig werden.

Es klingelt. Das sollte der Schreiner sein. Die Fenster schließen nicht mehr. Die ersten sechs Schreiner haben den Auftrag jeweils freudestrahlend angenommen und sind dann spurlos verschwunden. Der siebte hatte mehr als zuverlässig gewirkt: Statt eines Schnurrbarts trug er eine Brille. »Am Montag um neun bin ich da«, hatte er gesagt. »Punkt neun!«

Ich öffne die Tür, und mein Herz ist voller Hoffnung. Zwei Männer vom Gesundheitsamt stürmen herein, riesige Sprühgeräte in den Händen. Sie desinfizieren die Wohnung. Die Dinger sind lauter als jeder Preßlufthammer. Gift wabert durch die Räume. Ich halte mir die Ohren zu und stelle das Atmen ein. Die Küchenschaben flüchten ans Licht und sterben. Es ist schön, wie der Staat über die Gesundheit der Genossen wacht, aber hinterher fehlt mein Feuerzeug. Schwamm drüber! Ich bin stark wie ein Bär. Der Schreiner wird wohl nicht mehr kommen. Der Klempner auch nicht. Der kommt seit sechs Wochen nicht. Es ist alles eine Frage der Gewöhnung. Ich rufe die »Canon« an. »Worum handelt es sich?«

»Ich habe schon vor einer halben Stunde angerufen, aber ...« »Einen Augenblick bitte!« Nach fünf Minuten kommt das Besetztzeichen und übertönt den Hund. Ich streiche die »Canon« vom Tagesplan. Auch in der Planwirtschaft ist schließlich Flexibilität gefragt. Die Badewanne ist schmutzig. Sehr schmutzig. Ich brauche ein Putzmittel. Außerdem brauche ich ein Feuerzeug, denn ich bin starker Raucher. Ich gehe hinunter auf die Straße. Der Wagen ist noch da, aber er springt nicht an. Der Mechaniker ist aufs Land gefahren. Er kommt vielleicht morgen zurück, sagt seine Frau. Ich kaufe ein Feuerzeug. Putzmittel gibt es nicht. Schwamm drüber, dann bleibt sie eben dreckig, die Badewanne. Baden kann ich so oder so nicht, denn der Stöpsel fehlt. Stöpsel gibt es auch nicht.

Ich rufe den Schriftstellerverband an, um einen Interview-Termin zu bekommen. »Selbstverständlich! Das ist überhaupt kein Problem«, sagt die Dame. »Und wann?« »Wann?« »Ja, wann? Wann können wir das Interview machen?« »Das muß ich ihn fragen. Er ist noch nicht da. Sobald ich einen Termin habe, rufe ich Sie an.« Der Mann im Tourismus-Ministerium, mit dem ich sprechen möchte, ist in einer Versammlung. Sie rufen zurück. Die Dame im Film-Institut, mit der ich sprechen möchte, ist in einem Meeting. Sie rufen zurück. Der Hund im Telefon knurrt immer lauter. Ich rufe doch wieder die »Canon« an. »Einen Augenblick, bitte!«

»Hören Sie ...« Sie ist schon weg. Drei Minuten vergehen. Sie tratschen immer noch. »Worum handelt es sich? Kann ich Ihnen helfen?« »Ja, Sie können mir helfen, aber nur, wenn Sie mir einen Moment zuhören.« »Einen Augenblick, bitte!« Drei Minuten vergehen, dann kommt das Besetztzeichen. Ich bin nicht mehr ganz so stark wie noch vor drei Stunden. Ich verstaue das Telefax-Gerät in einer Tasche und fahre mit dem Taxi zur »Canon«. Alle sitzen draußen im Vorhof im Schatten, rauchen und ruhen sich aus. Die Computer sind ausgefallen. Ich fahre wieder zurück.

Um ein Uhr kommt Aracelis. Seit Mitternacht hat sie Schlange gestanden, um ein Busticket nach Moa zu ergattern. Der Opa muß nach Moa. Vor zwei Stunden hat ihr der Beamte gesagt, daß Tickets nach Moa nicht mehr montags verkauft werden, sondern donnerstags. Der Rest der Zeit ist für den Rückweg draufgegangen.

»Liebling, wir müssen stark sein!« sage ich. »Stark wie Bären.«

Sie geht. Sie muß zum Busbahnhof und einen Fahrer überreden, daß er vier Kilo Kichererbsen mitnimmt. Ihre Mutter wohnt im fernen Osten, in Santiago de Cuba, und da gibt es keine Kichererbsen. Den Busfahrern ist das Befördern von Kicher- und anderen Erbsen verboten, aber die Post braucht zu lange. Bis sie ankommt, sind die Dinger von diesen kleinen Würmchen zu Mehl verarbeitet.

Ich rufe das Film-Institut an. »Ja, sie war da, aber sie ist wieder weggegangen.« »Und warum haben Sie mich nicht angerufen?« »Ich war beim Mittagessen.«

Ich rufe den Schriftstellerverband an. »Er ist jetzt beim Mittagessen. Gewöhnlich kommt er danach nicht mehr ins Büro. Versuchen Sie es morgen wieder!« »Würden Sie mich bitte anrufen, wenn Sie ihn sehen?« »Selbstverständlich!« Ich rufe das Tourismus-Ministerium an.

»Tut mir leid, das Meeting dauert den ganzen Tag.«

Das Haus, in dem ich wohne, droht bei jedem stärkeren Regen einzustürzen. Die Hinweise der Bewohner bei den zuständigen Stellen bleiben seit elf Jahren erfolglos. Das Gröbste könnte ich selber beheben, denn ich kann ein bißchen mauern. Seit Monaten bin ich auf der Jagd nach Sand, Zement und Kalk. Das Telefon klingelt. »Willst du den Sand immer noch?«

»Natürlich.«

»Ich bringe ihn in einer halben Stunde vorbei. Es sind 20 Pfund. Das wären vier Dollar. Schau zu, daß du es klein hast.«

Ich habe Hunger. Meine Nachbarn verkaufen Essen in Pappschachteln. Ich gehe runter auf die Straße. »Es wird ein Weilchen dauern. Der Reis ist noch nicht gar.« Ein cubanisches Weilchen entspricht 45 bis 75 Minuten, das ist wissenschaftlich nachgewiesen.

»Macht nichts! Drück einfach auf meine Klingel, wenn es fertig ist, dann lasse ich die Tasche runter.«

Ich steige wieder in den vierten Stock. Ich bin gerade noch so stark wie ein Teddybär, aber das hat sicher mit dem Hunger zu tun. Niemand hat zurückgerufen. Ich bin zwar geschwächt, aber zäh wie ein Terrier und beginne die Runde zum dritten Mal. Ich könnte zäh wie Leder sein, es würde mir auch nichts helfen. Inzwischen geht niemand mehr ans Telefon, denn es ist kurz vor vier. Der Mann mit dem Sand ist dann doch nicht gekommen, und meine Nachbarn, die mit dem Essen, haben mich vergessen. Dafür ist Aracelis zurück. Sie hat zweieinhalb Stunden auf den Busfahrer gewartet, aber der hat den Kopf geschüttelt. »Heute geht es nicht. Der Chef ist da.«

Ich sage mir, daß morgen auch noch ein Tag ist, und in einer halben Stunde fängt im Fernsehen die Übertragung des Baseball-Spiels an. Ich mag Baseball, obwohl ich Deutscher bin. Und Live-Sendungen mag ich auch. Ich stelle den Fernseher an. Der Staatschef spricht. Das Spiel wird nicht übertragen.

»Ari«, sage ich, »ich habe alles erledigt. Ich bin fertig, fix und fertig. Kommst du mit zum Chinesen?«

Miguel Barnet
Revolution

Zwischen dir und mir gibt es unzählige
Widersprüche,
die sich verbinden und mich zu dem
Erschrockenen machen,
der sich die Stirn netzt und dich
errichtet.

REVOLUTION. Deinetwegen habe ich gelitten. Aber ich wuchs nach innen. Und meine Stachel, die mich so sehr beschädigen, hast du selbst abgeschliffen.

Welchen Sinn hätte mein Leben ohne dich? Wozu von Kommunismus reden, von politischen Parteien? Sprechen wir vom blauen Haus der Poesie, vom Hof mit den riesigen Blättern, von den sauberen, kostenlosen, musikalischen Krankenhäusern. Sprechen wir von der besonderen Zeit, von der bleibenden Zeit, in der wir Cubaner gelebt haben, von der täglichen Spannung, von der Wiedererrichtung des Geistes, von der selbstverständlichen Beharrlichkeit, vom harten Mörtel des Zuckerrohrschneiders, von der Sinnlichkeit der breiten, moosig duftenden Hüften, von diesen Augen, die dem fremden Blick nicht ausweichen, sondern ihn im Gegenteil suchen, ihn erforschen und herausfordern. Was soll ich also auf die Frage antworten, warum ich in Cuba lebe? Ich habe keine Antwort darauf.

Irrfahrten eines Eintopfs

Cubas Kreuzweg durch die Geschichte

Es ist das herrlichste Land, das Menschenaugen je erblickt haben ...
Man möchte sein ganzes Leben bleiben.
CHRISTOPH KOLUMBUS

Allein im Meer des Kapitalismus
FIDEL CASTRO

Oye!« ruft Manolín, der »Medico de la Salsa«, »Hör zu!« Im Rhythmus der Musik schwenkt er die Arme über dem Kopf. »Aquí me mantengooo, aquí me mantengooo – hier halt ich mich, hier halt ich mich!« Zu Füßen des Sängers geraten ein paar hundert Tänzer in Verzückung, schwenken ebenfalls die Arme über dem Kopf, lassen lachend die Hüften kreisen, wiegen die Oberkörper, drehen auf, kommen auf hundert, kommen auf hundertzwanzig, singen, die Arme über dem Kopf, aquí me mantengooo, die Arme, die Hüften, me mantengooo, bis das Freiluft-Amphitheater des »Rosa Salon Benny Moré« der Brauerei »Tropical« in Havanna zu explodieren droht. Aus dem Häuschen, außer Rand und Band, steigern sie sich in der Hitze der Nacht zum nächsten Höhepunkt – wo gibt es das, dies Hingerissensein, ohne den geringsten Widerstand zu leisten, hingerissene, hinreißende Hingabe schweißnasser Körper, hemmungslos getanztes Liebesspiel, glückliche Schamlosigkeit, schamloses Glück, »oye!«. Laut, leichtsinnig, lustig, liebestrunken, liederlich, lassen sich die Cubaner keinen Anlaß entgehen, in Ekstase zu geraten, sich am Rhythmus zu betrinken, das Leben zur Droge zu erheben, die süchtig macht und mehr verlangt, immer mehr, denn Zeit spielt schon lange keine Rolle mehr.

Also gut, ich gebe es zu, ich bin parteiisch. Der Virus hat mich erwischt wie viele andere auch. Ich mag sie, die Cubaner. Ich kenne kein Volk, das sich ausdrücken kann wie sie. Mit der Sprache – sie sprechen mit der Schnelligkeit und in der Lautstärke von Maschinengewehren und mit seltsam metallischen und doch rauhen Stimmen, mit den Händen, mit dem Gesicht, mit dem Körper, mit den Augen, alles gleichzeitig, atemlos, flachsend, sich auf die Schippe nehmend, lachend, gescheit, witzig, mit Mutterwitz und Bauernschläue, in der Hitze, Schwüle, im Dunst von Abgasen, Salpeter und Jod. Sie sagen du zueinander - alle - und die Frauen küßt man zur Begrüßung auf die Wange. Sie gehen freundlich miteinander um und helfen sich gegenseitig in fast jeder Lage. Sie sind so gebildet wie gastfreundlich. Sie gehören zusammen, und man spürt ihre Zusammengehörigkeit. Sie teilen Brot, Rum und Bier miteinander. Nichts kann sie erschüttern, denn sie sind stoischer als die Stoiker. Das einzige Problem, von dem sie zugeben, daß sie nichts daran ändern können, ist der Tod. So sei er willkommen. »Unabhängigkeit oder Tod!«, »Vaterland oder Tod!«, »Sozialismus oder Tod!« So wechselten ihre Parolen im Verlauf eines Jahrhunderts. Sie sind so leidens- wie begeisterungsfähig, sie überstehen Diktaturen wie Krisen und Blockaden. Ihre Phantasie kennt keine Grenzen, und seit Jahrhunderten ziehen sie dir, schlitzohrig wie sie sind, das Fell über die Ohren, ohne daß du es merkst. Jede ihrer Lebensgeschichten gibt genug her für ein Drehbuch. Sie sind genial und doch zeigen sie immer wieder die unglaublichsten Schwächen. Sie sind Don Quichotte und Sancho Pansa zugleich. Wenn es sie nicht gäbe, man müßte sie erfinden.

Was ist los mit den Cubanern? Was ist los mit Cuba?

Nein, meine Damen und Herren Ideologen, Cuba ist kein Paradies. Nein, meine Damen und Herren Ideologen, Cuba ist keine sozialistische Hölle. Es ist weder Wunderland, noch Gefängnis, weder auf dem Weg in den Kapitalismus, noch auf dem in den Untergang. Cuba ist eine karibische Insel im 508. Jahr seit ihrer Auffindung durch die Europäer, im 40. Jahr seit dem Triumph ihrer Revolution, auf dem mühseligen Weg aus ihrer schlimmsten Krise in einer Phase des gesteuerten Umbruchs und aufreizend gemächlicher Veränderung. Nicht mehr und nicht weniger. Ich gehe durch diese Städte und Dörfer, über diese Strände und Felder, durch tropische Wälder und über Berge unter dem hohen, weiten Himmel der Karibik, wittere, schnuppere. Ich habe Fragen. Ist die Geschichte hier Amok gelaufen oder nur Zickzack? Oder hat sie am Ende doch die von den Fortschrittsideologen ersehnte Spiralform gefunden? Handelt es sich um eine Talfahrt, oder ist es ein Teufelskreis?

Vielleicht war es von allem ein bißchen. Der Weg von den Karavellen des Kolumbus bis zum ersten Schuß Fidel Castros auf die »Moncada-Kaserne« in Santiago de Cuba war länger, aber keineswegs gerader oder logischer als der Weg von diesem revolutionären Knall bis zur Eröffnung des ersten Privatrestaurants in Havanna. Da hilft kein Hegel. Da helfen weder Marx noch der Papst. Zu viele haben sich eingemischt und der Geschichte Beine gemacht und ihr Stolpersteine in den Weg gelegt.

Der Ethnologe Don Fernando Ortiz gilt auf Cuba als einer der Weisen des Jahrhunderts. Er hat dem Inselvolk erklärt, was es mit ihm auf sich hat. Es ist ein *ajiaco*, ein Eintopf auf der Grundlage von scharfen Chilischoten. Springen wir in die graue Vorzeit - über einem offenen Feuer hängt ein Tontopf mit Wasser. Wenn jemand das Feuer mit Scheiten speist, brodelt es in dem Topf. Wenn nicht, köchelt der Inhalt vor sich hin. Die Frau wirft die Rüben, Wurzeln und sonstiges Gemüse aus ihrem Garten hinein, der Mann die Beute seiner Jagd- und Fischzüge, Vögel und Muscheln, Leguane und Langusten. Dazu kommen kräftige Portionen von Chili. Die töten die Bakterien und würzen das Ganze. Der Topf hängt Tag und Nacht über dem Feuer, Monat für Monat, Jahr für Jahr. Auf seinem Boden entsteht eine Essenz. Es gibt immer dasselbe Essen. Es gibt nie dasselbe Essen.

Der Topf, hat Ortiz seinen Landsleuten erklärt, ist Cuba, das Feuer die tropische Sonne, und die Zutaten seid ihr selbst.

Kolumbus stieß auf die Steinzeitkultur der Taínos, der Ureinwohner der Insel, aber denen blieb wenig Zeit, etwas in den *ajiaco* zu werfen. Für sie endete der Zusammenprall der beiden Kulturen schnell tödlich. Der Mais, ein paar Knollen wie die Yuca, die Tomate, die Ananas, die Erdnuß und die Hängematte überlebten, dazu Worte für Pflanzen, Tiere und Orte. Alle weiteren Zutaten zum Eintopf steuern Zuwanderer bei. Der Admiral und seine Nachfolger haben Kastilianer, Andalusier, Katalanen, Galizier, Basken, Juden und Italiener mitgebracht. Die geben dem Eintopf seine hispano-mediterrane Note. Die einheimischen Indianer sind kaum ausgerottet, da kommen schon die Sklaven aus Afrika, aus Mauretanien, Guinea, Gabun, Nigeria, dem Kongo, Angola, Sansibar, Mosambik, untereinander kulturell noch verschiedener als die Europäer. Religionen treffen aufeinander, werden übereinandergestülpt, verquirlt. Kulturen, Fertigkeiten, Techniken, Denk- und Glaubenssysteme, entgegengesetzte Träume und Hoffnungen, Sensibilitäten, Familienstrukturen, Liebestechniken, Tabus, Götter, Fetische, Musikinstrumente, Sprachen, Spiele – das alles füllt den cubanischen Topf und kocht noch heute darin. Oft reguliert die Weltpolitik die Hitze des Feuers, heute wie schon zur Zeit, als die Europäer sich bekriegten und Piraten und Filibuster im Auftrag ihrer Regierungen den Kanonendonner des alten Kontinents in die Karibik schleppten.

Die Engländer erobern Havanna und lassen ihren Tee und die Vorteile des freien Handels im Topf. Die Franzosen fliehen aus dem brennenden Haiti in den cubanischen Osten und bringen die Ideen der Revolution, ihre Eleganz und ihre Musik ein. Das freie, demokratische, fortschrittliche Nordamerika steuert den Traum von der Unabhängigkeit als immer schärfer werdendes Gewürz bei. Asiatische Kulis löschen den Eintopf mit jahrtausendealter Weisheit ab.

Auf dem Boden des Topfes hat sich die cubanische Seele gebildet – in Rekordzeit. Was in Europa vier Jahrtausende gedauert hat, die Entwicklung von der Steinzeit bis zum 20. Jahrhundert, hat Cuba in einem Vierhundert-Jahre-Sprung bewältigt.

Spanien führt seine Kolonie mit harter Hand und beutet sie nach allen Regeln der Kolonialkunst aus. Die Kreolen, die auf der Insel Geborenen, dürfen nur mit dem Mutterland Handel treiben – nach dessen Gesetzen und Preisen. Jahrhundertelang müssen sie auf jedes politische Recht verzichten. Ihre Zeitungen sind zensiert, ihre Münder geknebelt, ihre Hoffnungen gefesselt. Auf der Insel streiten sich die Anhänger Spaniens mit den Verfechtern der Unabhängigkeit und den Annexionisten, die vom Anschluß an die USA träumen. Cuba wird zur Insel der Verschwörungen und – der Schmuggler. Das Kolonialregime macht es möglich: Auf der Zuckerinsel stehen Gesetze ausschließlich auf dem Papier.

»Alle hier schmuggelten, die Gouverneure, die Bischöfe, die Gutsbesitzer, die Händler, die Gelehrten und das gemeine Volk: Schmuggel von Häuten, Zucker, Tabak, Geweben, Juwelen, Sklaven, Waffen und Büchern. Wenn man nicht weiß, daß das Handelssystem Schmuggel besser organisiert und stärker war als die politische Macht, kann man die Geschichte Cubas ... nicht verstehen.« Der schwarze Markt von heute hat, wie man sieht, Tradition.

Die kreolische Gesellschaft schlittert, überladen mit mehr als 300 000 schwarzen Sklaven, in die zweite Hälfte des 19. Jahrhunderts. Die Sklaven fürchten die Herren, die Herren fürchten die Sklaven. Ringsum wird die Sklaverei abgeschafft, auf der Zuckerinsel bleibt sie bestehen. Auf Haiti besiegen die Schwarzen Napoleons Truppen. Ströme von Blut fließen. Die Angst der Spanier und Kreolen auf Cuba wächst: alles, bloß kein zweites Haiti!

Aber die Flamme unter dem Topf wird höher.

Am 10. Oktober 1868 läßt der Rechtsanwalt und auf die Pleite zusteuernde Großgrundbesit-

Bodega, staatlicher Lebensmittelladen in Havanna, an der Wand das Bild des Nationalhelden José Martí

zer Carlos Manuel de Céspedes auf seiner Zuckerpflanzung »La Demajagua« in der Nähe des Dorfes Yara seine Sklaven frei und verkündet das »Manifest der revolutionären Junta der Insel Cuba, gerichtet an die Mitbürger und alle Völker«, den »Schrei von Yara«. Das Manifest fordert Freiheit und Gleichheit für die Unterdrückten. Céspedes greift zusammen mit 37 Gesinnungsgenossen und deren freien Sklaven die Großmacht Spanien an. Bewaffnet sind sie mit nur 45 Flinten, 4 Gewehren und einigen Pistolen. Damit beginnt der erste cubanische Unabhängigkeitskrieg, der »Krieg der zehn Jahre«. Unter dem *ajiaco* lodert helles Feuer. Der Eintopf färbt sich blutrot.

Die Aufständischen erobern Teile der Ostprovinzen und geben sich am 10. April 1869 in dem Ort Guáimaro eine Verfassung. Céspedes wird der erste Präsident von »Cuba Libre«, dem freien Cuba. Die Spanier verteidigen sich mit äußerster Grausamkeit, während die Aufständischen sich über die Frage des politisch-strategischen Vorgehens zerstreiten – mit fatalen Folgen: Das Ziel, den Krieg in den Westen und nach Havanna zu tragen, erreichen sie nicht. Céspedes wird nach dem Tod seines großen Verbündeten Ignacio Agramonte, dem eigentlichen Kopf der Revolution, abgesetzt und schutzlos den spanischen Häschern überlassen. Die brauchen fünf Monate, um den Mann von »La Demajagua« zu stellen. Céspedes stirbt mit der Waffe in der Hand. Sein von Schüssen durchsiebter Körper wird in Santiago de Cuba öffentlich ausgestellt.

Vier Jahre später ist der Krieg zu Ende, letztlich verloren wegen der Zerwürfnisse unter den Anführern. Am 11. Februar 1878 unterschreiben die Aufständischen die Kapitulationserklärung. Die Kriegsziele, die nationale Unabhängigkeit und die Abschaffung der Sklaverei, haben sie nicht erreicht. Nur der General Antonio Maceo im äußersten Osten der Insel verkündet den »Protest von Baraguá«, weigert sich, die Kapitulation anzuerkennen und kämpft weiter. Die Spanier, jetzt übermächtig, besiegen ihn. Schließlich zieht er sich nach Jamaica zurück.

Der Krieg scheint beendet, aber einige Generäle und ein gewisser José Martí wollen sich nicht geschlagen geben und greifen ein Jahr später erneut an. Ohne Unterstützung aus dem Ausland, mit demoralisierten Truppen und auf einer zu großen Teilen verwüsteten Insel haben die Cubaner keine Chance, den »Kleinen Krieg« zu gewinnen. Martí wird verhaftet und zum zweiten Mal in seinem Leben nach Spanien deportiert. Über Frankreich und Venezuela flüchtet er in die USA, um von dort aus den nächsten Krieg vorzubereiten. Die Waffen schweigen erneut auf Cuba.

Der *ajiaco* war übergekocht. Jetzt köchelt er wieder auf kleiner Flamme, aber seine Zusammensetzung hat sich kräftig verändert: Der Krieg hat ihn um ein wichtiges Gewürz bereichert, den cubanischen Nationalismus.

Die Cubaner bleiben gefesselt und geknebelt, als sei nichts geschehen, aber immerhin schaffen es die Sklaven, mittlerweile im Einkauf ohnehin zu teuer geworden, endlich auch auf Cuba ihre Ketten zu sprengen – als letzte auf dem ganzen Kontinent. Die Kolonialregierung dekretiert die Abschaffung der Sklaverei innerhalb von sechs Jahren. Zum ersten Mal seit Kolumbus' Landung ist der Kontinent sklavenfrei.

Von den USA aus wird der »Apostel«, der Schriftsteller, Dichter und Philosoph, José Martí – sein Werk umfaßt 28 Bände – zum geistigen und politischen Führer einer neuen Bewegung für ein »Cuba Libre«. 1892 gründet er die »Revolutionäre Cubanische Partei« und gibt so den verschiedenen Widerstandsgruppen eine einheitliche Organisation. Die 68er Generäle Máximo Gómez und Antonio Maceo stellen sich an die Spitze der Bewegung. Reiche Kreolen und ausgewanderte cubanische Tabakarbeiter spenden Geld zum Waffenkauf. Auf der Insel warten die 68er mit neuer Hoffnung neben einer zornigen neuen Generation auf Martís Zeichen. Am 24. Februar 1895 kommt es in verschiedenen Regionen der Insel zu Aufständen. Maceo landet an der Nordküste der Ostprovinz, Gómez, begleitet von Martí, an der Südküste. Tausende schließen sich den Symbolfiguren an.

23 Tage später erleidet die Revolution einen

Drei der wichtigsten Figuren in der cubanischen Geschichte: José Martí, Ernesto Che Guevara und Camilo Cienfuegos (in einer Dorfschule in den Bergen von Pinar del Rio)

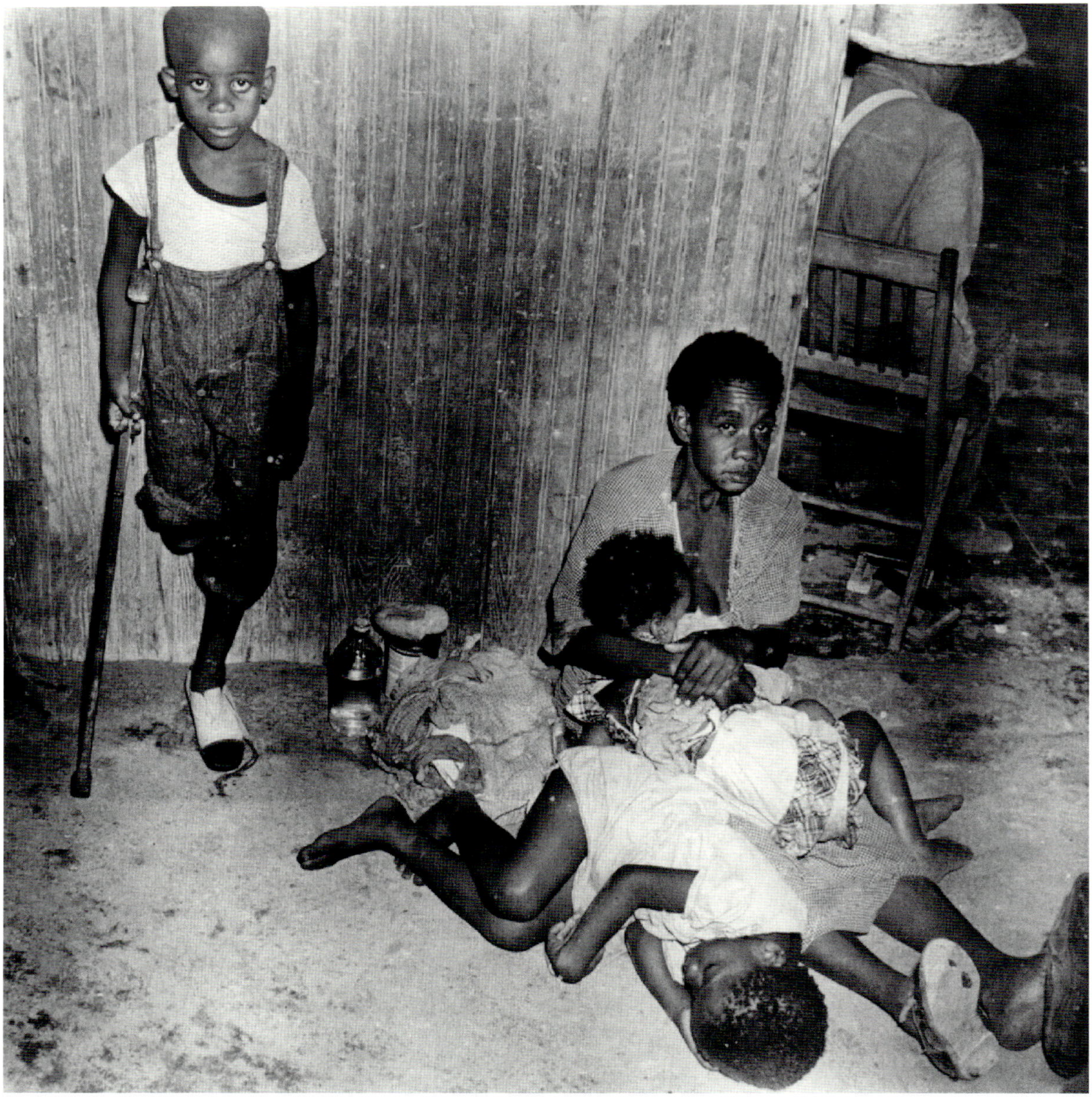

Cubanische Landbevölkerung in den 50er Jahren

Schlag, der ihr das Kreuz hätte brechen können: Der Revolutionsführer José Martí reitet ohne Begleitung, nur mit einem Gewehr bewaffnet, aus dem Camp bei dem Dorf Dos Rios, trifft auf einen Trupp Spanier und wird erschossen.

Aber die Revolution hat Kraft genug, um den Schlag wegzustecken, und verwirklicht einen alten, bis dahin nicht realisierten Plan aus dem »Krieg der zehn Jahre«, nämlich die Invasion der Westprovinzen. Doch auch Maceo fällt. Die Spanier bleiben zwar Sieger, doch auch sie stehen inzwischen mit dem Rücken zur Wand. Sie halten zwar die Städte und Dörfer, den Cubanern jedoch gehört das Land.

Madrid schickt als neuen Generalkapitän Valeriano Weyler. Weyler und die Rebellenstrategie der verbrannten Erde treiben die Landbevölkerung in befestigte Dörfer, eine Strategie, die 70 Jahre später die USA in Vietnam anwenden sollten. Die *campesinos* haben keine Arbeit, nichts zu essen, kein Dach über dem Kopf. Zehntausende, manche sagen 300 000, sterben. Die Spanier halten sich, denn die Lieferungen schwerer Geschütze von den Exilanten aus den USA bleiben aus. Die US-Regierung des Präsidenten McKinley und die öffentliche Meinung bekunden ihre Sympathie für die Cubaner, aber Waffen läßt der Präsident dennoch nicht durch. Der Krieg tritt auf der Stelle. Spanien ist erschöpft. Das Ende ist abzusehen.

»Es gibt Gesetze der politischen Schwerkraft, so wie es Gesetze der physikalischen Schwerkraft gibt: Und so wie ein durch den Wind vom Baum getrennter Apfel, auch wenn er wollte, nicht aufhören kann, auf den Boden zu fallen, so muß Cuba, einmal abgetrennt von Spanien und unfähig, sich alleine zu erhalten, notwendigerweise der Nordamerikanischen Union zufallen, ausschließlich ihr, während es für die Union selbst aufgrund eben dieses Gesetzes unmöglich sein wird, es nicht in ihren Schoß aufzunehmen.« So sprach schon 1823 der US-Außenminister John Quincy Adams nach einem von mehreren gescheiterten Versuchen, Spanien die appetitanregende Zuckerinsel abzukaufen. Jetzt scheint der Augenblick gekommen, da sich der Apfel vom Baum löst. Für die USA ist die Zeit zum Handeln gekommen.

Was folgt, ist die Geschichte eines Raubs. Am 15. Februar 1898 explodiert im Hafen von Havanna der US-Kreuzer »Maine«. 266 Menschen sterben. Die USA beschuldigen Spanien, für die Tragödie verantwortlich zu sein. Am 11. April fordert Präsident Kinley vom Kongreß die Ermächtigung, in Cuba zu intervenieren. Am 18. verabschiedet das Parlament die »Joint Resolution« und fordert den Präsidenten zum Eingreifen auf. Die Resolution hält fest, daß »Cuba frei ist und von Rechts wegen frei und unabhängig sein muß«. Ihr vierter und letzter Absatz bekräftigt, daß die USA »weder den Wunsch, noch die Absicht haben, die Souveränität, Jurisdiktion oder Herrschaft dieser Insel aufzuheben, sondern nur ihre Befriedung« erreichen wollen. Unterstrichen wird auch die Entschlossenheit, »die Regierung und Herrschaft über die Insel ihrem Volk zu überlassen«, sobald die Befriedung erreicht ist. Mit Hilfe des cubanischen Befreiungsheeres landen die Nordamerikaner im Osten Cubas und erklären den geschlagenen Spaniern den Krieg. Die Auseinandersetzung dauert nur wenige Wochen. Spanien hat »den letzten Mann und die letzte Pesete« in den Krieg gesteckt und kapituliert. Die Sieger aber sind nicht die Cubaner, sondern die neuen Besatzer. Über den öffentlichen Gebäuden Cubas weht jetzt statt der spanischen Fahne das Sternenbanner. Martís »Revolutionäre Cubanische Partei« löst sich auf, die neuen Herren verweigern den Männern des Befreiungsheeres den Zutritt zu Santiago de Cuba und richten eine Militärregierung ein.

In Paris verhandeln Spanien und die USA. Die Cubaner selbst sind von den Gesprächen ausgeschlossen und werden auch nicht lange um ihre Meinung gefragt. Puerto Rico wird US-Kolonie, ebenso die Philippinen. Auf Cuba hat der Nachbar aus dem Norden freie Hand. Am 1. Januar 1899 übergeben die spanischen Behörden die Macht an den US-Militärgouverneur General John Brooke. Das Befreiungsheer wird aufgelöst, jeder Soldat bekommt 75 Dollar.

Der *ajiaco* droht erneut überzukochen. Die Suppe ist versalzen.

1901 schließlich geben sich die Cubaner eine

Verfassung. Washington zwingt sie, die »Platt-Klausel« in die Magna Charta aufzunehmen. Zähneknirschend gehorchen die Abgeordneten. Eine Weigerung hätte den Abzug der Besatzer in weite Ferne gerückt. Die Klausel, eingebracht von Orville H. Platt, Senator für Connecticut, gibt den USA das Recht, zum Schutz von Investitionen oder der auf Cuba lebenden nordamerikanischen Staatsangehörigen jederzeit militärisch zu intervenieren. Außerdem schreibt sie ihnen das Recht zu, die Gegend um Guantánamo auf die nächsten 100 Jahre für 2000 Dollar monatlich als Militärbasis zu nutzen. Nach 30 Jahren Kampf um die Unabhängigkeit hat die Insel einen neuen Herrn gefunden, einen, mit dem noch weniger zu spaßen ist als mit den strukturell rückständigeren Spaniern.

Mit der »Platt-Klausel« als Grundlage besetzen die Nachbarn aus dem Norden die Insel von 1906 bis 1909 und zum zweiten Mal 1912. Von 1917 bis 1920 und während der Revolution von 1933 liegen US-Kriegsschiffe vor den Küsten und wachen darüber, daß den wahren Besitzern Cubas, den nordamerikanischen Investoren, kein Härchen gekrümmt wird. Sie beschützen gewaltige Summen. Allein von 1895 bis 1909 ist der nordamerikanische Kapitaleinsatz von 50 auf 200 Millionen Dollar gestiegen. Mit derselben Geschwindigkeit wächst er weiter.

Der Tontopf des *ajiaco* ist zur goldenen Schüssel geworden, beschützt von den Bajonetten der Marines. Als 1912 die »Partei der Farbigen« auf die Straße geht, landen sie prompt auf der Insel. Die cubanische Regierung nutzt den Schutz für eine Orgie der Gewalt. 4000 Farbige sterben – und zwölf Regierungssoldaten.

In Havanna kommen und gehen die Regierungen, sind mehr oder weniger korrupt, mehr oder weniger brutal, mehr oder weniger legitim. Die aus dem Norden ficht es nicht an: Sie kaufen. Ländereien, Zuckermühlen, Zigarrenfabriken, die Eisenbahn – was Wert hat, wechselt den Besitzer. Die landlosen *campesinos*, die letzten auf der sozialen Stufenleiter, beißen die Hunde. Die Sklaven in den vergangenen Jahrhunderten wußten zumindest, daß ihre täglichen Mahlzeiten gesichert waren. Die Landarbeiter des 20. Jahrhunderts fallen jährlich in ein Loch. Das Loch heißt *tiempo muerto*, die tote Zeit, die Zeit zwischen den Zuckerernten, und es dauert jedes Jahr acht Monate. Dann gibt es keine Arbeit, und dann gibt es auch nichts zu essen. Wer krank wird, gibt seinen Ausweis einem Politiker. Mit der Wählerstimme in der Tasche besorgt der einen Platz im Krankenhaus. Die Parteien spielen Monopoly und nennen es Politik. Den Führern der Gewerkschaften ist es recht so. Auch sie möchten ein Stück vom Kuchen. Washingtons Marionettenregierungen knüppeln nieder, was sich in den Weg des entfesselten Kapitals stellt. Reicht die eigene Maschinerie nicht aus, kommen Truppen aus dem Norden.

Unter der goldenen Schüssel häuft sich die Glut.

In Europa bricht der Weltkrieg aus. Auf Cuba beginnt der »Tanz der Millionen«. Das Volk darf das Schlagzeug bedienen, die Tänzer sind korrupte Politiker, reiche Cubaner und die Magnaten aus dem Norden. Der Zuckerpreis an der New Yorker Börse steigt auf sagenhafte 20 Cent für das Pfund. Riesige Vermögen entstehen in wenigen Monaten. Dann fällt der Preis. Arbeiter verlieren ihren Job, kleine Geschäftsleute ihre Läden. Banken machen bankrott, auch die Ersparnisse sind weg. Den Tänzern wird kein Haar gekrümmt, nur die Schlagzeuger nagen am Hungertuch.

Der Gluthaufen unter der goldenen Schüssel wächst.

1925 investiert das US-Kapital, die »Chase National Bank« der Rockefellers und Guggenheims an der Spitze, in den Geschäftsmann und 95er-General Gerardo Machado. Der gewinnt die Wahl, schwingt sich zum Diktator auf und holt die

Almosenverteilung an arme Bauern in der Sierra Maestra, 1957

Garotte wieder aus der Schublade. Vier Jahre später legt der »schwarze Freitag« die Weltwirtschaft und mit ihr Cuba lahm. Die zwei Krisenbäume, soziales Elend und Arbeitslosigkeit, wachsen in den Himmel. Angesichts von Studentenprotesten und Arbeitskämpfen zieht der Diktator die Schrauben der Repression noch weiter an. 1933 bricht mit einem Generalstreik die Revolution aus. Selbst auf dem Land kommt es zu bewaffneten Kämpfen. Das Gegenrezept des Diktators: Mord. Am 12. August 1933 mag selbst Washington Machado nicht mehr halten. Eine Milliarde Dollar an US-Investitionen ist gefährdet. Der Diktator flieht auf die Bahamas.

Die neue Regierung des Medizinprofessors Ramón Grau will als erstes die Armee von den Männern des Tyrannen säubern. Der Unteroffizier Fulgencio Batista wird zum Oberst gemacht und übernimmt die Aufgabe. Vor den cubanischen Küsten liegen erneut US-Kriegsschiffe. Mit Hilfe des Washingtoner Botschafters Sumner Welles wird Batista, der Mulatte aus dem Volk, zum starken Mann auf Cuba - für elf lange Jahre. Vier davon, von 1940 bis 1944, regiert er selbst. An den Grundstrukturen der Insel - Großgrundbesitz, Arbeitslosigkeit, Abhängigkeit vom Zucker und von den USA - kann er so wenig ändern wie seine Nachfolger Ramón Grau und Carlos Prío.

Ende des Jahres 1951 fällt wieder einmal der Zuckerpreis, und Cuba rutscht in die nächste wirtschaftliche Flaute. Am 10. März 1952 übernimmt Batista in einem 72 Minuten dauernden Staatsstreich erneut die Macht und beginnt eine blutige Diktatur, die bis zu seiner Flucht vor Castros revolutionären Truppen am 1. Januar 1959 dauern soll.

Diktator Fulgencio Batista

Kurz nach der zweiten Machtübernahme Batistas zieht ein 25 Jahre junger Rechtsanwalt in Havanna vor Gericht. Unter dem Arm trägt er das Strafgesetzbuch und eine Anklageschrift gegen den Diktator. Wegen Meuterei, Hochverrats und Aufruhrs fordert er eine Gesamtstrafe von 108 Jahren für Batista und seine 17 Komplizen. Sein Name: Fidel Castro.

Das Gericht schweigt, der Ankläger gründet, gestützt auf die Studentenbewegung und die Parteijugend der »Orthodoxen«, eine bewaffnete Widerstandsgruppe, die im Untergrund arbeitet. Batista läßt systematisch einsperren, foltern und morden.

Am 26. Juli 1953 überfallen 165 junge Männer und Frauen die Kaserne »Carlos Manuel de Céspedes« in Bayamo und die »Moncada-Kaserne« in Santiago de Cuba. Das Gros der Angreifer, die 50 am besten bewaffneten Männer, verirrt sich in den Straßen der Stadt Santiago, ohne jemals in die Kämpfe einzugreifen. Der Angriff wird zurückgeschlagen.

In den folgenden Tagen jagt das Regime die Revolutionäre. Die »Moncada-Kaserne« wird zur Folterkammer und zur Hinrichtungsstätte. 70 Gefangene werden ermordet. In der Stadt Santiago erschießen Batistas Soldaten selbst spielende Kinder. Castro hat Glück und kommt mit dem Leben davon. Ein Offizier schützt ihn vor der Soldateska. Batista läßt ihm den Prozeß

Fidel Castro Ruz nach dem gescheiterten Überfall auf die »Moncada-Kaserne« in Santiago de Cuba am 26. 7. 1953 beim Verhör

machen. Das Plädoyer hält der junge Anwalt selbst. Unter dem Titel »Die Geschichte wird mich freisprechen« ist es berühmt geworden.

Der Revolutionär beschreibt darin die soziale Lage im Land vor dem gescheiterten Aufstand: Bei einer Bevölkerung von fünf Millionen 600 000 Arbeitslose, in der »toten Zeit« bis zu einer Million. 500 000 *campesinos*, die unter menschenunwürdigen Bedingungen leben. 400 000 Tagelöhner und Industriearbeiter, deren Pensionen zum großen Teil in die Hände der Reichen wandern. 100 000 Kleinbauern, die Land bearbeiten, das ihnen nicht gehört und das sie jeden Augenblick verlieren können. 30 000 völlig unterbezahlte Lehrer. 20 000 hoch verschuldete Kleinhändler. 10 000 Universitätsabgänger ohne Aussicht auf Arbeit.

Als Lösung der Probleme verkündet Castro dem Gericht fünf »revolutionäre Gesetze«, die nach dem Sieg der Revolution erlassen werden sollen. Erstens soll die von Batista außer Kraft gesetzte Verfassung von 1940, für ihre Zeit ein fortschrittliches Werk, wieder Gültigkeit erlangen. Zweitens soll der Landbevölkerung alles Land zugesprochen werden, das sie bearbeitet, soweit die Fläche 70 Hektar nicht übersteigt. Das dritte »revolutionäre Gesetz« spricht den Arbeitern und Angestellten ein Drittel der Betriebsgewinne zu. Gesetz vier gewährt den Arbeitern in Anbau und Verarbeitung von Zuckerrohr die

Hälfte der Erträge. Das fünfte Gesetz schließlich ordnet die Beschlagnahme der Güter all derer an, die das Land bisher ausgesaugt haben. Später zu verfassende Gesetze sehen eine Agrarreform, eine Reform des Bildungswesens und die Verstaatlichung der Elektrizitäts- und Telefongesellschaften vor.

Damit hat Castro zum ersten Mal die Grundziele der späteren Revolution festgeschrieben. In »Die Geschichte wird mich freisprechen« macht der Angeklagte auch kein Hehl daraus, daß er die parlamentarische Demokratie und die bürgerlichen Grundrechte verteidigen wird, wenn er an die Macht kommt. Über das Cuba vor dem Putsch sagt er:

»Es hatte seine Verfassung, seine Gesetze, seine Freiheiten, Präsident, Kongreß, Gerichte. Alle hatten das Recht, sich in völliger Freiheit zu versammeln, zu reden und zu schreiben. Das Volk war stolz auf seine Freiheitsliebe und lebte in der Einbildung, daß diese für immer als geheiligt geachtet werden würde.«

Das Gericht verurteilt den Freiheitskämpfer zu 15 Jahren Gefängnis, aber der Druck der öffentlichen Meinung in Cuba und von Teilen der Weltöffentlichkeit erzwingt bereits 1955 die Freilassung Castros und der Gruppe von Revolutionären, die die Massaker in den Tagen nach dem Überfall auf die beiden Kasernen überlebt haben. Die Gruppe wird auch weiterhin mit dem Tode bedroht und flieht nach Mexiko. Dort stößt der argentinische Arzt Ernesto »Che« Guevara zu ihr. Man kauft die Jacht »Granma« und nimmt mit 82 Revolutionären an Bord Kurs auf Cuba, um den inzwischen vierten Krieg um die Unabhängigkeit zu starten. Am 2. Dezember 1956 geht die Truppe unter chaotischen Umständen an Land. In den ersten Gefechten mit Batistas Heer erleiden die Eindringlinge erhebliche Verluste – insgesamt 69 Tote, ermordete Gefangene, Verwundete und Versprengte. 13 Männer retten sich unter Castros Führung in die unwegsame Sierra Maestra. Als die Untergrundbewegung Wochen später ein paar Gewehre hinauf in die Berge schicken kann, sagt der *Comandante*: »Jetzt ist die Befreiung Cubas sicher.« Als erste schließen sich die *campesinos* der Sierra der Revolution an. Verstärkungen aus allen Teilen des Landes folgen – Studenten, Landarbeiter, Intellektuelle, ein bunter jakobinischer Haufen. In den Städten streiken die Arbeiter, auf dem Land nehmen Saisonarbeiter Schießunterricht. Batista leugnet

Camilo Cienfuegos, einer der Revolutionsführer, hier als Wachsfigur im »Museum der Revolution« in Havanna

Ernesto Che Guevara und Fidel Castro, die »Bärtigen«, nach ihrem Sieg 1959 in Havanna

Straßenszene in Havanna nach dem Sieg der Revolution im Januar 1959

Castros Anwesenheit auf Cuba und die Existenz einer revolutionären Bewegung, schickt aber Truppen und seine Luftwaffe in den Osten. Die Revolutionäre halten sich bedeckt, während die Bewegung unaufhaltsam wächst. Sie haben das Gelände für sich, die Bauern der Sierra, den Wald. Der Diktator ist machtlos. Aber der für den 4. April geplante Generalstreik verwandelt sich in eine Niederlage der Revolution. Unter ihrem Eindruck einigen sich die verschiedenen Gruppen auf eine gemeinsame Strategie und machen Fidel Castro zum unumstrittenen Führer. Batista will die Gunst der Stunde nutzen und bläst mit dem Plan »F-F« (Fase Final - Endphase oder Fin de Fidel - Ende Fidels) zur entscheidenden Großoffensive - und verliert.

Eine alte Schultafel als Erinnerung: zwei Nutznießer der Alphabetisierungskampagne, aufgenommen 1998

Im Herbst 1958 verlassen zwei Kolonnen unter der Führung von Camilo Cienfuegos und Che Guevara die Sierra, durchqueren die Provinz von Camagüey und versetzen in der Schlacht um Santa Clara dem Regime den Todesstoß. Im November geht auch Castro mit den restlichen Truppen in die Offensive.

Am 1. Januar 1959 flieht Batista, mit 400 Millionen Dollar im Besitz und mit 20 000 Menschenleben auf dem Gewissen, besiegt von dem »Träumer« aus der Sierra Maestra. Als einige Politiker und Generäle eine provisorische Regierung ausrufen, um die Revolution im letzten Moment noch zu stoppen, ruft der Revolutionsführer zum Generalstreik auf. Das Volk geht auf die Straße. Das Regime ist endgültig geschlagen. Acht Tage später zieht Castro im Triumph in Havanna ein.

Der *ajiaco* schmeckt so gut wie noch nie: Das Volk ist an der Macht.

Großgrundbesitzer, Zuckerbarone, Politiker, Generäle, Folterknechte, Mörder, Spekulanten, Ausbeuter, Korrupte, Betrüger und Veruntreuer, alle, die mit Batista gemeinsame Sache gemacht und unter der Diktatur etwas gewonnen haben, verlassen die Insel in Scharen und nehmen kistenweise Dollars mit. Ihnen folgen Professoren, Richter, Ärzte, Anwälte, Ingenieure, Architekten – alle, die etwas zu verlieren haben.

Es folgt die Zeit der großen Veränderungen. Mit aufgekrempelten Ärmeln geht die Revolution daran, zu verwirklichen, was bisher nur Träume waren. Sie senkt die Mieten, den Preis des Stroms und den von Medikamenten drastisch. Schon im Mai tritt die erste Agrarreform in Kraft: Grundbesitz wird auf höchstens 400 Hektar beschränkt, ein harter Schlag vor allem gegen die berüchtigte »United Fruit Company«, die zusammen mit der »West Indies« im Osten Cubas Ländereien besitzt, die von der Nord- bis zur Südküste reichen.

Die Antwort aus den USA bleibt nicht aus: Sie hören auf, cubanischen Zucker zu kaufen – der erste Schritt in einen Wirtschaftskrieg, der die Insel in knapp 40 Jahren mehr als 60 Milliarden Dollar kosten soll. Die Eskalation hat begonnen, die Sowjets steigen ein. Als die Erdöl- und Benzintrusts sich weigern, sowjetisches Öl zu raffinieren, läßt Castro sie ebenso verstaatlichen wie die Elektrizitäts- und Telefongesellschaften. Im Januar 1961 bricht Washington die diplomatischen Beziehungen ab. Der Handel zwischen beiden Ländern kommt fast völlig zum Erliegen. Im April desselben Jahres greifen CIA-Söldner cubanischer Herkunft mit Unterstützung der US-Regierung in der Schweinebucht an. Die Kämpfe dauern drei Tage und enden mit dem Sieg Castros. Das revolutionäre Cuba hat den USA die erste Niederlage in ihrem »Hinterhof« beigebracht. Zur gleichen Zeit wird die Revolution zur sozialistischen erklärt und beginnt, sich der Sowjetunion anzunähern. Und noch im gleichen Jahr wird eines der wichtigsten Ziele der Revolution in Angriff genommen: Die Alphabetisierung der Bevölkerung – Hunderttausende von Cubanern aus den Städten gehen aufs Land, in die Dörfer und bringen ihren Genossen dort Lesen und Schreiben bei.

Im Oktober 1962 kommt es wegen der Stationierung sowjetischer Raketen auf der Insel zur »Oktoberkrise«. Die Welt schlittert an einem Atomkrieg vorbei.

Fidel Castro 1964 in Santiago de Cuba

linke Seite: Massenversammlung auf dem »Platz der Revolution« in Havanna anläßlich einer Rede Fidel Castros zum Moncada-Feiertag am 26. 7. 1970

Raketenschau auf dem »Platz der Revolution« am 40. Jahrestag der Gründung der cubanischen Streitkräfte

Als sich Kennedy und Chruschtschow über seinen Kopf hinweg einigen, ist Castro empört und verletzt, aber die Abhängigkeit vom »großen Bruder« in Moskau wächst. 1963 beschließt Cuba eine zweite Agrarreform: Landbesitz wird auf 70 Hektar begrenzt. Die Grundsteine für den Staat, in dem es niemand an etwas fehlen soll und in dem Che Guevaras »neuer Mensch«, Gleicher unter Gleichen, selbstlos und solidarisch, heranwachsen soll, sind gelegt.

Dann läßt das atemberaubende Tempo der Revolution nach, denn aufgrund ihrer Sowjetisierung kommt es zu Energieverlusten, Irrtümern, Widersprüchen, Fehlern. Auf der anderen Seite steht die Feindschaft Washingtons. Der »neue Mensch« steckt schon vor seiner Geburt in der Zwangsjacke. Auf dem Gewissen haben ihn Moskau, das auf Gleichschaltung drängt, und Washington mit seinen Versuchen, die Führer der Revolution zu ermorden, Aufstände anzuzetteln und die Insel wirtschaftlich zu strangulieren. Die »Bärtigen« haben die jahrhundertealte Struktur der Inselwirtschaft zerschlagen, ein Kraftakt ohnegleichen. Auf der Insel ist der Klassenkampf entschieden. Ein beispielloser Erfolg. Die Bürgerrechte sind dabei häufig auf der Strecke geblieben. Dennoch zeugt es von Heuchelei, daß ausgerechnet aus den USA die schärfste Kritik an der Situation dieser Rechte auf der Insel kommt. Sie selbst haben mit ihrer aggressiven Drohpolitik wesentlich dazu beigetragen, daß sie eingeschränkt wurden.

Aber Castro hat nicht nur die Macht übernommen. Auch das vertrackte Erbe der spanischen Kolonie ist auf ihn gekommen: Die Abhängigkeit vom Zucker und die daraus folgende Unfähigkeit, den Bedarf an Nahrungsmitteln aus eigener Kraft zu decken – ein Damoklesschwert, das über den Häuptern aller Regierenden der letzten zwei Jahrhunderte gehangen hat. Schon 1962 erblickt also die *libreta* das Licht der Welt, ein Heftchen mit Bezugsberechtigung für rationierte Nahrungsmittel.

Die neuen Herren der Insel versuchen, das Problem mit Zentralisierung und Industrialisierung nach sowjetischem Vorbild zu lösen – und scheitern trotz der großzügigen Hilfe aus Moskau. Als 1970 die Megakrise droht, die Staatskassen sind buchstäblich leer, ruft das Regime zur *gran zafra*, der großen Zuckerernte auf. Zehn Millionen Tonnen sollen eingefahren werden. Während der Rest der Wirtschaft in einen Dornröschenschlaf fällt, schneiden abkommandierte Arbeiter nachts unter Flutlicht das süße Rohr. Die Ernte erreicht einen neuen Rekord: 8,5 Millionen Ton-

1994: *Balseros* verlassen Cuba

nen, aber keine 10, und als sie zu Ende ist, liegt die Inselwirtschaft am Boden. Cuba wird Mitglied im »Rat für gegenseitige Wirtschaftshilfe«, die Abhängigkeit von der damaligen UdSSR und dem sozialistischen Osten Europas wächst.

Dennoch verteidigt die Revolution ihre Träume und Überzeugungen weiterhin auch an den Außengrenzen. Cubaner kämpfen in Namibia gegen die Apartheid, in Angola für den Kommunismus, in Nicaragua für die Sandinisten. Und bis heute hat Cuba auf diese Solidarität mit den Völkern der Dritten Welt nicht verzichtet, nicht einmal in der schwersten Krise.

Im Inland geht es schließlich wieder aufwärts: Die »Jahre der fetten Kuh« beginnen, die Cubaner kommen zu einem bescheidenen, für den Rest Lateinamerikas allerdings beneidenswerten Wohlstand. Unterernährung, Massenarbeitslosigkeit und Seuchen scheinen der Vergangenheit anzugehören. Jedes Kind bekommt bis zum siebten Lebensjahr täglich seinen Liter Milch. Der Durchmarsch vom Kinderhort bis zum Doktortitel ist so kostenlos wie die Behandlung auch der schwersten Krankheit. Das revolutionäre Bewußtsein unter den Genossen steht gegen den alten Egoismus. Die Stellung der Frau im

Macho-Paradies hat sich gefestigt, Rassismus gibt es nur noch unterschwellig, das Volkseinkommen wird gleichmäßig verteilt. Cuba wird zum sozialsten und friedlichsten Land des Kontinents. Kommt er jetzt, der neue Mensch? Ist der sozialistische *ajiaco* fähig, ihn im neuen Stahltopf über der sowjetischen Ölflamme zusammenzukochen? Kann er wirklich da entstehen, wo Kritik und Opposition in den bleiernen Jahren zu Straftatbeständen geworden sind?

Die Antwort auf diese Frage wird noch lange auf sich warten lassen, denn die Geschichte schlägt einmal mehr einen ihrer kapriziösen Haken: Die UdSSR und ihre Satelliten kollabieren der Reihe nach. Cubas Bruttosozialprodukt geht in der Folge um 35 Prozent zurück, der Außenhandel um zwei Drittel, die Importe um drei Viertel. Die Welt wartet händereibend auf das Ende des Tropensozialismus. Die Regierung läutet den *período especial en tiempos de paz* ein, den Notstand in Friedenszeiten, der gegründet ist auf Pläne für eine hypothetische Kriegswirtschaft, die im Fall eines erneuten Angriffs aus den USA greifen würden. Was noch da ist, wird rationiert, die Industriekapazität um vier Fünftel gedrosselt, der Konsum der Bevölkerung minimiert. Der Pro-Kopf-Verbrauch an Kalorien geht von 2 845 Einheiten 1989 auf 1 780 im Jahre 1993 zurück. Aber: Die gleichmäßige Verteilung der wenigen Güter, die sozialen Errungenschaften und die nationale Unabhängigkeit bleiben auch in der Katastrophe fest an die Fahnen der Revolution geheftet. Die Quadratur des Kreises?

Zum Erstaunen der Welt folgen die Cubaner – zähneknirschend und gezwungenermaßen die einen, überzeugt und stoisch die anderen – der Revolution und dem *líder máximo* auf dem Kreuzweg. Der Energiemangel zwingt zu Stromabschaltungen von bis zu 16 Stunden am Tag. Speiseöl, Seife und Dutzende weiterer Artikel verschwinden spurlos. Die staatlichen Läden stehen leer. Der Verkehr wird auf ein Minimum gedrosselt. Fabriken stehen still. Die Regierung bereitet sich auf die Null-Option vor. Die USA setzen noch eins drauf: Um Cuba endlich den Garaus zu machen, wird mit dem »Toricelli-Gesetz« auch ausländischen Töchtern nordamerikanischer Gesellschaften verboten, Waren nach Cuba zu liefern. Schiffe, die die Insel anlaufen, dürfen sich für die nächsten sechs Monate nicht in einem US-Hafen blicken lassen. Selbst Insulin und Herzschrittmacher kommen nicht mehr nach Cuba. Die Insel droht unterzugehen, aber dann ist sie doch wieder aus Kork.

Die Regierung versucht, trotz leerer Kassen, gegenzusteuern. Sie setzt auf die *apertura*, die Öffnung für ausländisches Kapital in Joint-ventures, auf den Tourismus und auf die hochtechnologisierten Forschungszentren. Eine Verfassungsänderung im Jahre 1992 macht es möglich: Cuba legalisiert das Privateigentum. Die Kapitalisten kommen und machen Geschäfte mit dem sozialistischen Staat. Die Insel bietet bessere Gewinnaussichten als jedes andere Land auf der Welt. Die Touristen kommen und lassen ihre Dollars im Land und staunen über die Leidensfähigkeit der Cubaner. Die Forschungszentren erfinden

Revolutionskunst in Havannas Altstadt

Impfstoffe, setzen Patente durch und werfen Gewinne ab. Trotzdem reicht es hinten und vorne nicht. Havanna wird zur Geisterstadt. Die Zuckerernte stürzt ins Bodenlose. Selbst Brot wird rationiert. Dennoch schließt der Staat keine Schule und kein Krankenhaus. Dennoch zahlt er weiterhin Arbeitslosengeld und die Renten. Dennoch bleiben die Straßen auch bei Nacht sicher. Und nicht zu vergessen: Zum ersten Mal in seiner Geschichte ist Cuba wirklich unabhängig.

Doch die Staatspleite kommt – unvermeidbar – im Herbst 1993. Alle Einnahmequellen sind versiegt oder bringen zu wenig bis auf eine: die Dollarsendungen der Verwandten im Ausland. Doch der Besitz von Dollars ist verboten. Am 13. August 1993 hebt die Regierung das Verbot auf, und der verhaßte grüne Schein, das Symbol des Erb- und Klassenfeindes, wird offizielles Zahlungsmittel. Mindestens 500 Millionen Dollar jährlich fließen erst in die Hände der Bevölkerung und dann in die Staatskassen. Castros Zähneknirschen ist bis ins letzte Kaff der Sierra Maestra zu hören, aber es geht wieder weiter.

Derweil schwimmt die Insel in einem Peso-Meer. Löhne und Gehälter werden weiter bezahlt, aber die Produktion steht so gut wie still. Außer Zigaretten, Speiseeis und Kinokarten gibt es für cubanisches Geld nichts mehr zu kaufen. Der Wert des Dollars – offiziell eins zu eins – steigt auf 140 Pesos. Der Schwarzmarkt blüht, bedenkliche Entwicklungen zeichnen sich ab: Der Hüter eines Pissoirs in einer Touristen-Dollar-Kneipe verdient mehr als der Chefarzt einer Klinik. Der Traum von der Gleichheit wird zum Alptraum. Aber langsam, zögernd kommt wieder Leben in die cubanische Wirtschaft. Wer sie belebt, sind die neuen Spitzenreiter im sozialen Rennen, die Dollarbesitzer. Ein 35 Jahre lang verschwundenes Gefühl kommt wieder auf: Neid. Seine Mischung mit Langeweile und knurrenden Mägen birgt Zündstoff. Am 5. August 1994 kommt es zu den ersten ernsthaften Ausschreitungen im revolutionären Cuba seit Castros Einzug in Havanna.

Erst das Erscheinen des *Comandante en jefe* persönlich, des Chefkommandanten, und das nicht gerade zimperliche Eingreifen organisierter Trupps von Bauarbeitern stellen die Ruhe wieder her.

Aber lange ist der soziale Druck nicht mehr zu kontrollieren. Castro öffnet ein Ventil und erlaubt die selbstmörderische Ausreise über das Meer nach Florida. 33 000 *balseros* gehen auf ihren Flößen, die Weltpresse steht Kopf: »Da seht ihr's!« Niemand fragt sich, wieviele Millionen in die USA kämen, würden die auch nur eine Woche ihre Grenze nach Mexiko öffnen.

Washington sieht sich gezwungen, seine Politik zu ändern. Bis zur »Balsero-Krise« galten Cuba-Flüchtlinge als Freiheitshelden und erhielten sofort nach ihrer Ankunft Visum und Arbeitsgenehmigung. Angesichts des Ansturms unterschreiben die USA und Cuba einen Vertrag. Seither werden auch cubanische Flüchtlinge von den USA in ihr Heimatland zurückgebracht wie Mexikaner und Haitianer auch.

Wenig später eröffnen auf der Insel die Bauernmärkte. Dort regulieren sich die Preise durch Angebot und Nachfrage. Die Versorgungslage beginnt sich zu entspannen, das Bruttosozialprodukt wächst zum ersten Mal seit dem Einbruch um winzige 0,4 Prozent. Seither hat es nicht mehr aufgehört zu wachsen. Havanna lebt wieder. Es gibt wieder Peso-Restaurants und Peso-Geschäfte, in denen der Reiche allerlei kaufen kann. Private Kleinrestaurants, die *paladare*, werden eingerichtet.

Wer will, kann als Kleingewerbetreibender auf *cuenta propria*, auf eigene Rechnung, arbeiten. Der Dollar ist auf 21 Pesos gefallen, und vermögende Cubaner können ihn in staatlichen Wechselstuben kaufen. Die Joint-ventures nehmen zu, es gibt Freihandelszonen, und jedermann kann eine Fabrik mit 100 Prozent Eigen-

»Comandante en jefe (Chefkommandant) befiehl« – Aufmarsch auf dem »Platz der Revolution« anläßlich des 40. Jahrestages der Gründung der cubanischen Streitkräfte

kapital aus dem Boden stampfen. Staatsland ist wieder an bäuerliche Genossenschaften verteilt worden.

Aber die USA und die dort lebenden Exilcubaner lassen nicht locker. Als Cuba zwei in seinen Luftraum eingedrungene Flugzeuge der anticastristischen Organisation »Rettende Brüder« abschießt, unterzeichnet Präsident Clinton das »Helms-Burton-Gesetz«. Seither überlegen sich Geschäftsleute wieder gründlich, ob sie in Cuba investieren sollen. Die Blockade und der Wirtschaftskrieg laufen weiter, aber der Versuch, die »rote Insel« auszuhungern oder durch Krankheiten in die Knie zu zwingen, scheint endgültig gescheitert.

Auf Sparflamme köchelt der *ajiaco* weiter, angereichert von den häufig bitteren Gaben aus den Händen von über einer Million Touristen pro Jahr, gepfeffert mit den scharfen Körnern der neuen Ungleichheit, eingedickt durch den Sirup eines menschlicheren, altruistischen Bewußtseins, das 40 Jahre Revolution zweifellos geschaffen haben, im Topf gehalten von sozialistischer Disziplin.

»Oye!« singt der Salsa-Arzt, »Oye! Aquí me mantengooo!«

Zeittafel

1492, 27. Oktober
Christoph Kolumbus betritt Cuba

1512 Der Gouverneur Diego Velázquez gründet Baracoa als erste spanische Ansiedlung auf Cuba. Bayamo, Trinidad, Sancti Spiritus, Santiago de Cuba und Camgüey folgen

1513 - 19
Gründung und Aufbau Havannas

1516 Die erste Zuckermühle wird eröffnet

1531 Auf Anraten des Mönches Bartolomé de Las Casas werden die ersten schwarzen Sklaven auf die Insel gebracht

1762 England erobert Havanna nach elfmonatiger Belagerung

1790 Beginn der Sklavenaufstände in Haiti, die mit dem Sieg der Farbigen, der Niederlage der Franzosen und der Gründung der ersten Republik auf amerikanischem Boden enden. Zugleich erster Zuckerboom auf Cuba

1837 Erste Eisenbahn auf Cuba

1868 Der »Krieg der zehn Jahre« gegen die spanische Kolonialmacht beginnt nach der Verkündung der Unabhängigkeit des Großgrundbesitzers Carlos Manuel de Céspedes

1886 Spanien schafft die Sklaverei auf Cuba ab

1895 Der zweite Unabhängigkeitskrieg, von José Martí »der notwendige Krieg« genannt, beginnt

1898 Kriegseintritt der USA. Im Vertrag von Paris verliert Spanien die Philippinen und Puerto Rico und gibt seine Ansprüche auf Cuba auf

1901 Cuba gibt sich eine neue Verfassung und wird von den USA gezwungen, die »Platt-Klausel« darin zu verankern

1906 - 09
In Anwendung der »Platt-Klausel« besetzen die USA die Insel

1912 Protest der Farbigen gegen rassistische Diskriminierung, daraufhin US-Intervention

1917-20
Weitere US-Interventionen

1920 »Tanz der Millionen«. Wegen der Rekordpreise auf dem Zuckermarkt häufen die cubanischen Zuckerbarone in kurzer Zeit sagenhafte Vermögen an

1924 Wahl Machados zum Präsidenten

1927/28
Machado erhält diktatorische Vollmachten und läßt sich 1928 wiederwählen

1933 Machado flieht auf die Bahamas, der Aufstieg Batistas beginnt

1934 Staatsstreich, erste Diktatur Batistas

1940-44
Regierung Batista

1952 Neuer Staatsstreich Batistas

1953 Castro und die »Gruppe 26. Juli« überfallen die »Moncada-Kaserne« in Santiago de Cuba. Der Überfall scheitert, und die wenigen überlebenden Rebellen landen im Gefängnis

1956, 2. Dezember
Landung der mit der Jacht »Granma« aus Mexiko gekommenen Revolutionäre unter Castros Führung

1958 Der Fall von Santa Clara bedeutet das Ende der Batista-Diktatur

1959, 1. Januar: Batista flieht
8. Januar: Fidel Castro zieht siegreich in Havanna ein

1961 Der Überfall in der Schweinebucht wird zurückgeschlagen. Die Revolution wird zur »sozialistischen« erklärt. Die Alphabetisierung der Landbevölkerung beginnt

1962 »Oktoberkrise« um sowjetische Mittelstreckenraketen, es droht eine atomare Konfrontation zwischen Ost und West

1965 Gründung der KP Cubas

1970 Die »Große Zuckerernte der zehn Millionen Tonnen« scheitert

1980 125 000 Cubaner reisen über den Hafen Mariel in die USA aus

1984 Cuba setzt den Schuldendienst aus

1990 Beginn des »período especial«, Abzug der sowjetischen Soldaten

1993 Freigabe des Dollar

1994 Nach Ausschreitungen am »Malecón« von Havanna öffnet die Regierung erneut den Seeweg nach USA und löst so die »Balsero-Krise« aus. Die verbotenen Bauernmärkte werden wieder zugelassen

1995 Freihandelszonen werden erlaubt und erste Finanzämter eingeführt

1996 Der Abschuß zweier Flugzeuge der »Rettenden Brüder« führt zur Unterzeichnung des »Helms-Burton-Gesetzes« durch US-Präsident Clinton

1998 Besuch des Papstes

Zuckerrohrarbeiter bei der Aussaat

Süßes Schicksal

Vom gelungenen Versuch einer Pflanze, eine Insel zu versklaven

Erst wenn das cubanische Volk einmal aufhört, Sklave des Zuckers
zu sein, werden ihm seine Mahlzeiten süßer munden und
sein Leben wird würziger sein.
FERNANDO ORTIZ

Das Ungetüm brüllt, spuckt und rollt davon auf mannshohen Rädern – ein geflügelter, eiserner Drache aus einem längst vergessenen Märchen –, und Carlos packt mich am Arm und sagt: »Laß uns verschwinden!« Denn der Drache speit nicht Feuer, sondern zerrissene Blätter und Staub. Es ist eine »combinada«, eine fahrende Maschine zum Schneiden und Zerkleinern von Zuckerrohr, noch aus der Sowjetunion. Aus einem seiner beiden Mäuler bläst er Staub, aus dem anderen fallen armlange Stücke des mit süßem Saft gefüllten Rohrs. Neben ihm fährt ein Traktor mit Anhänger – ein Frosch zu Füßen eines Mammuts – und nimmt Cubas schicksalhaften Rohstoff auf. Unter einem kristallenen Himmel, in dem in der flimmernden Hitze des tropischen Februartages weiße Wolken schweben, wird das ungleiche Paar kleiner und kleiner, als es sich dem Horizont nähert, während Scharen von weißen Vögeln mit gelben Schnäbeln die auf die Erde gefallenen Insekten vertilgen. So weit das Auge reicht, steht Zuckerrohr – ein gelbgrünes Meer, leise raschelnd im Wind, das Vermögen und die Geißel einer Insel in der Krise.

Hier draußen auf den Feldern der Zuckermühle »Héctor Molina«, eine gute Autostunde südlich der Hauptstadt gelegen, sieht alles danach aus, als sei dieses Vermögen riesig und noch unerschöpflicher als eine kuwaitische Ölquelle und als bräuchten die Cubaner nur fleißig zu schneiden und zu mahlen, um den Globus mit einer zentimeterdicken Zuckerschicht bedecken zu können. Aber der Schein trügt. Die Krise hat auch das Rohr erfaßt. Nach der mit 8,5 Millionen Tonnen größten Ernte aller Zeiten im Jahr 1970 produzierte die Insel regelmäßig zumindest acht Millionen Tonnen Zucker

Macheteros schlagen das Zuckerrohr

pro Jahr. Selbst 1992, drei Jahre nach dem Beginn des Desasters der sozialistischen Länder in Europa, erzielte man noch acht Millionen Tonnen. Aber dann hielt auch das Rohr dem Druck nicht mehr stand. Die Erträge sanken ruckartig auf 4,2 Millionen Tonnen im Jahr 1993, 4 Millionen im Jahr 1994, und während es heute insgesamt mit der Wirtschaft wieder aufwärts geht, ist der Zucker zum süßen Pferdefuß geworden. Allein in den letzten zwei Jahren soll seine Herstellung eine Milliarde Dollar an Verlusten gekostet haben. Aber die Geister, die sie einst riefen, werden die Cubaner nicht mehr los.

Die Pflanze mit dem holzigen Stengel voller Saft und den langen, lanzettförmigen Blättern stammt aus Indien, ihr Name aus dem Sanskrit, und den Spaniern ist die Exotin offenbar von Anfang an nicht geheuer gewesen: *Azúcar* kommt grammatikalisch gewöhnlich als Mann daher und schmückt sich mit dem Artikel *el*, aber der Süßstoff kann sich auch in eine Frau verwandeln und heißt dann *la*. »Die schneeweiße Dame«, so der Schöpfer des Bildes vom *ajiaco*, Fernando Ortiz, trägt schon vom Namen her die Züge eines zweischneidigen Schwerts.

Ihre Süße ist reine Tarnung, und häufig in der Geschichte ist die Anwesenheit der Ausländerin den Cubanern sauer aufgestoßen. Seit sie angekommen ist, hat sie das Sagen. Der Mensch, gewohnt, sich zum Herrscher über die Natur aufzuschwingen, beugt sich zähneknirschend ihren Launen. Rein äußerlich macht sie immer den gleichen, verführerischen Eindruck, ohne sich weiter um die Jahreszeiten zu kümmern. Aber dieser Eindruck täuscht gründlich.

Was dieser »Dame« besonders behagt, ist die

Zafra, Zuckerrohrernte bei Mariel, westlich von Havanna

Tatsache, daß es auf »ihrer« Insel so etwas Ähnliches wie einen Winter gibt. Von Dezember bis März etwa fegen in unregelmäßigen Abständen kalte Schlechtwetterfronten über sie hinweg. Sie kommen von der Kontinentalmasse im Norden und machen sich durch kräftige Regenfälle bemerkbar. Nach dem Regen stellt sich Kälte ein, manchmal mit Temperaturen um die null Grad, und diese Kälte, die mag sie, die »schneeweiße Dame«. Diese Kälte macht sie erst so richtig süß: Sie beschleunigt die Kristallisation der Saccharose. Für den Menschen beginnt der Wettlauf mit der Zeit. Das jetzt hochwertige Rohr muß vom Feld, so schnell wie irgend möglich.

Die Idealdauer der *zafra*, der Zuckerrohrernte, beträgt 100 Tage. Männer müssen her, viele *macheteros*, immer mehr *macheteros*, starke Männer aus Afrika, Tausende bis in die erste Hälfte des vergangenen Jahrhunderts hinein, dann Zehntausende, dann Hunderttausende.

Aber alle Anstrengungen draußen auf den Feldern reichen nicht aus, um der »Dame« das Höchstmaß an Zucker zu entreißen. Kaum ist das Rohr geschnitten, tritt der Süßstoff die Flucht an. Bleibt es ein paar Tage liegen, lohnt es sich kaum mehr, es zu mahlen. Es muß in die Fabrik, sofort! Straßen müssen da sein, Eisenbahnschienen, Waggons, Lokomotiven. Und die Fabrik muß aufnahmefähig sein, alle Räder des gigantischen Uhrwerks müssen reibungslos ineinandergreifen. Strom muß vorhanden sein, um die riesigen Zylinder, Pumpen, Getriebe und Mahlwerke am Laufen zu halten und Holz, viel, viel Holz, damit die gigantischen Öfen den Sirup zu Kristallen kochen. Unmengen von Wasser verbraucht die Mühle. Menschen, Arme, Hände

Ernteergebnisse (in Mio. Tonnen)	
1847	0,25
1868	0,75
1885	1,0
1898	0,29
1920	3,7
1963	3,8
1970	8,5
1991	7,6
1994	4,0
1995	3,3
1996	4,53
1997	4,2
1998	3,2

Zuckermühlen auf Cuba

Anzahl		Produktivität (durchschnittl. Ausstoß pro Jahr)	
1827	1000	1830	72 Tonnen
1861	1365	1860	400 Tonnen
1862	1473	1895	4000 Tonnen
1890	900		
1894	450		
1899	207		
1998	156		

ohne Zahl – »Zucker ist aus Blut gemacht«, sagte man einst. Die »Dame« fordert ihren Tribut. Die Landarbeiter müssen essen. Jemand muß säen, ernten, schlachten. Die »Central« benötigt also nicht nur endlose Felder für ihren Rohstoff. Die Mühle braucht darüber hinaus Wälder für das Brennholz, Farmen für das Gemüse, für die Schweine und die Rinder. Sie braucht Strom- und Wasserleitungen, Reservoirs, Stauseen. Sie ist ein Moloch im Dienst der »schneeweißen Dame«, dauernd auf Hochtouren, unter Zeitdruck, angespannt bis zum äußersten, schwitzend und ächzend, immer bedroht von Erschöpfung, von Unfällen, Pannen, Regengüssen, Stürmen, Dürre, gerissenen Treibriemen, entgleisten Zügen, explodierten Pumpen.

Und dann, eines schönen Tages, ist der Spuk vorüber. Alle Räder stehen still, nicht, weil ein starker Arm es will, sondern weil die kapriziöse »Dame« mit dem Januskopf sich aus dem Staub gemacht hat. Die Felder liegen brach unter der Glut der Sommersonne, die Säcke voller Zucker stapeln sich in den Lagerschuppen der Häfen. Auf die Menschen wartet im tonlosen Schatten der »Central« ein neuer, gemächlicherer Rhythmus – oder die »tote Zeit«, sofern sie ihren Einsatz vor dem Schicksalsjahr 1959 geleistet haben.

1493, auf seiner zweiten Reise nach »Indien«, bringt der Admiral aus Genua die ersten Schößlinge des Zuckerrohrs in die neue Welt. Auf »La Hispaniola«, der Insel, die heute im Osten Dominikanische Republik und im Westen Haiti heißt, schlagen sie Wurzeln. Acht Jahre später erscheint die erste Pflanzung auf Cuba. 1506 wird dort der erste Zucker verkauft, zehn Jahre danach erblickt die erste wasserbetriebene Mühle das Licht der Antillenwelt. Obwohl die »schneeweiße Dame« noch jung ist, setzt sie bereits zwei Jahre später das spanische Königspaar unter Zugzwang: Die Mühlen verlangen nach starken Armen, und mit Lizenz vom 21. Oktober 1518 gibt Philipp den Sklavenhandel frei. Insgesamt 1,3 Millionen Afrikaner werden bis 1886 aus Afrika nach Cuba verschleppt werden, die überwiegende Mehrheit von ihnen ist für die Zuckerproduktion bestimmt. Der Capitán Don Gonzalo Fernández de Oviedo y Valdes stellt 1546 konsterniert fest: »Es gibt wegen dieser Zuckermühlen so viele Afrikaner auf der Insel, daß das Land wie ein Abbild von Äthiopien aussieht.«

Unsere »Dame« hat bereits ganze Arbeit geleistet: Die Weichen für die zukünftige Bevölkerungsstruktur der Insel, für ihr wirtschaftliches System, für ihren Außenhandel, für die endlose Verweigerung der Unabhängigkeit, für das verspätete Ende der Sklaverei, für Fremdherrschaft in jeder Form sind gestellt.

Und die Könige von Spanien, wie sie auch immer heißen mögen, betrachten die »schneeweiße Dame« mit gierigem Blick. Keine Anstrengung ist ihnen zu viel, um neue Mühlen entstehen zu lassen. Sie geben Geld, sie geben Kredite. Sie befreien von der Rückzahlung, sie erklären die Mühlen für unpfändbar, sie schenken Ländereien. Zucker und gefüllte Kassen in Madrid sind für die Herrscher zwei Seiten einer Medaille.

Schon früh stört das Rohr das landwirtschaftliche Gleichgewicht auf der Insel. Im Jahre 1601, gerade einmal 85 Jahre nach der Inbetriebnahme der ersten Mühle, stellt der Stadtrat von Havanna bestürzt fest: »Die Zunahme des Zuckeranbaus zwingt uns, ihn einzuschränken, um den Niedergang anderer Züchtungen zu verhindern.« Weise Voraussicht: Knapp 400 Jahre später hat die Pflanze die Hälfte der landwirtschaftlichen Nutzfläche Cubas erobert, und eine Insel mit besten Böden und einem paradiesischen Klima ist schon längst nicht mehr in der Lage, die notwendigen Lebensmittel selbst herzustellen. Nebenbei hat sie auch das Gros ihrer Wälder eingebüßt. Dennoch: Bis unsere »Dame« ihr Cuba unwiderruflich und fest im Würgegriff hat, soll noch eine Menge Zeit vergehen.

Im 17. Jahrhundert produziert die Insel durchschnittlich 5 000 Tonnen Zucker pro Jahr. 1816 sind es 20 000 Tonnen, 1818 schon 40 000. 1820 kommt die Dampfmaschine und leitet die industrielle Revolution ein. 1837 folgt die Eisenbahn. Die »schneeweiße Dame« reibt sich die schneeweißen Hände, ebenso der König in Spanien. Alles ist vorbereitet für die endgültige Machtübernahme des Zuckers, nur ein kleines Detail fehlt noch: Die Stahlfabriken können noch keine brauchbaren Eisenbahnschienen herstellen. Dennoch vermehren sich die Plantagen und werden immer größer. Für drei Jahrhunderte hat die Geschwindigkeit von Ochsenkarren sie in ein Korsett gezwängt. Sie konnten gerade so groß sein, daß das Gefährt mit seiner leicht verderblichen Ladung die Mühle rechtzeitig erreichte. Mit dem Zug als Transportmittel ändert sich die Kalkulation: Jetzt bestimmen die Kosten des Transports die Ausdehnung der Haziendas. Und mit der Dampfmaschine wächst die Kapazität der Mühlen ebenso wie das benötigte Kapital. Aus der Manufaktur wird der kapitalistische Betrieb.

Die neuen Schienen erscheinen kurz nach dem Ende des ersten Unabhängigkeitskrieges 1878. Jetzt kann nichts mehr den Zucker aufhalten. Aus den Haziendas werden Latifundien. Der Sklavenhandel ist eingestellt, das neue Proletariat der Landarbeiter entsteht. Zugleich

kommen in Form von anonymen Gesellschaften die Yankees. Sie kaufen und kaufen und kaufen. 1928 besitzen sie drei von vier Mühlen. Der Ausverkauf Cubas ist in die Wege geleitet und soll bis zum Jahr 1959 nicht mehr aufzuhalten sein. Über der Not und dem Hunger der *campesinos* erhebt sich das schrille Gelächter der »schneeweißen Dame«.

1890 produziert die Mühle »Constancia« 135 000 Sack Zucker, die bis dahin größte Ernte der Welt. Mit den Jahren steigt der Anteil des Zuckers am Außenhandel auf über 80 Prozent. Die Abhängigkeit ist besiegelt, die Latifundien werden zum Staat im Staate mit eigenen Gesetzen und eigenem Geld.

Fast der gesamte Süßstoff geht in die USA und später in die Sowjetunion, ein Abnahme-Monopol und Drohmittel, das in beider Hände wie ein turmhoher Zaunpfahl benutzt werden kann - ein Wink damit ruft jederzeit die gewünschten Reaktionen hervor.

Auch die Revolution kann Cuba aus dieser Zwangsjacke nicht befreien. Am Anfang versucht sie es, aber schon 1964 muß sie einsehen, daß gegen das Zuckerrohr kein Kraut gewachsen ist. Seit der mißlungenen Zehn-Millionen-Tonnen-Ernte setzt Cuba auf Mechanisierung, aber dann bindet *der período especial* der Regierung erneut die Hände.

Die »schneeweiße Dame« sitzt weiterhin fest im Sattel, wenn sie auch das Volk nicht mehr so quält wie früher. Wo sie früher Sklaven forderte oder *campesinos* in der »toten Zeit« an den Rand des Hungertodes brachte, begnügt sie sich heute mit der »Mobilisierung« von Studenten, Soldaten und Industriearbeitern. Weite Bereiche des Bodens sind in den Besitz von Kooperativen übergegangen, und die beliefern die Mühlen. Seit 1998 bezahlen die Zentralen den Rohstoff doppelt so hoch wie bisher. Die *campesinos* brauchen kein Geld für Mieten oder ärztliche Betreuung, die Ausbildung ihrer Kinder belastet sie nicht. Es ist - trotz allem - Land in Sicht auf dem Land.

Der Tourismus hat den Zucker inzwischen als Devisenbringer Nummer eins überholt. Die »weiße Dame« wird ein bißchen unruhig: Ihr Anteil am Export ist unter die 50-Prozent-Marke gesunken. Sie braucht sich trotzdem keine Sorgen zu machen: Das ehemalige Erdöl-gegen-Zucker-Geschäft zwischen der Sowjetunion und Cuba ist längst wieder eingerichtet. Nur die Preise und der Name des Öllieferanten haben sich geändert: Die Preise diktiert jetzt der Weltmarkt, und das Öl liefert jetzt Rußland.

Aber erstmals wird auf Cuba laut darüber nachgedacht, ob es nicht klüger wäre, unrentable Zuckerbetriebe stillzulegen. Sollte es so weit kommen, dann allerdings muß die »Dame« Zucker ihre versklavte Insel möglicherweise doch wieder freigeben.

Ich beiße in ein Stück Rohr, das Carlos mit seiner Machete für mich geschält hat, und lecke den süßen Saft. Dann besichtige ich die Fabrik. Die Maschinen arbeiten auf Hochtouren, und je näher ich dem Endprodukt komme, desto süßer riecht es und desto schwerer lösen sich die Sohlen meiner Schuhe vom klebrigen Boden. Dann stehe ich vor dem Förderband. Hellbraunes, grobkristallenes Material fährt hinauf auf einen Turm. Dann stürzt es hinab und verschwindet in Säcken. Eine Hand erscheint an meiner Seite und schöpft aus dem Sack - die Hand des Produktionsleiters, der mich geführt hat. »Das! Das ist es, was wir machen! Zucker - und sei es gegen Tod und Teufel!«

Zwei Millionen Cubaner sind auf diese oder jene Art vom Zucker abhängig - seit Jahrhunderten. Ihre Liebe zum süßen Rohr, zur »schneeweißen Dame«, hat etwas Masochistisches an sich, aber das Leben käme ihnen schal vor ohne »ihre« Zentrale, schal wie Saccharin.

Die »Dame« sitzt im Blut.

Verzuckert

Raquel schlug die Beine übereinander. Obwohl Gregor Bittner seit mehr als einem Jahr mit ihr verheiratet war, erregte ihn der Anblick ihrer langen Mulattinnenbeine noch immer. Raquels Körper entsprach dem Gardemaß der weltberühmten *modelos* aus dem »Tropicana«, und ein Paar wohlgeformte dunkelbraune Beine waren für Bittner so etwas wie ein Gebet in der Hölle. Leider lag auf dem Tischlein, das ihn im Augenblick von diesem Gebet trennte, eine unangenehme Wahrheit: finanziell konnte er ihr nichts bieten, er pfiff auf dem letzten Loch. Bittner tat zwar, was er konnte, aber das war in der Tat ziemlich wenig. Wenn er nicht bald einen Joker zog, war das Spiel zu Ende, und das Gebet würde aus der Hölle in die Show des »Tropicana« zurückkehren, aus der er Raquel vor 18 Monaten herausgeholt hatte. Frau Bittner besaß zwar alle äußeren Merkmale einer Cubanerin, aber vom Charakter her hätte sie besser in die USA gepaßt.

Bittners Vater hatte ihm vor zwei Jahren ein kleines Erbe hinterlassen, und damit hatte der Sohn den Sprung nach Cuba gewagt. Seither berichtete er als Journalist gegen Zeilenhonorar von der Insel, und das war seine einzige Einkommensquelle. Daran hatte sich bisher nichts geändert, obwohl der Deutsche mit großen Plänen auf die sich dem Dollar, dem Tourismus und dem ausländischen Kapital öffnende Insel gekommen war. Keiner dieser Pläne hatte sich verwirklichen lassen. Für eine Kette von Feinschmecker-Restaurants hatte er keinen Geldgeber gefunden. Die kleine Reiseagentur für Öko-Touristen hatte die Regierung ebensowenig genehmigt wie die Tretboote zur Überquerung der Hafeneinfahrt. Die Idee einer schwimmenden Disco hatte ihm ein norwegischer Seemann weggeschnappt. Der Zierpflanzenhandel war am Monopol des Staatsunternehmens »Tropiflora« gescheitert, und der Export der cubanischen Kräutermedizin hatte sich als zu kostspielig erwiesen.

»Klappe zu, Affe tot«, sagte Bittner. »Wenn sich nichts tut, hauen wir eben ab.«

»Womit denn?« wollte Raquel fragen, da klingelte das Telefon. Die schöne Cubanerin hob eine Augenbraue, streckte ihre schlanke ringgeschmückte Hand aus und nahm den Hörer ab. Bittner ging nie ans Telefon. Er zog es vor, sich rufen zu lassen und den Eindruck eines vielbeschäftigten Mannes zu vermitteln.

»Warten Sie einen Moment! Er sitzt am Computer. Ich hole ihn.«

Raquel legte den Hörer auf den Tisch, zuckte mit den Schultern und schaute Bittner aus fast schwarzen, etwas schräg unter der hohen Stirn stehenden Augen mitten ins Gesicht. Ihr Blick verriet Verachtung, aber der Deutsche hatte noch nicht gelernt, die Gesichtszüge seiner Frau zu deuten. Bittner öffnete den Hemdkragen und wischte sich den Schweiß von Hals und Nacken. Cuba war eine Spur zu heiß für ihn – in jeder Beziehung. Er ergriff den Hörer.

»Ja?«

»Die Botschaft hat mir deinen Namen gegeben, Junge. Wir sollten uns treffen.«

Bittner war 30 Jahre alt. »Junge« pflegte ihn

nur seine Mutter zu nennen. Am liebsten hätte er aufgelegt, aber er pfiff auf diesem letzten Loch.

»Um was geht es?«

»Um Geld, Junge - um was denn sonst?«

Bittners Hals kühlte ab, als komme eine frische Brise durchs Fenster. Dafür schwitzten jetzt seine Hände. Dies war nicht der erste Anruf dieser Art, den er in den letzten Monaten erhalten hatte. Seit sich auf Cuba Geld verdienen ließ, wimmelte es von Abenteurern, halbseidenen Geschäftsleuten, Zahlenjongleuren, Hochstaplern und Finanzgenies ohne Kapital. Obwohl er selbst zu diesem auserlesenen Club gehörte, war der Journalist und ehemalige Student der Wirtschaftswissenschaften mehreren seiner Kollegen schon auf den Leim gegangen. Aber keiner hatte ihn »Junge« genannt.

»Wie heißen Sie?« fragte er, um Zeit zu gewinnen.

»Ich bin der Konsul«, sagte der andere. »Wir treffen uns um zehn im Café Paris. Ich bin fünfzig, klein, dick, deutsch und häßlich. Du wirst mich leicht erkennen. Und bring deine Frau mit! Wie ich höre, soll sie eine Beauty sein. In Gegenwart einer schönen Frau redet es sich - na, sagen wir mal: lockerer.«

Er lachte. Sein Lachen gefiel Bittner ganz und gar nicht. Er legte auf und schaute zu Raquel.

»Zieh dir was Scharfes an, Baby! Ich wittere größere Beträge.«

Die Jungs im Café Paris in der Altstadt von Havanna lassen sich nicht so leicht aus der Ruhe bringen. Da sitzen Spielhallenbesitzer aus dem Osten der Bundesrepublik, Veranstalter von Off-Shore- und Motorradrennen aus Curaçao, Dauerreisende, die auf der Suche nach Frauen von Insel zu Insel hüpfen, gestrandete französische Oberlehrer aus dem Midi, Koksdealer aus dem Tessin, abgewrackte deutsche Poeten im dritten Alter, windige Italiener mit Mafia- und Argentinienkontakten und schwergewichtige US-Boys, die sich von ihrem Präsidenten nicht die schönsten Frauen der Karibik vorenthalten lassen wollen. Sie alle haben nur zwei Dinge im Sinn: krumme Geschäfte und jede Nacht eine andere Frau.

Raquels Auftritt verschlug ihnen endlich wieder einmal die Sprache. Begleitet von zehn Sekunden langem Schweigen und unmißverständlichen Blicken schritt sie erhobenen Hauptes zur Bar und plazierte ihren vollendeten karibischen Hintern auf einem Hocker. Die Schlitze in ihrem knöchellangen Kleid reichten bis zur Hüfte, und die bloßen Brüste preßten sich gegen den dünnen, fast durchsichtigen Stoff. Zwischen blutroten Lippen blitzten ihre Zähne weiß in einem tiefbraunen Gesicht, und das Klappern der Silberreifen um ihre schmalen Fesseln übertönte für einen Augenblick die Salsa, als sie ihr Kleid in eine provokative Ordnung brachte. Bittner, ganz stolzer Besitzer dieses Juwels, bestellte zwei Cuba libre.

»Drei!« sagte eine Stimme. »Schließlich sind wir verabredet.«

Der Konsul sah noch unerfreulicher aus, als er sich geschildert hatte, aber er roch nach Geld. Ein armer Schlucker hätte nie gewagt, sich so nachlässig zu kleiden: Badeschuhe, ausgeblichene Bermudashorts, ein verfärbtes Hemd beträchtlichen Alters - keine teure Uhr, keine Brieftasche aus Krokodilleder. »Und mit Sicherheit kein Peso in der Tasche«, beendete Bittner die Musterung. Ohne Geld aber können nur die wirklich Reichen aus dem Haus gehen, das hatte er schon gelernt.

Zwei Drinks lang machten sie Small talk. Einmal ruhte die Hand des Konsuls wie unabsichtlich, wie versehentlich auf Raquels nacktem Schenkel. Bittner beantwortete den fragenden Blick seiner Gattin mit zustimmendem Lächeln.

»Stimmt«, bestätigte er den Konsul, »wenn es

überhaupt irgendwo schönere Frauen gibt als hier, dann auf Martinique.«

Der andere verzog seine wulstigen Lippen zu einem Lächeln.

»Point-a-Pitre ist auch nicht schlecht. Du weißt schon - Grande Terre, Guadeloupe.« Seine Hand verließ Frau Bittners Schenkel und ergiff den gläsernen Zuckerstreuer. »Aber im Augenblick suche ich eher das da.«

Das Lächeln war verschwunden. Bittner runzelte die Stirn.

»Die nächsten drei Ernten sind verkauft. Rückzahlung von kurzfristigen Krediten, Kompensationsgeschäfte. Erdöl gegen Zucker - solche Sachen. Zucker gibts hier nicht mal für Cubaner.«

»Ich weiß. Der Markt ist eng. Aber 20 000 Tonnen sollten sich finden lassen, und mehr brauche ich gar nicht.«

Bittners milchblaue Augen leuchteten auf. In einem Lagerhaus im Hafen von Matanzas mußten in diesem Augenblick exakt 20 000 Tonnen Rohzucker liegen, wenn seine Informationen stimmten. Die kanadische Firma »Eltinborg« hatte Cuba Motoren für die altersschwachen sowjetischen Zuckerrohrschneider KTP geliefert. Als der Regierung die Dollars ausgingen, hatte sie mit Zucker bezahlt. Die »Eltinborg« hatte noch keinen Käufer gefunden dank der verschärften US-Blockade.

»Mein Anteil?« fragte Bittner.

Der Konsul lächelte wieder. Lächelnd betrachtete er Raquel. Ohne den Blick von ihr zu wenden, sagte er: »Das hängt ganz davon ab, wie gut wir drei uns verstehen.« Raquel warf den Kopf in den Nacken und schüttelte ihre Mähne.

»Ich werde für euch beide kochen«, sagte sie nach einer Pause und benutzte dabei die kehlige Version ihrer Stimme. »Und ich schwöre euch, es wird euch schmecken.«

Sie servierte Cangrí, auf Cuba auch »Mohren und Christen« genannt, ein Gemisch aus Reis und rotbraunen Bohnen als Grundlage für ein kräftiges Schweinegulasch. Ihre Hautfarbe harmonierte mit der Farbe der Bohnen. Die Hautfarbe der beiden Männer harmonierte mit der Farbe des Reises. Der Geschmack des Schweinefleisches harmonierte mit dem Bouquet des 88er »Palacio de Arganza«. Sie aßen mit Genuß und zu den Klängen von Schubert-Liedern auf dem Flachdach eines Hauses im »Vedado«. Unter ihnen funkelten die Lichter Havannas, immer noch wenige, aber deutlich mehr als auf dem Tiefpunkt der Krise. Vom Meer her wehte die laue Brise der Tropennacht. Gregor Bittner schenkte nach.

»Auf unser Geschäft!«

»Auf die Liebe!« gurrte Raquel.

»... und die Völkerverständigung!« ergänzte der Konsul und küßte Raquels Hand. Um Punkt neun fiel, wie seit Jahrhunderten, der Kanonenschuß im Fort am Hafen, einst das Zeichen für die Schließung der Stadttore. Raquel streckte sich und sagte:

»Jetzt, meine Herren, sind wir unter uns. Das Pack bleibt draußen.«

Der Konsul küßte sie auf den Hals.

»Ich kann den Zucker bekommen.«

Bittners Stimme klang belegt. Dieser dicke kleine Kerl steuerte offenbar ohne die geringsten Umwege auf sein Ziel zu. Dieser dicke kleine Kerl ging ihm auf die Nerven, aber er selbst pfiff auf dem letzten Loch. Dieser dicke kleine Kerl war der Joker, auf den er seit Monaten gewartet hatte.

»Wir sollten über meinen Anteil sprechen.«

»Und über meinen«, sagte Raquel und lächelte. Der Konsul unterbrach seine Zärtlichkeiten.

»Gut. Ich kaufe zum Preis der New Yorker Börse. Die Preise werden bald steigen. Ich rechne mit einem Gewinn von einer Million. Ein Zehntel davon sollte euch genügen.«

Plötzlich ging Bittner der dicke kleine Kerl überhaupt nicht mehr auf die Nerven. Auch daß seine Frau den Konsul jetzt zärtlich auf den Mund küßte, konnte seine soeben erwachte Sympathie nicht mindern, ebensowenig die Tatsache, daß Raquel während des Kusses die linke Brust aus der Bluse rutschte und der Konsul diese zärtlich massierte. Er stand auf, ließ sich Zeit in der Küche und kam mit einer Flasche sieben Jahre altem »Havanna Club« zurück.

»Laßt uns feiern!«

»Wir sind schon dabei«, sagte der Konsul und gab Raquel frei. Sie tranken. Später fuhr die »Valhala«, die hell erleuchtete schwimmende Disco des Norwegers, durch die Bucht. Vom Deck wehten Salsaklänge herüber. Raquel und der Konsul tanzten. Bittner holte die nächste Flasche. Als sie leer war, schimmerte Raquels Körper nackt im Licht des zunehmenden Mondes.

»Wieso bist du eigentlich so sicher, daß die Preise steigen werden?« fragte Bittner mit schwerer Zunge. Der Konsul grinste.

»Das, Junge, wirst du erfahren, wenn wir uns Adieu sagen.«

Cuba kämpfte mit der *zafra*, der Zuckerernte, seinem süßen Schicksal. Es war seit Jahrhunderten so. Es sah aus, als würde es zumindest ein weiteres Jahrhundert so bleiben. Während in Havanna *jineteras* ihre Liebesdienste anboten und ihre kräftigen jungen Freunde die Touristen mit hausgemachten Zigarren in Original-»Cohiba«-Kistchen und hausgemachtem Rum in Original-»Havanna Club«-Flaschen versorgten, während die Besitzer kleiner Privatrestaurants sich goldene Nasen verdienten und die Zimmervermieter goldene Betten, schufteten die weniger Gerissenen auf dem Land Tag und Nacht, um dieses Schicksalsrohr zu schneiden, in die Fabrik zu bringen und in Zucker zu verwandeln. Täglich wurden sie in Presse, Funk und Fernsehen für ihren »Heroismus« gelobt. Dennoch stand zu befürchten, daß Cuba das Plansoll wieder einmal nicht erreichen würde.

Drei Wochen nachdem der Konsul in Havanna aufgetaucht war, kam es in den größten Zuckermühlen der Insel zu einer Reihe von unerklärlichen Pannen. Maschinen explodierten ohne erkennbaren Grund, Motoren liefen heiß, Förderbänder rissen, Brände brachen aus. Viele Mühlen standen wochenlang still. Cubas Plan war nicht mehr zu erfüllen. Der Zuckerpreis an der New Yorker Börse stieg von 10,2 Cents auf 12,4 pro Pfund. Der Konsul hatte bei 10,4 gekauft. Gregor Bittner sollte die Ware für ihn verschiffen, sobald ein Käufer gefunden war.

Bittner achtete mehr denn je auf sein Äußeres. Er hatte einen Plan, und nur wenn er aussah wie ein Mann, der keine materiellen Sorgen kennt, war dieser Plan zu verwirklichen. Von den 2 000 Dollar, die der Konsul ihm vorgeschossen hatte, kaufte er ein Dinnerjackett, zwei Anzüge, Seidenhemden, Socken und Schuhe. Er schwitzte mehr denn je, aber er sah aus wie ein Mann, der keine materiellen Sorgen kennt.

Einer, dessen Vertrauen es zu gewinnen galt, war Antonio Pellegrini, ein italienischer Abenteurer aus Palermo, Besitzer und Kapitän der »Amaryllis«. Die »Amaryllis« hatte Sonnenblumenöl von Mexiko nach Cuba verschifft, und jetzt wartete Pellegrini auf einen Nachfolgeauftrag. Die USA konnte er in den nächsten sechs Monaten nicht mehr anlaufen – Strafe für seinen Verstoß gegen die Gesetze des Washingtoner Wirtschaftskriegs. Die »Amaryllis« brauchte dringend einen neuen Anstrich, aber Pellegrini pfiff ebenfalls auf dem letzten Loch, wie vor kurzem noch Gregor Bittner. Als der hochgewachsene junge Mann im eleganten Zweireiher über die Reling kletterte und auf ihn zukam, entfuhr dem Sizilianer ein herzhaftes: »Porca miseria, ragazzi!« Dann schloß er sich mit dem Gast in der Kapitänskajüte ein.

Zwei Stunden später verließ der Deutsche das Schiff. Den kurzen, fleischigen Finger, der auf ihn zeigte, sah er nicht.

»Das ist er«, sagte der Konsul. »Du wirst ihn leicht wiedererkennen. Der Kerl läuft auch bei 40 Grad im Schatten noch in diesen Zweireihern herum und schwitzt seine Seidenhemden durch.«

Der Konsul und sein neuer Freund und Gespiele saßen im »Lahmen Matrosen«, einer drittklassigen Rumkneipe im Hafen von Matanzas. Zu des Deutschen großem Vergnügen hatte sich Gianni nicht nur als ein begabter Liebhaber entpuppt, sondern war außerdem noch die rechte Hand von Kapitän Antonio Pellegrini. Es würde ihm ein Leichtes sein, eine Wanze in der Kajüte des Seebären zu verstecken, und so hatte der Konsul selbst Bittner auf die »Amaryllis« angesetzt. Vergnügt tätschelte er die Hand des schlanken Burschen an seiner Seite.

»Trink, Gianni, trink! Danach machen wir noch einen drauf!«

»Wir müssen verkaufen, mein brauner Engel. Die Wohnung, den Computer, diesen blöden Mahagony-Schreibtisch - den ganzen Plunder. Wenn wir mit unserer Süßware durchkommen, können wir Cuba vergessen.«

»Und wenn wir nicht durchkommen?«

»Dann können wir Cuba erst recht vergessen.«

Bittner saß in einem klassischen cubanischen Schaukelstuhl aus dem vorigen Jahrhundert neben der schwergewichtigen Statue der Liebesgöttin Ochún und trank. Er hatte den ganzen Vormittag am Telefon verbracht und die halbe Karibik und ganz Mittelamerika angerufen. Einen Käufer für den Zucker hatte er nicht gefunden. Den Käufer hatte hingegen der Konsul an der Hand - im Hafen von Limón in Costa Rica. Aber Gregor Bittner hatte nicht die Absicht, mit Antonio Pellegrini und der »Amaryllis« bis Costa Rica zu schippern.

»Ich habe das Gefühl, das letzte Loch, auf dem du pfeifst, gehört eigentlich mir«, sagte Raquel. »Wie oft soll ich mich eigentlich noch hinlegen mit diesem dicken Gartenzwerg?«

»Bis wir ihn los sind. Ihn und den Zucker.«

Manchmal haßte er sie, besonders wenn er etwas Rum im Kopf hatte. Gewöhnlich hatte er spätestens um zwölf Uhr mittags etwas Rum im Kopf. Andererseits brauchte er sie. Ohne Raquel hätte er nie diese Kanadier kennengelernt. Ohne Raquel hätte der Konsul im Leben keine 100 000 Dollar geboten. Ohne Raquel wäre Bittner der Vertreter eines deutschen Provinzblattes in Havanna geblieben, eine kleine Nummer im Internationalen Presseclub, lebenslänglich zur Sparsamkeit verurteilt.

»Ich liebe dich, und du weißt es«, sagte er, und sein schaler Gesichtsausdruck strafte ihn Lügen. Sie schlug ihn ins Gesicht.

»Jetzt liebe ich dich noch mehr«, sagte Bittner und grinste. Aber seine Backe brannte, und dafür würde sie bezahlen, das schwor er sich.

Der Zuckerpreis war auf 12,8 Cents gestiegen, und auf Cuba standen noch immer sechs Fabriken still. Die Techniker schufteten rund um die Uhr, um die großen Mühlen wieder zum Mahlen zu bringen - eine Sisyphusarbeit. Es fehlte an Ersatzteilen, und wenn die schließlich auf blokkadebedingten Umwegen die Insel erreichten, brachen die alten sowjetischen Lastwagen zusammen, die sie aufs Land bringen sollten. Die *zafra* schleppte sich vorwärts wie eine Meeresschildkröte an Land nach dem Eierlegen. Eingeweihte rechneten inzwischen mit weniger als vier Millionen Tonnen Ernte.

In Matanzas lief die Beladung der »Amaryllis« schon, aber Bittner hatte immer noch keinen Käufer. Fünf Tage vor dem geplanten Auslaufen des Frachters besuchte eine mittelamerikanische Journalistendelegation die Insel. Bittner mietete sich einen Mercedes und fuhr zum Internationalen Presseclub. Dort schüttelte er den Mittelamerikanern die Hände und stellte sich als Korrespondent des HANDELSBLATTS vor. Am Abend lud er die Vertreter von Honduras, Guatemala und Nicaragua zum Essen ins Hotel »Nacional« ein. Als er um drei Uhr morgens nach Hause kam, war er nicht nur betrunken, sondern auch strahlender Laune.

»Prinzessin«, sagte er zu seiner Frau, »die Lage hat sich geändert. Jetzt pfeifen wir nicht mehr auf dem letzten, sondern auf dem ersten Loch.«

Am nächsten Morgen beantragte er eine Ausreisegenehmigung nach Costa Rica. Zwei Tage später erhielt er einen Anruf aus dem Ausland. Über den Inhalt des Gesprächs schwieg er sich aus, aber er schickte Raquel nach Cojimar, das Hemingway-Nest aus »Der alte Mann und das Meer«. In Cojimar lebte ein Fischer, der Cubaner bei Nacht und für viel Geld aus den Hoheitsgewässern beförderte.

Gianni saß im »Lahmen Matrosen« neben einem griechischen Stricher und trank Rum, als der Mercedes vorfuhr. Bittner stieg aus und steuerte auf die »Amaryllis« zu. Gianni rutschte von seinem Barhocker.

»Ich bin gleich wieder da.«

»Nimm mich mit«, sagte der Stricher. »Ich bin einsam.«

»Einsam kannst du auch alleine sein«, sagte Gianni. Auf der Toilette schob er die Kopfhörer über die Ohren, setzte sich auf das Emaille der brillenlosen Schüssel und steckte sich eine »Popular« an. Die Zigarette schmeckte fast wie eine Zigarre. Wenn die »Amaryllis« tatsächlich morgen auslief, würde er den cubanischen Himmel vermissen, die Palmen und diese Zigaretten. Der Rest der Insel konnte ihm gestohlen bleiben.

Auf der »Amaryllis« begrüßten sich Bittner und Pellegrini wie alte Freunde.

»Setz dich«, brummte der Kapitän und öffnete eine Flasche.

»Keine Zeit«, sagte Bittner. »Hör zu, wir laufen morgen am Nachmittag aus. Ich komme mit. Auf der Höhe von Cojimar und außerhalb der Hoheitsgewässer nehmen wir Raquel auf. Zielhafen ist Puerto Barrios in Guatemala. Dort wartet mein Mann.«

»Und wieso soll ich dir trauen? Wenn du diesen Konsul aufs Kreuz legst, warum nicht auch mich?«

»Ich gebe dir meinen Paß. Ohne Paß kann ich nicht von Bord.«

Pellegrini kratzte sich am Kopf.

»Abgemacht!« knurrte er dann. »Trauen tu ich dir trotzdem nicht.«

Gianni hatte genug gehört. Er schob den Kopfhörer unter sein Hemd und betätigte die Spülung. Das Klo gab einen Seufzer von sich, weiter nichts. Draußen in der Kneipe war der einsame Stricher eingeschlafen. Gianni bezahlte und ging zum Telefon. Das Telefon gab nicht einmal einen Seufzer von sich. Als der junge Italiener sechs Stunden später endlich Verbindung nach Havanna bekam, war der Konsul nicht zu Hause.

»Flieg Mexicana!« sagte Bittner. »Die düsen sechs Mal in der Woche da rüber und haben den besten Service. Wenn du willst, hole ich dich in San José ab.«

»Junge, gib mir keine Ratschläge. Ich könnte dein Vater sein.«

Bittner lachte. Er lachte zum ersten Mal seit langer Zeit, denn er war stolz auf sich. Er hatte die Wohnung nebst Inhalt an einen belgischen Botschaftsrat verkauft. Er hatte »den Mann« gefunden. Er würde reich sein, und der Konsul würde ihn nie mehr zu Gesicht bekommen. Der Konsul würde in Limón, Costa Rica, eine »Amaryllis« suchen, die ihre Ladung zu diesem Zeitpunkt in Puerto Barrios, Guatemala, bereits gelöscht hatte und nun »Siziliana« heißen würde.

»Schon gut«, gab er friedfertig zurück. »Flieg, was du willst!«

»Ich möchte tanzen«, sagte Raquel.

Sie gingen den »Malecón« entlang, und es war Nacht, und auf der Ufermauer saßen Liebespärchen und solche, die es werden wollten, und tranken Rum und hörten Salsa aus den Radios geparkter Autos unter den Sternen, in der warmen Brise, zum leisen Schlappschlapp des Meeres. Spiegelglatt lag der Atlantik unter dem dicken, tropischen Mond.

»Habt ihr gehört? Ich möchte tanzen!«

Sie nahmen einen Wagen und fuhren zum »Palacio de la Salsa«. Sie tanzten bis in den frühen Morgen. Den Rest der Nacht verbrachten sie in Bittners Wohnung. Als der Konsul gegen elf Uhr früh nach Hause kam, stellte er fest, daß er vergessen hatte, den Anrufbeantworter einzuschalten.

Die »Amaryllis« sollte um vier Uhr nachmittags ablegen. Bittner ging um drei an Bord. Pellegrini zeigte sich besorgt.

»Gianni ist verschwunden. Kein Mensch weiß, wo er sich herumtreibt. Ohne Gianni fahre ich nicht ab.«

Sie warteten fünf Stunden. Schließlich legten sie ab. Es war acht Uhr abends.

Etwa zur gleichen Zeit machte der Konsul Raquel einen Vorschlag. Von Costa Rica aus könne man eigentlich nach Brasilien fliegen, meinte er. Bittners Teilnahme an dieser Reise sei eher lästig. Im übrigen würde der Junge wohl auch nicht über das nötige Kleingeld verfügen.

»Nie«, sagte der Konsul, »nie habe ich daran gedacht, ihn auszubezahlen. Der Gewinn aus dem Geschäft ist für dich und mich. Was hältst du davon?«

Raquel schlüpfte aus ihrem Kleid, legte die Arme um den Hals des Konsuls und flüsterte in sein Ohr: »Ich liebe dich.«

Es klingelte. Der Konsul ging zum Fenster und schaute hinab auf die Straße. Unten stand Gianni. Er formte mit den Händen einen Trichter um den Mund und rief: »Sie fahren nach Puerto Barrios in Guatemala!«

Der Konsul hörte, was er seit längerem befürchtet hatte. Dann hörte er nichts mehr. Die schwere Statue der Liebesgöttin Ochún traf ihn mit voller Wucht auf den Hinterkopf. Minuten später schlüpfte Raquel aus dem Hintereingang des Hauses.

Es war Mitternacht, als sie im Mondschein die Silhouette der »Amaryllis« entdeckten.

»Da ist sie«, sagte Pedro. »In 20 Minuten sind wir da.«

»Wenn sie uns nicht erwischen«, murmelte Raquel. Es waren die ersten Worte, die sie sprach, seit sie den Konsul niedergeschlagen und ihm eine Plastiktüte über den Kopf gebunden hatte. Ihre Hände zitterten noch immer.

Bittner stand am Heck, als sie den Frachter erreichten. Statt eine Strickleiter herunterzulassen, stellte er eine Frage: »Was ist mit dem Arschloch?«

Raquel fuhr sich mit der Handkante über den Hals.

»Tot?« fragte Bittner.

Sie nickte. Neben dem Deutschen tauchte eine andere Gestalt aus der Dunkelheit auf – Kapitän Antonio Pellegrini. »Volle Fahrt voraus, Kapitän!« sagte Bittner.

Langsam aber unwiderruflich wurde die »Amaryllis« schneller und entfernte sich auf der Silberstraße des Mondes Richtung Südwesten.

Geschenk des Teufels

Der Tabak

Diese Männer trugen Fackeln, deren Rauch sie wie Weihrauch einsogen. Einige trockene Kräuter wurden in ein trockenes Blatt eingeschlagen und zu etwas gerollt, was sehr jenen kleinen Musketen gleicht, welche unsere Knaben am Osterfest aus Papier machen, um sie dann an einem Ende zu entzünden. Vom anderen Ende sogen oder zogen oder nahmen sie mit jedem Atemzug eine Art Rauch, von dem man sagt, er schläfere das Fleisch ein und mache einen beinahe trunken, aber so, daß man nie müde wird. Diese Patronen oder was auch immer nennen die Indianer »tabacos«.

BARTOLOMÉ DE LAS CASAS

Den Tabak kannst du nicht einfach pflanzen, den mußt du heiraten.

CUBANISCHES SPRICHWORT

Bub, du mußt lernen, Zigarren zu rauchen. Wenn du einmal eine Konferenz leitest, und du sollst eine schnelle Entscheidung treffen, dann ziehst du an deiner Zigarre – das macht Eindruck, mußt du wissen –, und die Zeit vergeht, und du blickst dem blauen Rauch hinterher, und dann ist da plötzlich deine Entscheidung!« Ich war siebzehn und galt als halbwegs intelligent, als ich diesen weisen Rat von meiner Mutter erhielt. Sie hoffte auf eine große Zukunft für ihren Sprößling.

Heute lebe ich in Havanna, bewaffnet mit einer Schreibmaschine und sonst nichts. Schlimmer noch: In der Stadt, die den besten Zigarren der Welt den Namen gegeben hat, rauche ich »Populares«, schwarze, unbehandelte Zigaretten vom Typ Roth Händle oder Gauloise. Das Päckchen kostet sieben cubanische Pesos, die Auswirkungen auf die Gesundheit sind ausgesprochen »erfreulich«. Aber heute soll ich diese Reportage schreiben. Neben mir steht ein Kästchen aus lackiertem Zedernholz, die Hinterlassenschaft eines der vielen Freunde, die mich hier besuchen. 20 Dollar hat er dafür auf der Straße berappt. Dann hat er es, zerstreut wie er ist, vergessen.

Ich öffne das Kästchen und entnehme eine »Cohiba Siglo II« der Linie 1492. Die Banderole ist dran, die Farbe stimmt, das Deckblatt hat keine dicken Rippen. Ich schneide den Kopf ab. Das Stück scheint mit ganzen Blättern und nicht mit Häckseltabak gefüllt. In dieser Form ist es in Deutschland mindestens 50 Mark wert. Ich zünde es an. Die Zeit vergeht, und ich blicke dem

Tabakbauer bei der Ernte in San Juan y Martinez in der Provinz Pinar del Rio

Tabakbauer mit Tabakblättern

blauen Rauch hinterher, so wie meine Mutter es sich vorgestellt hat. Nur die Konferenzteilnehmer fehlen. Für jemanden, der in Havanna wohnt, grenzt es an ein Verbrechen, eine Zigarrengeschichte zu schreiben, ohne dabei eine »Cohiba« zu rauchen. Schließlich ist sie die Quintessenz all dessen, was sich in den letzten 500 Jahren auf dem Gebiet der Tabakveredelung getan hat. Und genau so schmeckt sie. Mir wenigstens. Ich blase einen Ring. Ich blase noch einen Ring. Ich bin Faruk, Churchill, Schwarzenegger, nicht unbedingt Bill Clinton, aber fast, und Fidel Castro vor dem 15. Mai 1990, als er noch nicht die Volksgesundheit über die eigenen Gelüste gestellt hatte.

Von Anfang an, seit der beginnenden Verbreitung des Tabaks in der alten Welt, gab es auch die Gegner dieses Genußmittels. Wo heutzutage das Argument des Gesundheitsrisikos angeführt wird, sahen sich die unerbittlichen Kritiker des 16. und 17. Jahrhunderts veranlaßt, die noch fremdartige Wirkung des Tabaks im wahrsten Sinn des Wortes zu verteufeln.

Als »gefährliche Versuchung des Teufels« sahen die Kastilianer den Tabak, und die Raucher galten ihnen als Menschen, »die mit diesem unerhörten Kraut ihre Sinne reizen wie mit einer neuen Alkoholsorte, ihre Intelligenz wie mit einem neuen Mysterium und ihren Willen wie mit einer neuen Sünde«. »Die Indianer helfen dem Teufel bei seinen Machenschaften«, hieß es, und während der kluge Mönch Las Casas noch zurückhaltend von einem »häßlichen Laster« sprach, wertete der strenge Pater Mendieta das Kraut bereits als »verdächtig und gefährlich«.

Tabakblätter werden zum Trocknen aufgehängt

Benzoni analysierte die braunen Blätter als »stinkendes und lasterhaftes Teufelsgift«, und der Engländer John Taylor veröffentlichte 1616 einen fiktiven Aufruf des Satans an alle Bewohner der Hölle, in dem er die Verbreitung des Tabaks fordert. Die Kirche Abessiniens kam zu dem Schluß, daß Adam nicht etwa mit Hilfe von Evas Apfel verführt wurde, sondern daß er den Reizen des Tabaks erlegen ist. Die griechische Kirche verkündete, daß der folgenreiche Rausch des Patriarchen Noah keineswegs dem übermäßigen Genuß von Wein anzulasten sei, sondern daß auch hier der Tabak die Alleinschuld hatte. Philipp II. ordnete schließlich 1586 an, daß seine cubanischen Untertanen sich mit keinerlei Tabak, sei es viel oder wenig, in der Öffentlichkeit oder zu Hause erwischen lassen durften, und »es weder gestattet ist, ihn zu säen, noch ihn zu besitzen unter Strafandrohung von fünfzig Pesos in Gold für das erste Mal, dazu dem Verlust des Tabaks, der als verbotenes und schädliches Kraut öffentlich verbrannt werden soll; bei Rückfall wird die Strafe verdoppelt und der Schuldige für immer aus dem Reich verbannt. Falls es sich bei dem Täter um einen Neger oder eine Negerin handelt, wird die jeweilige Strafe verdoppelt, und man gebe ihm zweihundert Peitschenhiebe in den öffentlichen Straßen.«

Dennoch wurde das göttliche Teufelskraut angebaut und konsumiert. Zuerst übernahmen die als Sklaven nach Cuba verschleppten Afrikaner von den Ureinwohnern die »Kunst des Rauchens«. Seither gelten die schwarzen *Orishas* Changó, Oshún und Eleguá als Raucher. Nach den Schwarzen hatte das Laster die Seeleute erwischt und war so nach Europa gekommen. Im Laufe der Zeit kam die ganze Welt auf den Geschmack: Kirchenmänner und Könige, Piraten und Kapitäne, Händler, Bauern und Schmuggler gleichermaßen.

Angebaut in den *vegas*, den Auen der Flüsse, beanspruchte die Pflanze zwar nicht viel Land, aber selbst das bißchen war den damals allmächtigen Rinderzüchtern zu viel. Die frühe Geschichte Cubas ist voll von Auseinandersetzungen zwischen den wilden Königen der Berge, und den eher sittsamen Zugereisten aus Spanien, die mit ein paar Tabakpflanzen ihr Glück in der Fremde zu machen versuchten. Häufig sah sich der spanische König gezwungen, per Erlaß für Ordnung zu sorgen. Oft griffen die Generalkapitäne ein. Schließlich aber wurde der Staat selbst zum Hauptfeind der *vegueros*, das Geld war die Ursache des Sinneswandels.

Die Krone, genauso konsequent hinter den Dukaten her wie der Klerus, richtete 1717 den *estanco* ein, das Monopol des Königs auf alles, was mit Tabak zu tun hatte, von der Aussaat bis zum Verkauf der fertigen Zigarren. Die *vegueros*, ihrer Herrschaft über den Markt beraubt, griffen zu den Knüppeln, ein erstes Mal 1717, dann 1720 und ein weiteres Mal 1723. Ein mächtiger, nicht ganz uneigennütziger Bundesgenosse hatte sie dazu angestachelt: der Klerus, die Mönche und die Nonnen. Jene sahen ihre Position als Zwischenhändler ebenso in Gefahr wie ihren Zehnten, das heißt also die Abgaben der Landbevölkerung an die Kirche, kurzum ihr gesamtes blühendes Geschäft, das ihnen über zwei Jahrhunderte lang von Vorteil war, schien bedroht. Sogar dem König schrieben sie, um den »armen Bauern« zu helfen, aber der ließ sie abblitzen.

Als der Generalkapitän in Havanna 1723 elf der Aufrührer hängen ließ, kehrte wieder Ruhe ein in den *vegas*. Aber es sollte bis 1817, also ein

Produktion der neuen Zigarrenmarke »Cuaba« in Havanna

Zigarrendreher in einer Fabrik in Pinar del Rio

ganzes Jahrhundert dauern, bis Spanien seiner Kolonie die Handelsfreiheit über das Teufelskraut zurückgab. Bis dahin erwartete Zuwiderhandelnde der Galgen.

Und dennoch: Nichts ist so eng an die Geschichte der Havannas geknüpft wie der Schmuggel. Seit der ersten Reise von Kolumbus hat vermutlich kein Schiff und schon gar kein Flugzeug Cuba verlassen, ohne zumindest die staubkorngroßen Samen der Pflanze nach Hause zu transportieren. Zeigten sich zu Zeiten des *estanco* die *vegueros* der Hauptstadt noch verunsichert, ihre Kollegen draußen in der Provinz, in Pinar del Rio, wo der beste Tabak der Welt wächst, in Sancti Spiritus oder in Santiago de Cuba im fernen Osten der Insel fochten des Königs Verbote nicht an. Sie schmuggelten weiter wie eh und je. Da der Klerus, die Regierungsfunktionäre, die Bürgermeister, Bischöfe, Richter, Polizeiobersten, Zollbeamten und Zwischenhändler alle das gleiche Spiel spielten, hatte der König keine Chance.

Die »Cohiba« ist ausgegangen, die Asche abgefallen. Sie hat nicht regelmäßig gebrannt. Das alles erweckt mein Mißtrauen. Es sieht ziemlich danach aus, als rauche Schwarzenegger doch etwas Besseres als ich. Ich zünde des Teufels Patrone erneut an und blase einen weiteren Ring.

Ebensowenig wie die katholischen Herrscher in Madrid kann heute der revolutionäre König Castro kontrollieren, was sich auf den Straßen seiner Hauptstadt und in den Hinterzimmern und Küchen abspielt. Da wird nach Herzenslust getrocknet und fermentiert, entrippt und beschnitten, sortiert und gewickelt. Das Rohmaterial – Blätter und Deckblätter, Bauchbinden und Zedernholz, Gütesiegel und glühende Stempeleisen, bunte Bildchen und samtene Bänder - stammt gewöhnlich aus der Fabrik um die Ecke. Unzählige Menschen arbeiten hart. Manche sind Profis, und unter ihren Händen entsteht etwas, das der Zigarre aus der Fabrik durchaus ähnlich ist. Andere, schlichte Betrüger, rollen die Abfälle ins Deckblatt. Verkauft wird auf der Straße, und dem Besucher Havannas kommen die Sprüche schon am zweiten Tag seiner Anwesenheit zu den Ohren heraus: »Aus welchem Land kommst du? Ah, Deutschland! Das ist gut! Willst du Zigarren kaufen, billige, aber echte?« Niemand wagt zu schätzen, wieviele falsche Zigarren pro Jahr die Insel verlassen. Sicher ist nur eins: Die Fälscher arbeiten im Akkord, und jeder von ihnen beschäftigt ein kleines Heer an Verkäufern, ein Geschäft mit jahrhundertealter Tradition.

Wenige Kunstwerke gehen während ihrer Herstellung durch so viele Hände wie das Kunstwerk Zigarre, nur um sich schließlich in Rauch aufzulösen. Allenfalls ein handgemachter, aber genialer Feuerwerkskörper könnte mit einem solchen Ausmaß an Hingabe und Sinnlosigkeit konkurrieren. Der Bogen zwischen Aussaat und Auslieferung spannt sich beim Tabak über fast 100 Arbeitsgänge, und sie alle werden von Hand verrichtet. Für die meisten werden Spezialisten mit langjähriger Erfahrung benötigt. An der Herstellung bis zum fertigen Endprodukt Zigarre sind Bauern mit jahrhundertaltem Wissen, Pflücker, Fermentierer, Sortierer, Entripper, Wickler, Vorkoster und Prüfer beteiligt. Der Teufel sitzt im Detail. Kein Blatt ist wie das andere, keine Pflanze wie die andere, keine *vega* wie die andere, kein Wickler wie der andere. Die Fabrik unterscheidet zwischen 68 verschiedenen Farbtönen von hellgrünbraun bis fast schwarz. Zwischen der Qualität eines Deckblatts und eines Blattes für die Füllung klaffen Welten. Auf dem einen Hof wachsen würzige Blätter, auf dem anderen milde. In den kurzen Monaten des Wachstums geht der Bauer zweimal täglich hinaus und betastet, beschaut und beriecht seine Pflanzen. Entwickeln sie zu viele Harze und Öle, deckt er das Feld mit weißen Tüchern gegen die Sonne ab. Selbst die Verpackung der Ballen für die Fabrik gerät zum Kunstwerk: Als Material die-

Eine »Cohiba« wird gewickelt

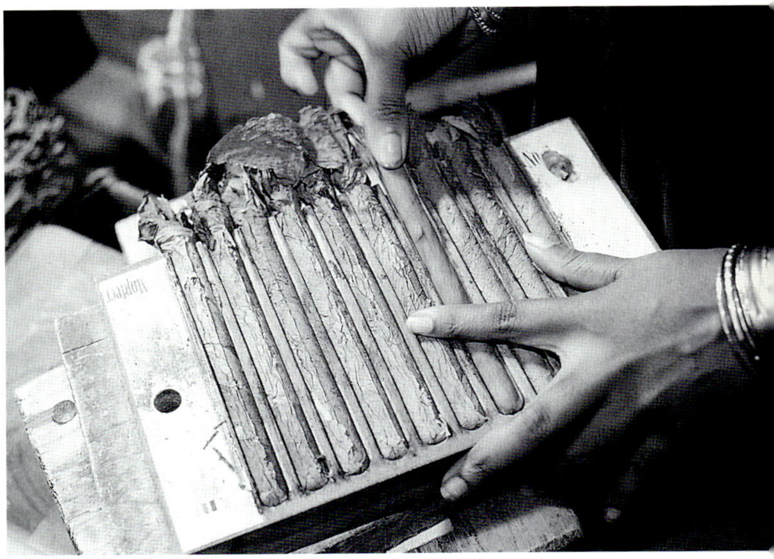

Preßstock, Fertigung von »Cohiba«-Zigarren in Havanna

Schwarzmarktproduktion in der Altstadt von Havanna

nen die jungen Triebblätter der Königspalme, verschnürt wird mit Eibischseilen. Auf der höchsten Stufe der Artistik bewegt sich schließlich der Wickler. Er gilt als Künstler der Künstler mit seinen Pianistenfingern und deren Empfindsamkeit. Dieses nötige Feingefühl war der Grund, weshalb die Revolution den Frauen den Zugang zu diesem Beruf erschlossen hat. Heute arbeiten an den Wickeltischen der Fabriken ebenso viele Frauen wie Männer.

Dieser Aufstieg bedeutet nicht nur mehr Geld zu verdienen als die Kolleginnen in anderen Bereichen, sondern auch ein Privileg zu genießen, das die Genossen Männer im letzten Drittel des vergangenen Jahrhunderts erkämpft haben. Während der Arbeit dürfen sie dem Vorleser zuhören. Der beginnt am Morgen mit der Parteizeitung GRANMA. Nach dem Essen gibt es dann leichtere Kost: Liebes- und Abenteuerromane. Das Privileg hat einst dazu geführt, daß die »Intellektuellen« aus den Tabakfabriken zur Speerspitze der cubanischen Arbeiterbewegung wurden. Sie hefteten die politische Befreiung auf ihre Fahnen, die Abschaffung der Sklaverei und die Unabhängigkeit von Spanien. Als José Martí den von ihm so genannten »notwendigen Krieg« vorbereitete, bekam er das meiste Geld von den cubanischen Tabakarbeitern aus Key West. Jeder von ihnen gab monatlich zehn Prozent seines Lohnes.

Ich habe meine »Cohiba« zu Ende geraucht. Auf ihre letzten Züge ist sie etwas heiß und damit bitter geworden, aber das hat sicher an mir gelegen. Auch Rauchen will gelernt sein. Wie die Revolution, die das Tabakgeschäft seit dem Beginn des *período especial* zwangsläufig ziemlich vernachlässigt hat, denke ich an die Zukunft. Vorletztes Jahr hat Cuba 70 Millionen Zigarren exportiert, das Jahr darauf 100 und dieses Jahr 160 Millionen. Nächstes Jahr sollen es 200 Millionen werden. Der Staatschef träumt bereits öffentlich von 300 bis 500 Millionen. Man hat eine künstliche Fermentierung erfunden, die den Herstellungszeitraum erheblich verkürzt. Wenn es an *cujes*, den Stöcken zum Aufhängen der Blattbündel fehlt, wird auch schon mal im Schweinekoben getrocknet. Die Genetiker züchten Pflanzen, die gegen den »blauen Rost«, den Todfeind des Tabaks, resistent sind. Kenner stellen die Gretchenfrage nach der Qualität. Die Antwort müssen die Cubaner geben.

In meinem Zedernkästchen liegen noch drei »Cohibas«. Mißtrauisch wähle ich eine aus und schneide sie der Länge nach auf, für viele ein Verbrechen. Zum Vorschein kommen einige Blätter, Gehäckseltes und eine Rippe in der Stärke von zwei Zahnstochern. Mein Freund ist einem Pfuscher aufgesessen. Der Teufel steckt eben nach wie vor im Detail.

Schwarzmarktproduktion in der Küche

Ein Kunde prüft eine Schwarzmarktzigarre

Ein *Yoruba*-Tempel in der Altstadt von Havanna, eingerichtet für die Götter Changó, Obatalá, Ologun, Orula und Oshún

Die »Auferstehung« der afrocubanischen Religionen

Mehr als im Himmel leben die Götter im Urwald.
LYDIA CABRERA

Der Brückenkopf

Überall wird getrommelt. Überall singen Priester. Du gehst durch die Städte, die Dörfer, die Weiler, du kommst in den Wald, ans Zuckerrohrfeld, an den Fluß, ans Meer, und bist umgeben von Göttern. Der Christengott ist nur einer davon. Die anderen *Orishas* kommen aus Afrika. Viele tragen den Namen eines katholischen Heiligen. Changó ist die heilige Barbara. Babalu Ayé ist Lazarus. Yemayá ist die Jungfrau von Regla. Manche wohnen im Wollbaum, der heiligen *ceiba*, andere in der Königspalme, dem Nationalbaum. Steine beherbergen Götter, heilende Kräuter, Wege, Pfade und Kreuzungen. Vögel, Falter und Reptilien überbringen ihre Botschaften. Schamanen bringen ihnen Opfer dar, befragen sie und fordern ihren Schutz, ihre Hilfe. Teufelchen tanzen für sie. Auf Festen steigen sie aus ihrer Welt herab und sprechen aus dem Mund von Besessenen. Sie verlangen Speise- und andere Opfergaben. Sie trinken Blut und fahren in Trommeln. Käuflich, geil und gierig übertreten sie häufig die Gesetze der Moral, aber was auch immer auf Erden geschieht, sie mischen mit. Einer ihrer Auserwählten ist Fidel Castro, der Mann, der dem Tod seit fast einem halben Jahrhundert immer wieder von der Schippe springt. Die Gläubigen wohnen in den Hütten der *campesinos*, in den Dörfern um die großen Zuckermühlen, in den Wohnkasernen im Osten der Hauptstadt ebenso wie in den Villen hoher Partei- und Regierungsfunktionäre. Ihr Einfluß reicht bis in das Zentralkomitee, das Politbüro und das Kabinett. Selbst die katholische Kirche hat jeden Widerstand gegen sie aufgegeben. Ein Netz von energetischen Linien überzieht ein Land, das längst zum Brükkenkopf der anderen Welt im Diesseits geworden ist. Cuba, die Insel des Sozialismus, ist auch die Trommel der Götter in der Karibik.

Manipulationen

Lichtflecken schlafen im Schatten der Orange neben der niedrigen Tür. An den Stamm gebunden verscheucht ein schwarz gescheckter Ziegenbock mit zuckender Haut die Fliegen.

Das flache weiße Haus besäuft sich mit Sonnenstrahlen. Aus der offenen Tür fällt der Klang von Trommeln und aufeinander geschlagenen Eisen, die Stimmen des Chors und ein Sänger sind zu hören. Mit schweißnassen Oberkörpern tanzen die Männer barfuß vor dem Altar. Einer trägt eine weiße Binde vor den Augen.

Eine Woche lang hat er allein in einem Zimmer im Hintergrund des Hauses gelebt. Nur die *Mayomberos*, die Schamanen der »Regla del Palo«, haben ihn besucht, mit ihm gebetet, mit ihm gesungen, ihn vorbereitet auf diesen Tag, an dem sein spirituelles Leben beginnt, an dem er sich in die Hände der Götter begibt, für immer.

Die Gesänge in der Sprache der Bantús schwellen an. 30 Männer drängen sich in dem kleinen Raum, es riecht nach Schweiß und Rum, rhythmisch bewegen sich die braunen Leiber. In der Küche kochen tanzend die Frauen. Männer malen mit weißer Kreide magische Zeichen auf den Boden: Pfeile, Kreuze, Katzenköpfe - Landeplätze für Götter.

Der *Babafula*, der ranghöchste Schamane, sprüht Rum aus dem Mund über den Altar - die Götter haben Durst. Da stehen sie in Form von Hörnern, Muscheln, Kreuzen, Pflanzen, Stöcken. Die *nganga*, der Zauberkessel, Behälter aller Macht, gefüllt mit Friedhofserde und Flußwasser, mit Steinen und Stöcken, mit Erde aus dem Wurzelbereich der *ceiba* und Menschenknochen, die gefährliche *nganga* der Kongolesen, die rettet und vernichtet, heilt und tötet, färbt sich noch schwärzer unter dem Sprühregen aus Rum. Tanzend deutet der Sänger mit beiden Zeigefingern auf sie, beschwört sie, wird unterstützt und bestätigt vom immer gleichen Refrain des Chores, bis die Trance kommt, die Besessenheit. Mit brennenden Kerzen fährt er über seine Haut, und er verbrennt sich nicht, und die Trance ist da und übermannt ihn. Männer halten ihn an den Händen, die Trommler in Ekstase, die Kinder scheu im Eingang, er will weg, aber die Hände halten ihn, er bäumt sich auf, er bricht aus. Allein gelassen, erscheinen die anderen ratlos. Schließlich kommt der Mann zurück, man bietet ihm Wasser an, er schleudert das Gefäß weg, dann trinkt er doch. Der erste Akt des Einweihungsfestes ist zu Ende.

Der zweite Akt ist stiller und geheimnisvoller: Ein weißes Tuch in der Tür versperrt den Blick. Hinein darf nur, wer die richtigen Worte sagt. So verlangt es die »Regla del Palo«, das Prinzip des Pfahls, geboren aus dem Glauben an die Göttlichkeit aller Materie, an die Seele des Steins, der Erde, der Pflanzen, der Luft und des Wassers. Der Schamane beschwört sie alle, unterstützt von den heiligen Trommeln, dem Chor der Gläubigen, dem hellen Ton der eisernen Hacke unter dem rhythmischen Schlag des Stabes.

Es ist eine alte Religion, die die Kongolesen nach Cuba gebracht haben, aber sie hat sich jung gehalten. Versatzstücke anderer Glaubenssysteme, des katholischen und anderer afrikanischer Religionen, haben sie umgeformt, verändert, erneuert. Noch heute ist sie in Bewegung. Neben der *nganga* stehen Yemayá und Oshún, die *Orishas* der nigerianischen Yoruba. Jesus Christus ist ebenso mit dabei wie der heilige Lazarus - wer hilft, ist willkommen.

Die Religion reicht tief in den Alltag der Gläubigen. Sie bestimmt die kleinen Entscheidungen des täglichen Lebens, den Zeitpunkt eines Besuchs, das Verhältnis zum Nachbarn, die Hilfe für die Verwandten. Politische Systeme und Ideologien können ihr nichts anhaben, denn sie stärkt das Selbstvertrauen ihrer Anhänger. Die Sturheit, mit der die Cubaner jedes Problem für lösbar halten, stammt aus der Religion.

Das kleine Haus, in dem die Schamanen auf die älteste Weise die Wirklichkeit manipulieren, steht in Havannas Stadtteil »La Lisa«. Einen Steinwurf von ihm entfernt liegt das Institut für Genetik. Dort manipulieren die Schamanen der Moderne. Vor kurzem haben sie einen genetischen Fisch erfunden, der doppelt so schnell wächst wie sein natürlicher Artgenosse. Die einen rufen Götter an, die es vielleicht nur in ihrem Glauben gibt. Die anderen werfen sich selbst zu Göttern auf und spielen Evolution. Und auch sie haben Räume, in die nur ganz wenige hineindürfen.

Bei den »Paleros« beginnt der dritte Akt. Das Maul des Ziegenbocks ist zugeschnürt und mit grünen Zweigen verstopft. Der letzte Schrei bricht ab, als ihm das Messer in die Kehle fährt. Das Opferblut läuft in die *nganga*, über die Muscheln, die Steine, die Friedhofserde, die Kräuter, über Eleguá und Oshún, über die Kreuze. Sie alle haben Durst auf dieses Blut, sie alle wollen trinken. Der Altar färbt sich rot, die Trommeln schlagen zum Gesang, noch zucken die Ohren des Bocks, dann schneidet der *Babafula* den Kopf ab. Zwei Hähne folgen dem Vierbeiner in den Tod, geben der *nganga* ihr Blut und ihre Federn. Die Götter scheinen zufrieden, der Neuling ist aufgenommen. Es ist vorbei.

Der *Yoruba*-Gott Elegúa. Im Hintergrund ein Brett mit *signes*, Zeichen für die Geister

Zigarren für Emilia

»Du mußt dich reinigen lassen.« Aracelis sah mich aus ihren leicht geschlitzten dunklen Augen in ihrem wunderschönen Gesicht an, wie man einen kranken Hund betrachtet. Gerade hatte ich ihr mein Leid geklagt. Das Manuskript kam nicht von der Stelle. Die Kurzgeschichte war abgelehnt. Keiner rief an. Die Energie war weg. Die Phantasie war weg. Das Auto war kaputt. Ich trank mehr, als ich aß. In der Hitze schwitzte ich wie ein alter Karrengaul. Ich fragte mich, wann sie mich endlich in den Wind schießen würde. »Es kann der böse Blick sein oder ein anderer Zauber«, sagte sie. »Jemand arbeitet an dir. Du mußt dich reinigen lassen.«

Ich erinnerte mich: das Prinzip Unschuld. Was auch immer dir in diesem schönen Land zustößt, schuld daran ist ein anderer, einer, der magische Kräfte gegen dich einsetzt, um dich zu vernichten. Wenn du so weit bist, dann hilft nur eins: ein Gegenzauber. Also muß ein *Babalao* her, ein *Santero*, ein Schamane, ein Priester der afrocubanischen Religionen, in denen der Christengott und seine Heiligen mit den Göttern Afrikas zu schillernden, vielarmigen und janusköpfigen Figuren verschmelzen. Machtvolle Multigottmulatten, denen neben anderen Helfershelfern auch noch die Geister der verstorbenen Ahnen zur Verfügung stehen.

Noch am gleichen Tag gehen wir zur Vorbesprechung.

»Bring Zigarren für Emilia mit«, sagt der *Tata*. »Weiße und gelbe Blumen, Kerzen, Basilikum, Rum, Parfüm, eine Kokosnuß und 21 cubanische Pesos. Du kannst jederzeit kommen.«

Der *Tata* ist ein hochgewachsener schwarzer Mann mit gutmütigen Augen, eisgrauem Stoppelhaar und einem immer zum Lachen bereiten Mund. Er wurde 1925 in Santiago de Cuba im Osten der Insel geboren, mitten in einer der Hochburgen der afrikanischen Religionen. Als die Haitianer Napoleons Truppen schlugen, die französischen Sklavenhalter von der Insel jagten und die erste Republik Amerikas ausriefen, flüchteten viele der überlebenden Weißen mit ihren Sklaven in die gerade mal 150 Kilometer entfernten Berge im Osten Cubas. Die Haitianer, oft aus anderen Ländern als die cubanischen Sklaven verschleppt, brachten ihre Götter und ihr Voodoo mit und bereicherten die religiöse Vielfalt um geheimnisvolle Kulte. Der Großvater des *Tata*, der 140 Jahre alt geworden ist, konnte sich noch an sie erinnern. Der Enkel – Heiler, Magier, Priester, Vermittler zwischen den Menschen, ihren Toten und ihren Göttern – hat sein Handwerk nicht erlernen müssen. Santiago war wie ein kleines Afrika, und da ist er »so geboren worden«, mitten hinein in die allgegenwärtigen magischen Welten der verlorenen Heimat. »André, der *Lucumí*«, hat er dort geheißen. In Havanna wurde er zu »André, dem *Tata*«. Jedenfalls gehörten seine Vorfahren dem Volk der Yoruba in Nigeria an. Deren Kultur war weiter entwickelt als die der Kongolesen. Der animistischen »Regla del Palo« begegneten sie mit der »Regla de Ocha«, in der es bereits ein gut besetztes Pantheon von *Orishas* gab.

Einen Tag später sitze ich im Polstersessel eines winzigen Vorraums im Stadtteil »La Vibora« in Havanna. Der Raum ist vollgestopft mit Gegenständen und Bildern. Während der *Tata* die Mitbringsel »reinigt«, die Kerzen anzündet und erste Beschwörungen murmelt, schaue ich mich um.

Alle sind vertreten: die afrikanischen *Orishas* und die katholischen Heiligen, der Kapitalismus und die Revolution, Mystik und Plastik, Vergangenheit und Gegenwart, der Fernseher und die Kürbisrassel. Gegenüber einem Farbdruck von Leonardo da Vincis »Abendmahl« wirbt ein Plakatmädchen für karibische Langusten: »Succulent seafood is the best - Caribbean Queen«. Über dem Tisch mit der schwarzen Madonna blicken sich die Tonprofile zweier federgeschmückter nordamerikanischer Indianer in die Augen. Auf dem Fernseher steht die versilberte, blutbefleckte Hand von Jesus Christus, und zu seinen Füßen ruht ein Haifischgebiß. In der Ecke der Tür lagert auf dem Boden der muschelbesetzte Kopf von Eleguá und blickt auf eine brennende Kerze und drei rohe Eier, während vergilbte, gedruckte Gebete mit Macheten und Hühnerbeinen um Sichtbarkeit streiten. Gegen die Waden des heiligen Lazarus lehnt ein angebissenes Brot, bewacht von zwei Plastikhunden. Ein gelbes Spielzeugauto konkurriert mit schwarzen Puppen, Kuhhörnern, Halsketten und den Porzellanbüsten zweier Hirsche, Macheten mit einem angekohlten Maiskolben, über dem ein Christuskopf hängt, Gläsern voller Wasser, mit dem Foto eines Zebras und dem eines Judokampfes - das Universum ist voller Dinge, und alle, alle haben sie etwas zu bedeuten.

Auf dem zweiten Polstersessel allerdings sitzt das absolut dominierende Stück im Raum, über allem thront: Emilia. Angetan mit Tüll und einem roten Rock lehnt ihr Kokoskopf gegen ein Gemälde von der Conquista, neben dem - um den Himmel voll zu machen - die Bilder der Revolutionshelden Camilo Cienfuegos und Fidel Castro erscheinen. Emilia ist die verstorbene Großmutter des *Tata* und offenbar seine wichtigste Helferin in der anderen Welt. In ihrem Schoß liegen Dollarscheine, ihre Finger sind Zigarren, sie ist mit Ringen und Schmuck behängt. Ein Strauß Plastikblumen steckt in der Armbeuge, und soeben schiebt der *Tata* eine meiner mitgebrachten Zigarren in das Loch unter dem Kopftuch des Kokoskopfes.

Emilia, das spüre ich, ist leibhaftig anwesend in dieser Hütte. Neuankömmlinge grüßen sie ehrfürchtig mit dem Kreuzeszeichen und einer Kürbisrassel, jedermann hier drin redet mit ihr - und immer ist das Haus voller Menschen -, und ihre magische Präsenz ist physisch spürbar. Trüge man sie hinaus in den Hof, das Haus wäre so leer wie eine Ruine in Alt-Havanna. Emilia ist die Verbindung zwischen Hüben und Drüben, und wenn mich jemand vor meinem unbekannten Feind schützen kann, dann sie.

»Steh auf!« sagt der *Tata*. »Stell dich mit dem Gesicht zur Tür!«

Nicht immer hatten es Schamanen, *Santeros* und *Babalaos* auf Cuba so leicht wie heute. Noch vor wenigen Jahren hat mein *Tata* seinen Beruf nur im Hinterzimmer und bei geschlossenen Läden ausgeübt. Changó und Obatalá, Eleguá und Ogún und mit ihnen alle anderen *Orishas* waren im sozialistischen Cuba so verpönt wie der Christengott. Atheismus war Trumpf und der Marxismus-Leninismus die eigentliche Staatsreligion. Es kam nicht zu Verboten, aber dennoch sah sich die *Santería* gezwungen, in den Untergrund zu gehen, dahin, wo sie vor Jahrhunderten auf dem Umweg über die Baracken der Zuckerplantagen hergekommen ist.

Inzwischen allerdings schließt Ogún, der Herr der Schlüssel, wieder in aller Offenheit die heiligen Zimmer in den Häusern der *Babalaos* auf. Der vierte Kongreß der »Kommunistischen Partei Cubas« hob 1990 die Klausel auf, die die afrocubanischen Götter de facto geächtet und ihre Anhänger aus dem Straßenbild verjagt hatte: Die Militanz in der Partei und das Praktizieren einer Religion sind seither wieder miteinander vereinbar.

Wer heute durch Havanna schlendert, begegnet Menschen, die von Kopf bis Fuß in blütenreines Weiß gekleidet sind - Anhänger der *Santería*, die vor kurzem die Gelübde abgelegt haben und jetzt ein Jahr lang nur weiße Kleidung tra-

Die Santería-Priester Enrique und Juliano in einem Hinterhof in der Altstadt von Havanna. Juliano hält das *tablero de IFA*, den IFA-Teller, mit dessen Hilfe die Fragen der Gläubigen beantwortet werden können

Enrique mit dem *baku*, einem Stab mit Indianerkopf, mit dem die Geister der Toten geweckt werden sollen

gen dürfen, angesichts der Wirtschaftskrise und der allgemeinen Not eine geradezu höllische Forderung der Götter. Wer sich mit einfacheren und weniger kostspieligen Formen der Anbetung begnügt, trägt farbige Ketten um den Hals: eine gelbgrüne für Orula, eine rotweiße für Changó, eine blauweiße für Yemayá.

Die Cubaner haben schon immer mehr von Pragmatismus als von Ideologie verstanden, und indem sie die Religionen von ihrem Bann befreiten, akzeptierten sie nur eine unumstößliche Tatsache. Die afrocubanischen Kulte gehören zu Cuba wie der blaue Himmel, die Zigarren und der Zucker. Hier lebt Afrika weiter, und nahezu unverhohlen erzählen die *Babalaos* jedem, der es hören will, daß selbst in den Zeiten der Ächtung auch die Spitzen von Partei und Staat nicht minder vom Virus der synkretistischen Magie infiziert waren als der Rest der Bevölkerung. Im übrigen würde sich hierzulande niemand wundern, wenn auch Fidel Castro unter seiner olivgrünen Uniform eine bunte Kette um den Hals trüge, denn anders kann man sich eigentlich kaum erklären, wie der Mann an die zwei Dutzend Mordpläne und Anschläge der CIA überlebt hat. Fidel aber ist Cubas Changó, der die Cubaner durch die Krise peitscht - mit Blitz und Donner und mit den Gebeten der *Babalaos*.

Sachte berührt der Strauß aus weißen Zwergchrysanthemen und Basilikum meine Stirn, den Nacken, die Arme. Der *Tata* bearbeitet meine Aura und ruft dazu den allmächtigen Gott der Christen an, und Oshún, die gnadenreiche Jungfrau von Regla, Changó, den heiligen Bonifazius und Eleguá natürlich, den widerspenstigen Gott der Türen, der Wege und der Kommunikation. Ihn habe ich mir aus dem Pantheon der *Orishas* als »Vater« ausgesucht. Er soll mit Emilia zusammen meine Probleme lösen.

»Emilia!« ruft der *Tata*. »Emilia, hilf mit, daß sich gegen diesen Genossen keine Hand erhebt, daß Verwünschungen und böse Gedanken an ihm abprallen und das Messer stumpf wird, das ihn stechen will!« Ich knie nieder und grüße den Muschelkopf mit kreisenden Handbewegungen, und dann grüße ich Emilia mit dem Kreuzeszeichen und der blauen Kürbisrassel, und dann schlägt mich der *Tata* mit diesem duftenden Kräuter-Blumenstrauß, daß die Fetzen fliegen – auf die Arme, ins Gesicht, auf die Brust, auf den Hals, und die Kräuter sind naß und kühl, und schon das tut gut: nasse, kühle, duftende Schläge in der dampfenden Schwüle des Tropenmittags.

»Afrika!« ruft mein Magier. »Afrika! Du bist aus Afrika, Emilia, und ich selber bin aus Afrika, aus Kongoland!« Und zwischen zwei »Caramba!« und zwei gerufenen Bitten um »Misericordia!« kommt der heilige Raphael ins Spiel und Yemayá und Obatalá und alle anderen, denn keiner darf ausgelassen werden bei dieser Beschwörung, wenn man es mit niemandem verderben will. Die Götter der Yoruba stehen denen der alten Griechen und Römer an Launen und menschlichen Schwächen in nichts nach, im Gegenteil. Manche sind sexsüchtig wie ein deutscher Cuba-Tourist und andere so eifersüchtig wie eine Sekretärin, die den Chef geheiratet hat.

Der *Tata* ergreift meine Hände und dreht mich in Pirouetten um meine eigene Achse, als tanze er mit mir. Er versucht, mir die Finger auszureißen, einen nach dem anderen, daß es knackt in den Gelenken, und dann werfe ich alles Übel, das an mir klebt, mit Schleuderbewegungen durch die geschlossene Tür hinaus und weg, für immer. Draußen kräht ein Hahn.

Der *Tata* spricht jetzt afrikanisch, zerreibt Kreidestückchen und bläst mir den weißen Staub ins Gesicht und auf die Hände, ich muß die winzigen Wolken fangen und in der Faust behalten, und Emilia schaut zu mit ihrer Zigarre im Mund und ihren Zigarrenfingern auf dem Tüll. Ich mag sie, diese Emilia, ich würde sie sofort als meine eigene Großmutter annehmen, wie sie da hockt mit Tüll und Taft, mit Dollars und Plastikblumen.

Seit Cuba ins wirtschaftliche Nichts gestürzt ist, wartet die Welt auf den Zusammenbruch des sozialistischen Systems, aber der will und will nicht kommen. Inzwischen beginnt diese Welt zu staunen und den Durchhaltewillen, die Widerstandskraft und den Stoizismus der Insulaner zu bewundern. Alle drei Eigenschaften haben weniger mit den totalitären Seiten des Regimes zu tun, sondern haben ihren Ursprung in den afrocubanischen Religionen. Die machen keinen großen Unterschied zwischen dem Diesseits und dem Jenseits: Emilia ist hier und dort zugleich. Der Tod ist nichts weiter als ein Übergang ins Land der Ahnen, dorthin, von wo aus man den Lebenden vielleicht noch besser helfen kann. Und diese Hilfe wird durch magische, mystische und spirituelle Kanäle kräftig gespendet, so kräftig, daß es für den Gläubigen kein unlösbares Problem gibt – bis auf den Tod selbst. So lassen sich schlechte Zeiten ertragen: mit Hilfe von Changó und einer verstorbenen Großmutter. Eine solche Einstellung macht leidensfähig, und die Cubaner haben es in zwei Befreiungskriegen und einer Revolution bewiesen: Solange ihre Verbindungen zu den *Orishas* und den Ahnen nicht gekappt sind, lassen sie sich nicht unterkriegen.

Der *Tata* hat die Kokosnuß in der Hand und färbt sie weiß mit seiner Kreide, bestreicht meinen Körper und meinen Kopf damit, verschränkt seine Arme mit meinen in der Art eines asiatischen Kampfsportlers, und beschwört ein letztes Mal alle Heiligen und Götter. Dann knallt er die Nuß auf den steinernen Boden. Sie zerschellt in ein Dutzend Teile, und nur eines davon zeigt die braune Schale. Aus den anderen leuchtet weiß das Fruchtfleisch, ein gutes Zeichen, ein ausgezeichnetes Zeichen. Die Nuß läßt keinen Zweifel, daß die Reinigung geglückt ist, daß das Übel von mir abgewaschen ist und ich jetzt stark bin, erfolgreich und für eine Weile so gut wie unangreifbar für das Böse dieser Welt. Und so fühle ich mich auch: energiegeladen, optimistisch und voller Tatendrang.

Wir essen Kokosnuß, wir trinken Rum, wir machen Witze. Schließlich verabschiede ich mich. Zu Hause finde ich fünf Anrufe auf dem Anrufbeantworter. Es geht wieder aufwärts.

Vom Son zur Salsa und zurück

Inzwischen war Filomeno in die Küche gelaufen und hatte eine Reihe von Kupferkesseln aller Größen geholt, auf die er jetzt mit Löffeln, Schaumschlägern, Schlegeln, Nudelhölzern, Scheiten und den Griffen von Staubwedeln in einem solchen Reichtum an Rhythmen, Synkopen und genauen Akzenten einschlug, daß sie ihn zweiunddreißig Takte lang alleine improvisieren ließen.
ALEJO CARPENTIER

In jedem Cubaner steckt ein Orchester.
MEIN NACHBAR

Die Liebesgeschichte

Ich mache das Fenster auf, und ein Schwall heißer, nasser Luft trägt die Stimme von Benny Moré herein, den sie, als er noch lebte, den »Barbaren des Rhythmus« nannten, und über Bennys Stimme liegen die Flötentöne eines Nachbarn, der täglich vier Stunden auf dem Flachdach übt, das Getrommel der *Santería*-Leute um die Ecke, synkopiert von der Salsa aus der Eckkneipe. Kontrapunktiert wird sie von John Coltranes Saxophon aus dem Radio eines parkenden Buick aus dem Jahre 1951, den Zurufen Vorübergehender, dem Gackern der Hühner auf einem Balkon, Fahrradklingeln, Autohupen, Schnulzen aus Kolumbien und Venezuela aus der Praxis des Stadtteilarztes, dem Rattern der Kugellagerräder an den Karren der Wasserschlepper, den klingenden Glöckchen und dem Hufgetrappel eines trabenden Pferdes vor einer Kutsche, dem Horn eines Tankers aus Rußland, der aus dem Hafen läuft, der Samba, die die Telenovela aus Brasilien begleitet, bis rhythmische Sprechgesänge einer Gruppe junger Leute dem akustischen Chaos eine Struktur verpassen, geführt von einem leidenschaftlich brüllenden Vorsänger, atemlos, angriffslustig, gehetzt, während ein langer, schwarzer Mann mit stoischen Gesichtszügen auf dem Bordstein sitzt und seinen elektrischen Baß bearbeitet. Das ist Salsa des täglichen Lebens, fünfte Essenz cubanischen Seins, akustisches Bollwerk eines Freiheitsgefühls, dem auch der stärkste Staatsapparat nichts anhaben kann, Verwandlung seelischer Zustände in Leben, Verneinung der Ordnung zugunsten der Improvisation und gegen Pünktlichkeit, Zuverlässigkeit oder die Überschaubarkeit von Beziehungen. Nein, herrlich ist der Augenblick, das Jetzt, das Hier, vergessen die Vergangenheit, die Zukunft mit lachender Verachtung gestraft, die Strukturen der Macht zu Boden getrommelt mit Witz und Ironie und Sarkasmus und Doppeldeutigkeit und Rhythmus und synkopischem Gegenrhythmus in der Hitze, in der Enge, unter dem allgegenwärtigen Schleier der Sinnlichkeit - Salsa!

Und alle bereicherten sich: »Cubanische Musik ist eine Liebesgeschichte zwischen afrikanischen Trommeln und spanischen Gitarren, ein lebendes Beispiel für interkulturelle Besamung.«

Don Fernando Ortiz hat das gesagt, der Ethnologe, Religionswissenschaftler, Musikwissenschaftler, Historiker, Volkswirtschaftler und Denker, der von A bis Z, von Arbeit bis Zucker, alles auf den Punkt gebracht hat, was auf Cuba wichtig ist. Ja, alle bereicherten sich, denn aus der Liebesgeschichte der Ahnen ist schnell eine Ehe geworden, und diese Ehe hat noch längst nicht aufgehört, der Welt der Musik Kinder zu schenken, auch wenn Mutter Gitarre im Lauf der Jahrzehnte ziemlich zurückhaltend geworden ist.

Der Son, der erste Sohn der Liebenden, hat längst das Greisenalter erreicht, aber er gibt sich weiterhin wie ein junger Spund, wie Compay Segundo, der Poet mit der Gitarre, der kein Hehl daraus macht, daß er mit seinen 92 Jahren immer noch den Röcken nachsteigt, und zwar am liebsten, wenn die Trägerin noch keine zwanzig ist. Jetzt hat er zusammen mit dem US-Gitarristen Ry Cooder und den cubanischen Freunden mit der CD »Buenavista Social Club« den Grammy gewonnen - mit wunderschönen Songs, die er schon vor 50, 60 Jahren so gespielt hat.

Aus dem »interkulturellen Liebesspiel« ging nach dem Son die Trova hervor mit den Liedern der Troubadoure, viel später dann die »Neue Trova« mit ihren Liedermachern. Außerdem entstand daraus - im Beiklang des Danzón - der Cha-Cha-Cha, und in New York wurde die musikalische Geburt des Mambo davon beeinflußt. Zu Hause auf der Insel gab währenddessen schon längst eine Verwandte aus Afrika namens Rumba in den Hütten der Sklaven den Ton an. Ein spanischer Verwandter namens Bolero kam bereits in die Jahre, als der Latin Jazz sich erst aus den Windeln strampelte und die afrocubanischen Rhythmen der *Santería* und des »Palo Monte« in die Konzertsäle drängten, bis alles zusammen mit dem Merengue aus der Dominikanischen Republik und der Bomba aus Puerto Rico, der Cumbia aus Kolumbien, der Samba und dem Rock sich zur Salsa mischte. Zu einer »Soße« verrührt, von der Compay Segundo meint, sie schmecke nicht, weil der Sänger bei den vielen Rhythmusinstrumenten und dem vielen Blech dauernd brüllen müsse, und da gebe ich ihm recht, denn wer auf Cuba lebt, dem kommt die Salsa zu den Ohren heraus, falls er überhaupt noch ein Trommelfell hat.

Die Salsa mit ihren großen Orchestern als die lärmende Sackgasse des Son? Es könnte sein. Dem Jazz ist ähnliches widerfahren, als er bei der Big Band angelangt war: Er mußte zurück und wurde cool. »Jede Musik hält sich eine gewisse Zeit, aber die, die niemals versagt, ist die traditionelle, weil wir alle zu unseren Ursprüngen zurückkehren müssen«, sagt Compay. Und in Havanna wächst die Zahl der A-Capella-Gruppen, die gar kein Instrument mehr brauchen, weil sie mit Kehle, Mund und Fingern so gut wie alles nachmachen, was in der Welt der Klänge Bedeutung hat - zugleich eine Folge des Instrumentenmangels in Zeiten der Krise und eine Antwort auf die mächtig tönende Salsa.

Die cubanische Musik erobert seit ein paar Jahren die Welt - nicht nur mit den Grammies für »Buenavista Social Club« und für die Latin-Jazz-Gruppe »Irakere« von Chucho Valdés. Juan Formell mit den »Van Van« und Manolín, der »Medico de la Salsa« - er ist eigentlich von Beruf Psychiater - begeistern die Europäer. Der afrocubanische Jazz erobert mit »Irakere« die USA, die Gruppe »N.G.La Banda« macht die Japaner verrückt, wenn sie ihnen ihre aggressive Salsa um die Ohren haut, »Sintesis« trägt seinen Ethnorock nach Südamerika. Zugleich breiten sich in

nächste Seite: Rafael Lafarguez, bandleader und *trecista* (Gitarrist) der Son-Gruppe »Jubilados Cubaneros« (Cubanische Rentner) mit seinem der Gitarre ähnlichen Instrument, dem traditionellen *tres*, in einem Armenviertel in Santiago de Cuba

UM 09317

den USA die afrocubanischen Religionen aus, während die Heimatinsel die Tradition wieder entdeckt. Neue Gruppen wie »Bamboleo« oder »Bakuleyé« streben zu neuen musikalischen Horizonten, und die zahllosen jungen Musiker aus den Konservatorien und Schulen, die bisher nur in der Nachbarschaft spielen, sind der Humus, auf dem innerhalb weniger Wochen etwas wachsen kann, das wieder die Hitparaden erklimmt. Die Trommeln und die Gitarren lieben sich weiter, laut und vernehmbar auf dem ganzen Globus.

Die Förderung der Musik durch die staatliche Kulturpolitik

Das nach der Revolution neu gegründete Bildungsministerium ist anfangs auch für die Kulturpolitik zuständig. Es entsteht in ihm zunächst der Nationalrat für Kultur (Consejo Nacional de Cultura), der 1976 durch das Ministerium für Kultur (Ministerio de Cultura) ersetzt wird. Ihm obliegt die Wahrung und Pflege der traditionellen Volkskultur.

Die staatliche Plattenfirma EGREM übernimmt die Plattenproduktion, und der Musikverlag »Editora Nacional de Música« verlegt Partituren cubanischer Musik. Zur selben Zeit wird eine Musikinstrumentenfabrik gegründet, die die Massenproduktion cubanischer Instrumente ermöglicht.

Das Kulturministerium unterstützt Institutionen, wie das »Seminario de Música Popular«, das musikwissenschaftliche Untersuchungen durchführt. In Havanna wird das »Museo Nacional de la Musica Cubana« eröffnet.

In den neu eröffneten Kulturhäusern werden regelmäßig Konzerte veranstaltet und jährliche Festivals, wie das »Festival Nacional del Son«, sorgen dafür, daß die Künstler regelmäßig Auftrittsmöglichkeiten haben.

Jorge Oreste Ribaux, Gitarrist und Sänger der Gruppe »Cumbancheros« bei einem Auftritt im »Casa de los Tradiciones« in der Altstadt von Santiago de Cuba

Aus dem Stammbuch einer tanzenden Familie: der Son und die Rumba

Die Liebenden des Don Fernando begegnen sich zum ersten Mal im 19. Jahrhundert im bergigen Osten der Insel, da wo die Felder klein sind, und die Höfe weit auseinanderliegen. Man trifft sich zu Geburtstagen, zu Hochzeiten, an Silvester, zur Kindstaufe, und wer von den Bauern Sklaven hat, der bringt sie mit. Für die Afrikaner ist ein Fest ohne Musik wie ein Fluß ohne Wasser. Musik aber ist vor allem eine Angelegenheit von Trommeln und den »Früchten, die singen«, den Kürbisrasseln. Mit den Trommeln kann man die unzähligen Götter anrufen. Allein die Yoruba kennen ein paar hundert Götter, die Bantus haben noch andere und die Arara wieder andere und die Zuwanderer aus Haiti wieder andere. Verschiedene Götter hören auf verschiedene Trommeln: die *ngoma*-Trommeln, die *kinfuiti*-Trommeln, die *iyesa*-Trommeln, die drei heiligen *batá*-Trommeln der Yoruba *iyá*, *itótele* und *okónkolo*.

Die ländlichen Feste bieten die einzige Abwechslung für die Bergbauern, die einzige Gelegenheit, sich zu treffen und vielleicht ein Geschäft zu machen, und was liegt näher, als eine akustische Zeitung herauszugeben, die alles erzählt, was seit dem letzten Fest geschehen ist, in der man ein Liebesgedicht loswerden oder sich über jemanden lustig machen kann. »Dem Antonio seine Frau, die geht sooo, wenn sie auf den Platz will, und wenn sie auf den Markt will, dann geht sie sooo!« frotzelt ein Sänger. Das Treffen der Trommeln mit den Sängern und den Gitarren wird zum musikalischen Boden, auf dem man Neuigkeiten austauscht, und der Chor betont im Refrain, was er jeweils zu betonen hat. Zu den Nachrichten darf getanzt werden, während das Fell der Ziege auf den Trommeln und ihre Gedärme als Saiten auf den Gitarren lernen, einander wieder als Teile desselben Körpers zu verstehen. Aber nicht in Form des Menuetts oder des Kontertanzes wie in den Sälen europäischer Fürsten wird hier getanzt, wie das die cubanischen Städter treiben, wenn der Danzón erklingt. Und es geht nicht so wild und so heiß zu wie in den Baracken der Sklaven. Auch in den Bewegungen vereinen die Tänzer Afrika und Europa auf cubanischem Boden und kreieren Neues. Der daraus entstandene Son ist nicht nur eine musikalische Gattung, er ist auch ein Tanz.

Schließlich steigt er aus den Bergen hinab in die Städte, nach Santiago de Cuba, nach Guantánamo, nach Baracoa, und 1920 erreicht er Havanna und wird innerhalb von wenigen Tagen zur Sensation. Gerade sind die Amerikaner mit ihren Swingbands eingefallen, und der Danzón ist far, far out, da kommen die Männer aus dem Osten und spielen die Eindringlinge an die Wand. Eigentlich wollten sie nur ein paar Platten aufnehmen, aber angesichts der musikalischen Konkurrenz entsteht wie von selbst das Havanna-Sextett, und es dauert nicht lange, da fügt sich ein Trompeter in die Gruppe ein: Das Septett des Son ist geboren, und es soll seinen Platz halten bis auf den heutigen Tag.

Zucker ist ein Stoff, gemacht aus Sonne, Schweiß und Rhythmus. Der Rhythmus der Macheten, die das Rohr schlagen. Der Rhythmus des Pferdes, das das Mühlrad dreht, immer im Kreis, immer im Kreis. Der Rhythmus der Maschinen in den röhrenden, qualmenden Kolossen mit den Förderbändern und Rädern, Pressen, Schlemmen, Öfen. Der innere Lebensrhythmus der Afrikaner, der Rhythmus ihrer Gesänge und ihrer Trommeln in den mitschwingenden, vibrierenden Baracken ...

1886 endet die Sklaverei auf Cuba, und für die Farbigen beginnt eine Übergangszeit voller Probleme. Sie sind zwar keine Sklaven mehr, aber sie haben weder Wohnung noch Arbeit. Sie drängen in die Städte. Die Rhythmen begleiten sie, die Rhythmen erobern die Slums und die Massenquartiere. Die Seitenwand eines Kleiderschranks, eine leere Kommode, ein paar Löffel, Töpfe, Pfannen verwandeln sie in Instrumente. Sänger machen sich Luft. Ehemalige Sklavinnen und weiße Proleten erobern sich gegenseitig im Tanz. Die Trommler schlagen auf Stockfisch-Kisten, die Sänger skandieren mit den *claves*, den kleinen Holzstäbchen, die klingen wie ein Hammer, der auf den Amboß fällt. Rhythmus und Improvisation finden sich zur Rumba zusammen, nicht anders als zuvor schon in den Baracken. Formen entstehen, die *columbia*, der *guaguancó*, der *yambú*, Formen, in denen die Rhythmen miteinander spielen und gegeneinander Krieg führen – das Gegenteil europäischer Musik, ein gesteuertes, rhythmisches Chaos, das in die Lenden fährt, Rhythmus als Überlebensstrategie.

Und dann vermischt sich alles, der Son und der Danzón, die Trova und die Rumba, alle Söhne und Töchter und Enkel der Liebenden des Don Fernando, sie betreiben Inzest, befruchten sich, begatten sich, bis sie alle auf zwei Ebenen zusammenfinden, die auf den ersten Blick oder beim ersten Hören kaum etwas miteinander zu tun haben: Sie gehen in die Salsa ein und – in den Jazz. Chucho Valdés und »Irakere« sind heute ein Markenzeichen des Latin oder afrocubanischen Jazz, aber zugleich gewinnen sie ein amerikanisches Salsa-Festival, das höchste Ansprüche stellt. Ihr 98er Grammy ist schon der zweite. Den ersten gewannen sie vor 19 Jahren.

Die cubanische Musik hat sich über Jahrhunderte entwickelt. Viele Bücher sind darüber geschrieben worden, und es werden noch viele Bücher darüber geschrieben werden. Und doch: Musik sollte gehört und nicht gelesen werden. Kauft sie und hört sie!

»Seit 47 Wochen hält sich die CD ›Buenavista Social Club‹ unter den zehn meistverkauften Titeln lateinischer Musik in den USA und Kanada, wie die angesehene Illustrierte BILLBOARD *berichtet.«*

GRANMA 18.9.1998

Victor »Papitin« Rizo Carbajal von der Gruppe »Estudiantina Invasora«

Die »Jubilados Cubaneros« bei Proben in einem Armenviertel in Santiago de Cuba

Der Sänger und Gitarrist Felix Dima spielt traditionelle cubanische Musik für Touristen im Hotel »Santiago de Cuba«

Rafael Lafarguez bei einem Auftritt mit den »Jubilados Cubaneros« im »Rincon del feeling« (Ecke der Gefühle) in Santiago de Cuba

oben: Die »Jubilados Cubaneros« bei ihrem Auftritt im »Rincon del feeling«; *unten:* Inaudi »Paisan« Mallet in der »Casa de la Trova«

Der Posaunist Jesus Ramos Redonet zusammen mit anderen Bläsern der »Afro Cuban All Stars« auf dem Dach des Hotels »Inglaterre«

Der Gitarrist Juan Manuel Billi Carbonet, alias »Benny Moré«, und *(links)* der Trompeter José Godines, genannt »Pepe«, bei einer spontanen Session in Santiago de Cuba

oben: Der Pianist und Grammy-Gewinner Rubén Gonzales in einem verfallenen Haus in Havannas Nobelviertel »Miramar«.

unten: Rubén Gonzales in seiner Wohnung in der Altstadt von Havanna

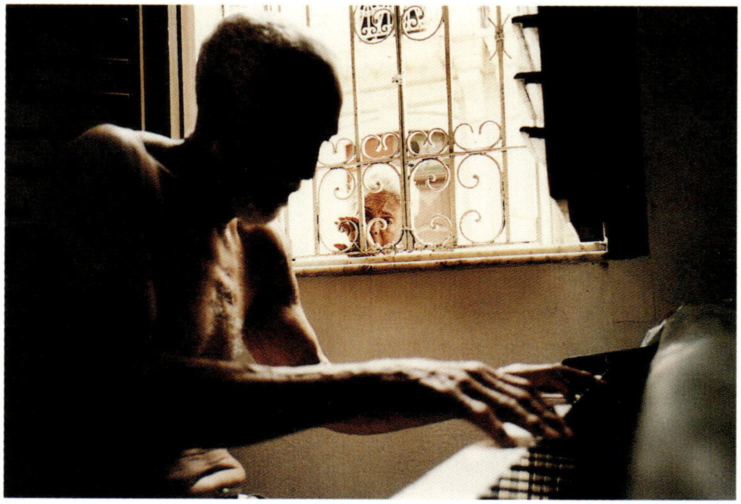

oben: Rafael Lafarguez von den »Jubilados Cubaneros« zusammen mit seiner blinden Mutter in seiner Wohnung in Santiago de Cuba

In einem Buchladen in der Altstadt von Santiago de Cuba singen Gitarrenspieler das Che-Guevara-Lied »Hasta siempre« von Carlos Puebla

oben: Der Bassist Orlando »Cachaito« Lopez in einer Bar im Zentrum Havannas. Auch er war an der CD »Buenavista Social Club« beteiligt;
unten: Orlando »Cachaito« Lopez in einem Cadillac Baujahr 1955

oben: Ibrahim Ferrer (links) und Manuel »Puntillita« Licea (Mitte), hier in einem Friseur-Salon in Havanna, wirkten als Sänger an der CD »Buenavista Social Club« mit. Zusammen mit Felix Valoy (rechts) sind sie Mitglieder der »Afro Cuban All Stars«

Der 90jährige Sänger und Gitarrist Compay Segundo, Komponist des »Chan Chan«, in seiner *bodega* in der Altstadt von Havanna

40

Chucho Valdés – der Bär im Dschungel

Wo ich gehe und stehe, höre ich Melodien, und im gleichen Augenblick fällt mir das Arrangement dazu ein. Mein Kopf ist voller Musik.
CHUCHO VALDÉS

Jedesmal wenn Vater Bebo Valdés sich ans Klavier setzte, schlich sich sein Sohn, Jesús »Chucho« (Peitsche), hinter ihn und schaute ihm auf die Finger. Als er drei war, kletterte der Knabe selbst auf den Hocker und spielte zweihändig Bebos Melodien. Der Vater, ein religiöser Mann aus der afrocubanischen *Santería*, glaubte an ein Wunder der Götter, bis die Mutter ihn über die Spionagetätigkeit ihres Jüngsten unterrichtete. Drei Jahre später stellten die Valdés für das Wunderkind einen eigenen Klavierlehrer ein, einen Experten für Theorie und Harmonie.

Bebo spielte damals im weltberühmten Cabaret »Tropicana« und hatte es zum stellvertretenden Leiter des Orchesters gebracht. Er war der erste, der die heiligen drei *batá*-Trommeln der *Santería* in einer Jazzband auf die Bühne brachte. Den Buben nahm er häufig mit zu den Proben, und bereits im Alter von sechs Jahren rannte Chucho zwischen Leuten wie Nat King Cole und Sarah Vaugahn herum. Das war 1947. »Mein Leben begann mittendrin in der Musik«, sagt Chucho später.

Er war neun Jahre alt, als ein weiteres Wunderkind im »Tropicana« erschien, der zwölfjährige Ray Sugar Robinson aus den USA. Der trug einen Frack und spielte einen Boogie-Woogie, der die Leute von den Stühlen riß. »Zieh deinen weißen Anzug an und komm mit!« sagte Bebo. Der Junge mit dem Namen eines späteren Boxweltmeisters spielte seinen Boogie. »Und jetzt Chucho!« sagten die Musiker. Der spielte den Danzón »Tres lindas Cubanas« (Drei hübsche Cubanerinnen), dann einen Cha-Cha-Cha, dann einen Satz aus einer Mozart-Sonate und schließlich einen Blues. Zum Abschluß gaben die beiden Kinder gemeinsam einen weiteren Boogie-Woogie zum besten. »Du bist angestellt«, sagte Martin Fox zu Chucho. Martin Fox war der Besitzer des »Tropicana«.

Vater und Sohn kamen um vier Uhr morgens nach Hause und trafen auf eine erzürnte Mutter. »Weißt du eigentlich, wie spät es ist, Bebo? Hast du vergessen, daß der Junge morgen früh Unterricht hat?«

»Aber Mutter, jetzt hat er doch einen Vertrag ...«

»Papperlapapp! Von wegen Vertrag! Hier wird gelernt, und zwar jeden Tag. Glaubst du, ich will, daß mein Sohn so früh schon Geld verdient und am Ende ein Dutzend-Musiker wird?«

Die Mutter setzte sich durch, und Chucho ging wie zuvor nur zu den Proben ins »Tropicana«. »Heute bin ich ihr dankbar dafür«, sagt Chucho.

Er kommt auf die Bühne, schwer wie ein Bär, ein massiger Mann, an die zwei Meter groß. Schwergewichtsboxer hätte er werden können mit diesem Körper, und das Ringlein im rechten Ohrläppchen wirkt wie eine Vierundsechzigstelnote an seinem runden Schädel. Auch die Pranken sind bärig, und man zögert instinktiv, ihm die Hand zu geben, denn sie könnte Schaden nehmen. Die langen Finger umspannen bequem die Oktave. Chucho Valdés ist ein Riese, der die unschuldige Gutartigkeit eines Kindes ausstrahlt und sich über den Flügel beugt, als sei der ein Teil seines Körpers. Sobald er ihn berührt, verwandelt sich die Körpermasse in musikalische Energie, in ein Konzentrat aus jahrzehntelanger Arbeit, Inspiration und Erfahrung, gebrochen durch das Temperament eines Besessenen, und

die Töne machen sich auf die Jagd nach dem Zuhörer, verfolgen ihn, bedrängen ihn, bis er auf den Glissandi hinausfliegt in den Raum, über die Riffe der Bläser stürzt, von Synkopen beschossen, von *tumbadoras* bombardiert, kirre gemacht von Kürbisrasseln, fortgetragen vom flüssigen Metall der Sängerin, bis der schwere Mann aufsteht und mit weit ausgebreiteten Armen den spektakulären Schlußpunkt setzt, und, ja, das Stück ist zu Ende, wirklich und wahrhaftig zu Ende und jeder im Saal wieder mit sich allein.

Ein Vierteljahrhundert ist es her, seit Chucho Valdés seine Band »Irakere« gegründet hat, und noch heute fragen sich die Cubaner hin und wieder, um was für eine Einrichtung es sich dabei eigentlich handelt, denn »Irakere« ist mehr als eine Band. »Irakere« ist Tanz und Improvisation, ist Religion und ist Afrika, aber auch Institution und Schule.

Dschungel bedeutet dieser Name, ein Wort aus der Sprache der nigerianischen Yoruba, und vielfältig wie der Dschungel sind die Ausdrucksformen der Band, aber ihr Markenzeichen ist dennoch unverwechselbar: Latin Jazz oder auch afrocubanischer Jazz. Chucho hat sich mit »Irakere« einen Traum erfüllt, aber selbst für ihn, den die Cubaner liebevoll den »Maestro« nennen, ließ sich das nicht von heute auf morgen machen. Während Vater Bebo in den sechziger Jahren mit »Dizzy Gilespie« tingelte, gründete der Sohn in Havanna erst einmal ein Quintett namens »Jesús Valdés und seine Combo«. 1964, ein knappes Jahr später, reichte es bereits zur ersten Platte, »aber noch hatte ich nicht die nötige Kraft, und mein Name war unbekannt«. Zehn Jahre sollte es dauern bis aus der Combo »Irakere« wurde.

Seither ist die heute 13köpfige Band aus der Musik der Insel nicht mehr wegzudenken. Tausende kommen, wenn sie im »Teatro Karl Marx« oder im »Rosa Salon Benny Moré« ein Konzert gibt, was selten genug vorkommt. Aber »Irakere« erfrischt die Szene nicht nur mit immer neuen musikalischen Einfällen. Nein, die Dschungelband wuchert auch auf manchmal verblüffende Weise. 26 »fertige« Musiker hat sie der cubanischen Musik in den 25 Jahren ihres Bestehens »geschenkt«, das Doppelte ihres heutigen Bestandes. Und fast alle haben nach »Irakere« eine eigene Gruppe gegründet. Wenn Chucho Valdés ihre Namen aufzählt, steht ein hintergründig-trauriges und doch zufriedenes Lächeln in seinem breiten Gesicht.

Auf die Frage nach den Ursprüngen seiner Musik antwortet der Bär ohne zu zögern: »Die kommt aus den afrocubanischen Religionen.« Die Kompositionen von »Irakere« über 25 Jahre bestätigen ihn: Es sind Bausteine eines Tempels, den Chucho den *Orishas* der *Santería* baut. Aber auch Tempel aus Tönen brauchen ein Fundament, und keiner weiß das besser als ein Mann,

der seit seinem sechsten Lebensjahr Grundlagenforschung in Sachen Musik betreibt. »Irakere« drängt erst einmal nicht auf den Plattenmarkt, sondern betreibt Feldforschung. »1972/73 machten wir eine Studie über die populäre cubanische Musik und alles, was bis zu diesem Augenblick geschehen war. Das war eine tiefgreifende Analyse, in der wir die Strukturen von allem untersucht haben, was bisher gespielt worden war, und dann überlegt haben, wie wir am besten den Charakter, die Identität und die afrikanischen Wurzeln unserer Musik erhalten konnten. Ein Studium der *batá*-Trommeln, der Trommeln der Arara, der *yuca*-Trommeln, dieser gesamten cubanischen Perkussion, die auf dem Haufen der Folklore gelandet war. Da haben wir sie weggeholt und erst in die Tanzmusik eingebaut und dann in den Jazz. So sind fast gleichzeitig zwei Stücke entstanden: »Bacalao con pan« (Stockfisch mit Brot), die erste Tanznummer mit den *batá*-Trommeln, ganz unter dem Einfluß der afrikanischen Rhythmen, ganz von der Straße aus gemacht, und »Misa Negra«, die Schwarze Messe, mit der eigentlich alles angefangen hat.«

Tatsächlich erweiterte die »Misa Negra« den Spielraum der cubanischen Musik gehörig. Voraussetzung für ihr Entstehen war eine tiefgreifende Kenntnis der Materie: »Irakere« analysierte die Messen und Riten der Yoruba-Sklaven, besuchte die früheren Sklavenbaracken neben den großen Zuckermühlen, ließ sich die alten Lieder vorsingen, fand die schon fast verlorenen Worte aus der afrikanischen Sprache wieder, analysierte Instrumente, Rhythmen, Tänze, Zustände der Entrückung und Legenden. Mit diesem Wissen schrieb Chucho Valdés schließlich das Werk, das ihm 1979 den ersten Grammy einbringen sollte – zum grenzenlosen Erstaunen der cubanischen Musikexperten, die vorher dringend von dem Experiment abgeraten hatten.

Chucho Valdés

»Misa Negra« ist ein Achtzehn-Minuten-Stück und besteht aus drei Teilen. Zu Beginn schicken die Musiker den Zuhörer in den afrikanischen Urwald zu kreischenden Vögeln und brüllenden Affen, zu tropfendem Wasser unter knarrenden Dschungelriesen. Dann kommt eine Melodie und schafft Ordnung. Danach folgt eine Improvisation und schafft Freiheit. Und dann kommt Chucho.

Sein Viereinhalb-Minuten-Solo ist das Herzstück der »Misa Negra«. Ihm hat er den Preis zu verdanken, und ihm verdankt der Zuhörer den Eindruck, er halte jetzt Zwiesprache mit den *Orishas*, den Göttern, er erzähle ihnen sein Leben, seine Ängste, seine Rasereien, seine Liebe und seinen Haß, er ganz allein, während der Urwald schweigt und der letzte Rhythmus bleibt, der seines Herzens.

Chucho endet, und die Band fällt in einen entfesselten Galopp, bis ein Solo auf den afrikanischen Trommeln zusammen mit Texten aus der Yoruba-Sprache zu einem gewaltigen Finale führen, das elektrische Funken auf der Haut erzeugt und den Körper vibrieren läßt in der auf die Höhe getriebenen akustischen Spannung.

19 Jahre dauerte es, bis die Mitglieder der »National Academy of Recording Arts and Sciences« den Cubanern ihren Preis ein zweites Mal verliehen, eine Zeitspanne, die nur durch die politisch bedingte Abwesenheit der cubanischen Musik auf dem US-Markt und die daraus entstandene Isolation erklärt werden kann. Inzwischen sind die Türen wieder geöffnet, wenn es sich auch weiterhin meistens um Hintertürchen handelt, durch die die cubanischen Musiker das amerikanische Terrain betreten dürfen.

Den neuen Grammy erhielten Chucho Valdés und »Irakere« für zwei CDs, für die Kompositionen »Yemayá« und eine »Kantate an Babalu Ayé« – beide sind *Orishas* der *Santería* – und für eine Jam Session aller tonangebenden Musiker der Gegenwart auf der Insel von Rubén Gonzalez bis Changuito, eine Anthologie der cubanischen Volksmusik, ein historisches Werk, für Chucho »die wichtigste Arbeit meines Lebens«.

Die Cubaner lieben ihren »Maestro«, und sie lassen ihn diese Liebe spüren. Die Institutionen auf der Insel dagegen verhalten sich eher spröde. »Alle meine großen Auszeichnungen waren international. Hier dagegen habe ich nie die Anerkennung meiner Arbeit gefunden, wie sie mir die Geschichte gibt, wie sie mir die Bücher geben für das, was ich für die Entwicklung der Musik getan habe. Den Ehrendoktor hat mir eine Universität in Kanada verliehen, die Stadtschlüssel von San Francisco und Los Angeles habe ich in den USA erhalten. Hier habe ich nicht einmal die des Stadtteils »Casino Deportivo«, und ich wohne im Casino Deportivo.« Und auch den nächsten Preis hofft Chucho im Norden zu gewinnen. Ein weiterer Grammy würde ihn nicht im geringsten überraschen. In der Zwischenzeit schreibt er an seiner »Opera Yoruba«, einem symphonischen Werk, das die afrikanischen Wurzeln der cubanischen Musik noch weiter bloßlegen will (»Nichts fürs Konservatorium!«), arbeitet als Solist, probt mit »Irakere«, geht mit seinem Quartett auf Tournee und hilft seiner Schwester Mayra beim Aufbau einer Karriere als Sängerin.

Der Bär scheint stärker denn je zu sein, und der Dschungel wuchert weiter unter seinen fleischigen Händen.

Nachtrag: Bezeichnend für cubanische Verhältnisse ist folgendes: Chucho Valdés nimmt seine Musik in Havanna im »Haus der Musik« auf und gewinnt in den USA den Grammy. Abgesehen von einigen wenigen Exemplaren, die das »Haus der Musik« verkauft hat und die nicht mehr aufzufinden sind, ist auch das Originalband verschwunden. Es war Chucho trotz einer Suchaktion nicht möglich, mir seine Musik vorzuführen.

Woher die Salsa kommt - Musikalische Verwandtschaftsverhältnisse

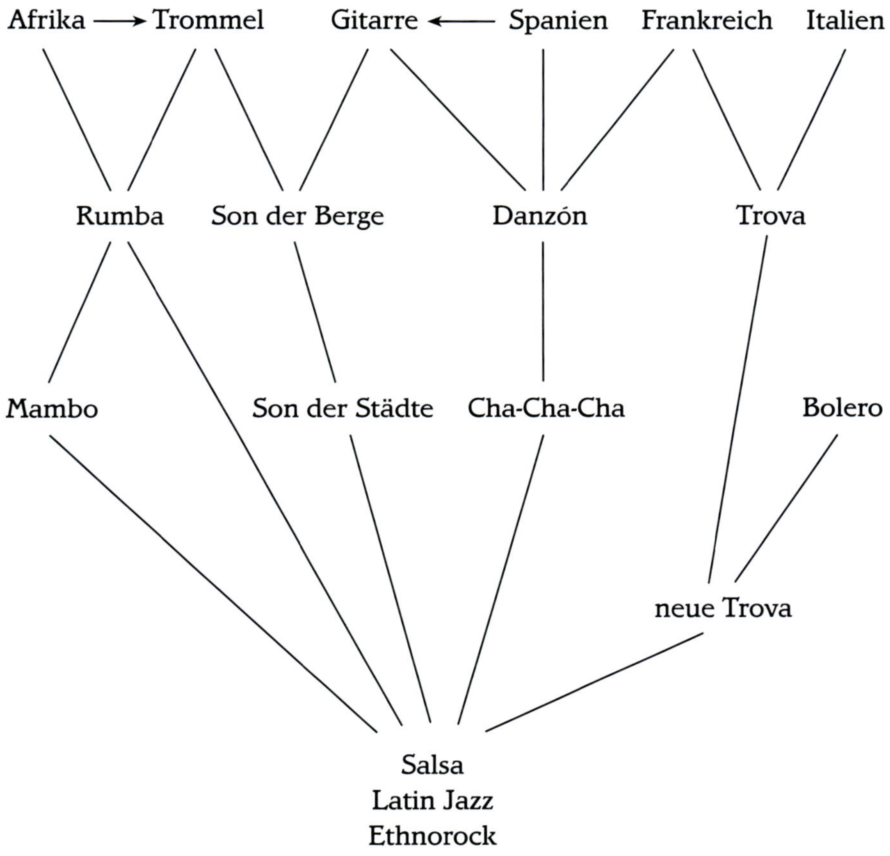

Erdbeer und Schokolade oder: Wenn der Wind sich dreht

Der Schriftsteller Senel Paz

Diego: Ich hatte Probleme mit dem System. / *David:* Probleme welcher Art? / *Diego:* Alles Mögliche: Erregung öffentlichen Ärgernisses, Shows, die Nachbarn bespitzeln mich, ich nehme nicht an den freiwilligen Arbeitseinsätzen teil, mache keine Wache ... Obwohl, das ist es nicht, weshalb sie mich nicht in Frieden lassen. / *David:* Sondern? / *Diego:* Weil für euch solche wie ich in dieser Gesellschaft nichts zu suchen haben. Man erträgt uns nicht und will, daß wir hier verschwinden.

AUSZUG AUS: »ERDBEER UND SCHOKOLADE«

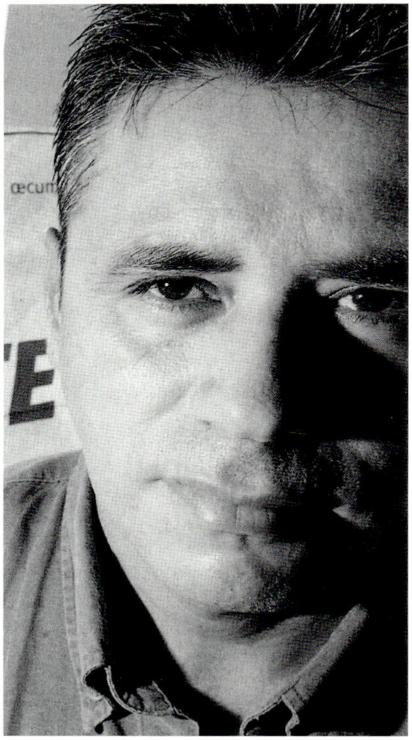

Anfang 1990 schrieb der damals neununddreißig Jahre alte Schriftsteller und Drehbuchautor Senel Paz die Erzählung »El lobo, el boscue y el hombre nuevo« (»Der Wolf, der Wald und der neue Mensch«).

Paz hatte sich in seiner Arbeit bis dahin vor allem mit einer Figur beschäftigt: David, einem Studenten und Aktivisten der kommunistischen Parteijugend. Jetzt stellte er eine zweite Figur vor: Diego, einen Intellektuellen, der unter den Folgen seiner Homosexualität leidet und ihretwegen und wegen seiner ästhetisch-politischen Ansichten am Ende der Geschichte gezwungen ist, das Land zu verlassen.

Zur allgemeinen Überraschung konnte Senel Paz diese kritische Erzählung nicht nur veröffentlichen, der Staat gab sogar Geld, um sie unter dem Titel »Fresa y chocolate« (»Erdbeer und Schokolade«) zu verfilmen. Der Film war ein großer Erfolg: »Voller spritziger Dialoge, leicht und locker inszeniert, ein ebenso witziger wie ernster Film«, schrieb die Frankfurter Rundschau. Er kam in Hollywood in die Endauswahl für den Oscar als bester ausländischer Film des Jahres. Senel Paz hat die Intoleranz der siebziger Jahre auf Cuba beschrieben und ist dabei unversehens auf die neue Toleranz der Neunziger gestoßen.

Fragen an Senel Paz

Senel, wie erklärt sich der große Erfolg deiner Erzählung innerhalb und außerhalb Cubas?
Viele Leute betrachten Cuba entweder als eine Hölle oder als ein Paradies, und angesichts solch extremer Einschätzungen fühle ich mich immer ziemlich hilflos. Die Wirklichkeit ist einfacher und zugleich in ihrer Einfachheit komplexer. Hier kann sich etwas auf genau die Art und Weise abspielen, die nicht voraussehbar war. Als ich die Erzählung ins Reine schreiben wollte, fing gerade der *período especial* an. Du weißt, daß zu den ersten Dingen, die knapp wurden, das Papier gehörte. Ich durchsuchte also die Wohnung nach Papier, und dabei fiel mir eine Ausschreibung von »Radio France Internationale« in die Hände. Es ging um den Preis für die beste lateinamerikanische Kurzgeschichte. Einsendeschluß war zwei Wochen später. Ich trieb Papier auf, schrieb die Geschichte ins Reine und fand sogar jemanden, der nach Europa flog und sie mitnahm. Und dann gewinne ich den ersten Preis! Also kam die Geschichte bereits mit einem bedeutenden internationalen Preis versehen nach Cuba zurück, und das zog die Presse an, denn die Erzählung kritisierte die Regierung, sie kritisierte das Regime, und sie behandelte die Homosexualität. Das löste Alarm aus und führte zu Fragen. Eine dieser Fragen entstand, weil die Erzählung von mir geschrieben war, einem Schriftsteller, der sich bisher nicht durch politische Polemiken hervorgetan hatte. Schließlich lud mich die »Casa de las Americas« zu einer Lesung ein. Der Saal war so voll, als tanze Alicia Alonso, die Lesung endete mit stürmischem Beifall, und das war der Beginn einer unglaublichen Geschichte. Die Leute hatten mitgeschnitten, vervielfältigten die Kassetten, schrieben sie ab, und sechs Monate später war der Text im ganzen Land zu finden. Das Kulturministerium brachte die Story in einer Auflage von 500 Exemplaren heraus, und dieses Buch wurde zu dem am meisten fotokopierten in der Geschichte Cubas. Nach zwei Jahren fand ich niemanden mehr, der »Der Wolf, der Wald und der neue Mensch« nicht gekannt hätte. 1991/92 erschienen Bühnenbearbeitungen, und oft wurden zwei, drei verschiedene innerhalb desselben Spielplans gezeigt, was weiter dazu beitrug, daß der Text eine für ein literarisches Werk außergewöhnliche Verbreitung fand, und das ist gerade für Cuba etwas Erstaunliches.

Und wie kam es schließlich zur Verfilmung?
Ich arbeitete damals am Film-Institut, und häufig zeigte ich meine neuen Texte den Filmemachern, denn die haben einen anderen Blick. Die kümmern sich nicht so sehr um die Worte, dafür verstehen sie viel vom Aufbau der Handlung und der Personen. Von der Erzählung hatte ich nur die Version, mit der ich den Preis gewonnen hatte, und ich dachte, die braucht noch ein paar Klarstellungen. Eines Morgens schickte ich sie dem Regisseur Gutierrez Alea. Am Nachmittag rief er mich an und sagte, ja, wir machen den Film. Dann haben wir uns ans Drehbuch gesetzt, und das ist mir schwerer gefallen, als das Original zu schreiben. Es war erstaunlich.

Was hältst du vom Ergebnis?
Ich glaube, der Film hat der Erzählung den Vortritt gelassen und sich selbst an die zweite Stelle gesetzt. Er läßt klar werden, daß es sich hier um einen künstlerisch-literarischen und nicht um einen politischen Akt handelt, der in der Verkleidung von Kunst oder Literatur daherkommt. Daß es nicht darum geht, hinter etwas Künstlerischem eine politische Provokation zu verstecken, sondern daß es sich um ein Werk handelt, das

Senel Paz in seiner Wohnung im Stadtteil »Vedado« in Havanna

u Jury • Prix œcuménique
Y
ATE

von der Literatur her auf das politische Thema stößt, von der Literatur ausgehend über soziale und politische Angelegenheiten nachdenkt, und das ist es, worauf es mir ankommt, das ist es, was mich interessiert. Ich glaube, die Literatur muß nicht nur unabhängig von der Politik sein, sondern autonom, sie braucht ihre Autonomie. Das heißt nicht, daß ein Werk sich nicht von sich aus dem politischen Thema annähern kann, so wie es sich jedem anderen Thema annähern kann. Allerdings habe ich da eine Theorie: Wer seine Überlegungen mit anderen teilen will, muß seine Inhalte und Argumente auf eine Weise vorbringen, daß er sein Gegenüber nicht destabilisiert und nicht blockiert. Du kannst eine Menge unangenehme Dinge sagen, aber nicht über den Punkt hinausgehen, an dem der andere seine Fähigkeit mitzudenken einfach wegschließt.

Der Schluß deiner Geschichte vermeidet diese Blockade.
Nicht nur der Schluß. Ich denke, ich habe am Anfang etwas ganz gut gemacht, indem ich mich auf Mechanismen gestützt habe, die mit der Art der Wahrnehmung der Cubaner zu tun haben, ob sie nun hier oder im Ausland leben. Das sind der Humor, die Zärtlichkeit, die Schönheit. Ich übe tatsächlich politische Kritik und bediene mich dazu der Persönlichkeit eines Homosexuellen, einer für die soziale und politische Vision der Revolution unqualifizierten Person. Am Anfang der Geschichte nimmt niemand Diego ernst, da wende ich die Technik des Trojanischen Pferdes an. Erst nachdem die Figur Sympathie gewonnen hat, ein wenig in dich eingedrungen ist, kommt sie auf Angelegenheiten zu sprechen und enthüllt Zustände, über die zu reden das Publikum und die Politiker einem Homosexuellen nie gestattet hätten. So kann man mit literarischen Mitteln ein schwieriges Thema angehen und das in einem heiklen, nicht nur unter den Politikern, sondern auch im Volk von Vorurteilen belasteten Umfeld. Cuba ist ein Land von Machos, und seine Art, den Homosexuellen zu tolerieren, besteht darin, ihm die Intelligenz abzusprechen. Er wird akzeptiert, solange er als ein unbedeutendes Wesen erscheint. Diesen Mechanismus habe ich benutzt.

Und Diego nimmt kein Blatt vor den Mund ...
Ich gehe davon aus, daß Kritik an der Revolution, Zweifel an ihren Errungenschaften und ihren Verlautbarungen, Mißtrauen, Widerspruch nicht Akte der Opposition sind, sondern Akte der Zugehörigkeit. Die Zugehörigkeit zu einem Projekt kann nicht unkritisch sein, nicht bedenkenlos und schon gar nicht von einer täglichen, uniformen Übereinstimmung gekennzeichnet. Die Gedanken von einem, der dazugehört, können voller Zweifel sein, voll zaudernden Schwankens. Ich wollte auch die Gleichsetzung durchbrechen, diese Gleichsetzung von Kritik und Konterrevolution, die sich in der cubanischen Literatur innerhalb und außerhalb des Landes auf der Grundlage von politischem Schematismus breit gemacht hat: Gewisse Themen gehören der Literatur der Ausgewanderten, andere gehören uns. Ich dagegen wollte mich ohne diesen Schematismus gedanklich einem Thema nähern, und deshalb habe ich gesagt, daß für mich die Tatsache wichtig ist, daß ich dabei keine politischen Absichten hatte, was nicht heißt, daß das, was einer macht, kein politisches Echo hat. Mein Interesse war es, über eine Lage, eine Erfahrung meines Landes nachzudenken, und dies ohne Zwang. Das konnte ich nicht im Umfeld politischer Positionen tun, denn häufig ist es gerade die Politik, die diese Art des Nachdenkens über gewisse Tatbestände nicht erlaubt, und das nimmt jede Möglichkeit des Dialogs.

Für uns Europäer war es ziemlich undenkbar, daß ein sozialistischer Staat die Veröffentlichung einer so kritischen Erzählung wie deiner erlaubt.

In dem Augenblick, in dem dieser Staat sogar das Geld gibt, um daraus einen Film zu machen, wird sein Verhalten de facto zur Selbstkritik.

Kino ist eine teure Kunst. Ich denke, es gehört zu den Idealen des Sozialismus - das ist eine vielleicht etwas utopische Vorstellung -, daß der Staat einen Film finanzieren muß, ohne sich in seine Ideen oder in seine Argumentation einzumischen. Das haben wir auf Cuba weithin geschafft. Dieser Film wurde vor allem mit dem Geld unseres Film-Instituts finanziert, und das ist das Geld des cubanischen Staates. Aber der Staat und die Partei haben keinerlei Einfluß auf die Erstellung des Drehbuchs und die Dreharbeiten gehabt. Damit will ich nicht sagen, daß das immer und in allen Fällen so gewesen ist, daß es keine Versuche gegeben hat, sich einzumischen und zu kontrollieren, und daß es nicht andere Bereiche in unserer Kultur gibt, in denen tatsächlich Kontrolle ausgeübt wurde. Vor allem in unserem Institut hatten die Künstler eine wichtige Stimme und die politischen Leiter waren selbst Persönlichkeiten der Kultur, Personen mit avantgardistischen kulturellen und politischen Ideen über den Sozialismus. Hier gab es diese Freiheit, die in anderen Zeiten der kulturellen Entwicklung des Landes und besonders in anderen Bereichen gefehlt hat. Auf anderen Gebieten ist das nicht gelungen. Man muß sehen, in welchem Moment diese Erzählung geschrieben worden ist, es war ein besonderer Moment. Ich habe immer erklärt, daß meine Geschichte von der Homosexualität handelt, aber das ist nicht ihr Hauptthema. Das wirkliche Thema ist die Anerkennung der Unterschiedlichkeit, die Toleranz, die Notwendigkeit, andere Ideen und Andersdenkende zu tolerieren. Das ist für das cubanische System ein delikates Thema, vor allem, wenn es sofort bei den Politikern landet. Die Pluralität der Verhaltensweisen und Ideen ist ein dorniges Thema für uns, denn es hat viele problematische Aspekte im Alltag unseres Landes.

Welche Rolle spielt die Homosexualität in der cubanischen Literatur?

Es ist fast schon ein altes Thema. Aufgetaucht ist es im letzten Jahrhundert und in den Zeiten vor der Revolution. Man kann es in Romanen und Erzählungen finden, und schon am Anfang der Revolution beschäftigt sich »Paradiso« damit, ein Klassiker der cubanischen Literatur von Lezama Lima. Anfang der Siebziger kam dann der dunkelste Moment der Unterdrückung der Homosexuellen in Cuba, und der trifft zusammen mit der dogmatischsten Phase unserer Kultur und ist ein besonderer Moment für das Land: das Scheitern der Zehn-Millionen-Tonnen-Zuckerernte, das neue Verhältnis zur Sowjetunion ... Es ist der stalinistischste Augenblick der Revolution, und auf dem Gebiet der Kultur gab es Kräfte, die den sozialistischen Realismus hier einführen wollten. Eine sterile, eine trockene Zeit. Man muß dazu sagen, daß der sozialistische Realismus nichts mit der künstlerischen Tradition auf Cuba zu tun hat und in der cubanischen Kunst nie Fuß fassen konnte. Ende der siebziger Jahre dann, nach der Gründung des Kulturministeriums, korrigiert sich diese Situation, wird weicher, die rückschrittlichen Ideen wandeln sich, und in den Achtzigern überwindet die Revolution schließlich ihr verspanntes Verhältnis zur Homosexualität. Aber im Ausland tut man so, als habe sich bei uns nichts geändert, als wäre alles gelähmt, als würden die Homosexuellen zur Bestrafung noch immer zu Militäreinheiten geschickt. Aber wir haben die achtziger Jahre erlebt, die Massenflucht über den Hafen von Mariel. Dieses Land hat auch über die Homosexualität nachgedacht und über die Wege, mit ihr umzugehen. Und am Ende der Achtziger war das Thema fällig, reif für Diskussionen und Lösungen. Die cubanische Gesellschaft war bereit für das Thema. Und tatsächlich war mir vorher nie in den Sinn gekommen, darüber zu schreiben. Ich glaube, wenn ich dieselbe Geschichte genauso gut früher geschrieben hätte, hätte ich starken Widerspruch hervorgerufen, aber in den Neunzigern gab es dafür schon keinen Grund mehr.

Und heute?
Seit den achtziger Jahren ist es zu einem wachsenden Öffnungsprozeß gekommen, der mit Beginn des *período especial* wieder eingefroren wurde. Er ist nicht rückläufig geworden, aber es geht auch nicht weiter. Doch ich denke, auch heute ist es in der cubanischen Kunst möglich, über nicht ganz einfache Themen nachzudenken. Unsere Literatur, unser Theater, unser Kino zeigen es. Auf internationaler Ebene hinterfragt die cubanische Kunst am meisten die Wirklichkeit, und das ohne Gefahr. Gleichzeitig ist aber auch die Opposition wieder stärker geworden. Wieder leben wir in einer sozial äußerst kritischen Situation, und das macht die Dinge nicht leichter. Aber ich denke, man muß an der Authentizität der Kunst und der Literatur festhalten und sich nicht den Moden hingeben. Es liegt zur Zeit im Trend, über Cuba zu sprechen – hier positiv und dort negativ, aber immer in einer Form, die sich gut verkaufen läßt. Und da liegt eine Gefahr für die neue Generation.

Vielleicht sind die besten Botschafter die Künstler und die Schriftsteller.
Wenn sie auch keinen Diplomatenpaß haben, führen sie doch die Seele ihrer Nation mit sich.
MIGUEL BARNET

Kulturbilanz

	1957	1989	1997
Häuser der Kultur	–	262	61
Galerien	9	136	121
Verlage	nicht bekannt	90	95
Bücher (Titel)	469	2199	625
Filme (inkl. Kurzf.)	1	99	25
Kunstschulen	2	46	46
Bibliotheken	27	333	355
Künstlergruppen	nicht bekannt	1889	2399

13.474 Studenten haben von 1957 bis1997an der Kunsthochschule ihren Abschluß gemacht.

Restaurierungsarbeiten an einem Monumentalgemälde im »Casa de Obrapia«.

La Cubana

Yuneysi, 24, aus Santiago de Cuba

Die Schauspielerin Juliette Ortega am »Malecón« von Havanna, Hauptdarstellerin in dem mexikanischen Film »Quien diablos es Juliette?«

Julia, 26, aus Havanna

Yaimé und Yoandra in Santiago de Cuba

Caridad, 45, Arbeiterin in einer Tabakfabrik in Pinar del Rio

oben: Yoanenis, 19, in der Altstadt von Havanna
rechts: Maylin Ferrer Badas, 20, und Yoanenis in der Altstadt von Havanna

oben: Carmen und Yamila in der Altstadt von Havanna im Regen
links: Yuritza Armiñan, 19, Tänzerin des »Conjunto Folclorico Toleggua« in Santiago de Cuba

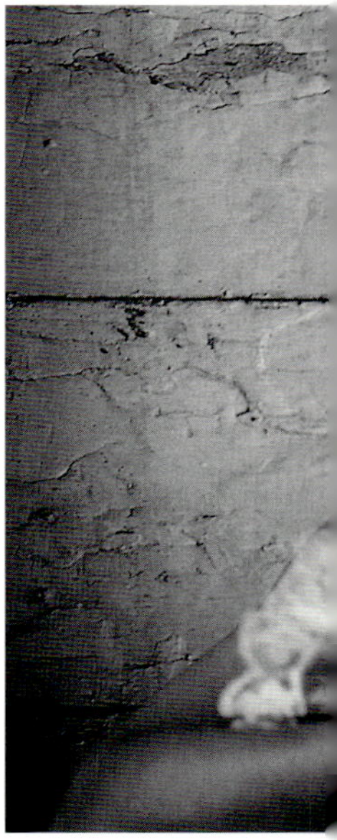

oben: Monika Marziotta, 16, Piano-Schülerin, in ihrer Wohnung in Alt-Havanna, will Musikerin, Schauspielerin oder Pianistin werden.

Clara Libia Veliz Padròn, 33, Krankenschwester im größten Krankenhaus von Lateinamerika, dem »Hermanos Ameijeiras«, Spezialistin für Verbrennungen

oben: Elbis Montanes, 37, aus Santiago de Cuba
links: Luisa Martha Mendez, 43, aus Havanna

Engelland

Der Friedhof »Cristobal Colón«

»Sie suchten einen Platz zum Ausruhen und setzten sich in den Himmel ab.«
GRABINSCHRIFT

Auf dem Tisch aus edlem Zedernholz stand aufrecht die Doppeldrei und lächelte Juana Martin geradezu auffordernd an. Die betuchte Mittvierzigerin signalisierte ihrem Partner in der Geheimsprache der Dominospieler die Möglichkeit, die Partie vorzeitig zu entscheiden. Der, ein ebenfalls mit irdischen Gütern gesegnetes Mitglied der kreolischen Oberschicht, verdoppelte den Einsatz. Die Gegner zogen mit. Die Doppeldrei lächelte immer verheißungsvoller. Juana setzte noch einen drauf und nahm den Stein liebevoll in die Hand. Er schwebte über ihrem Kopf, als der andere Spieler mit der Drei-Zwei das Spiel beendete. Das war zu viel für Juanas Herz. Sie verschied an Ort und Stelle, und heute liegt die Doppeldrei auf ihrem Grab – aus weißem Carrara-Marmor geschnitten und einen guten Meter lang, schwarzer Humor eines Volkes, das selbst im Tod noch über sich lachen kann.

Das Grab der Zockerin ist eines unter 53 000, die Havannas Friedhof »Cristobal Colón« beherbergt, die zweitgrößte Nekropolis des Kontinents, ein Geschichts- und Geschichtenbuch aus Marmor und Granit, ein Gesamtkunstwerk aus Tausenden von Einzelstücken, ein gefrorenes Steinmeer unter der Tropensonne. 56 Hektar bedeckt die Totenstadt im Norden Havannas, und ihr zweimillionster Bewohner klopft schon an die Tore. Zu verdanken hat die cubanische Hauptstadt dieses Juwel der Choleraepidemie der Jahre 1867 und 1868. Damals starben die Menschen wie die Fliegen, und der Zentralfriedhof »Espada« drohte, aus den Nähten zu platzen. Der Bischof Fray Jacinto kaufte auf eigene Rechnung zwei *fincas* außerhalb der damals noch kleinen Stadt und stellte sie als Friedhof zur Verfügung. Am 30. November 1871 wurde der Grundstein gelegt, aber bis dahin hatten die *habaneros* bereits über zehntausend Schwarze in der neuerdings geheiligten Erde verscharrt.

Die erste Merkwürdigkeit des neuen Friedhofs ließ nicht lange auf sich warten. Die tausend Goldpesos im Wettbewerb »Bleicher Tod« für die architektonische Gestaltung hatte der Spanier Calixto de Loira gewonnen. Er ließ eine 95 Meter lange Katakombe mit 526 Nischen bauen und benannte sie nach dem biblischen Totengräber Tobias. Zum ersten Kunden bei Tobias wurde er dann, 32jährig, selber. Er hatte sich überarbeitet und segnete das Zeitliche kurz nach der Fertigstellung der Gruft. Wenig später erwischte es auch seinen Nachfolger Francisco de Azuba. Loira hatte die erste Nische im Nordosten von Tobias bezogen. Azuba ergatterte die letzte im Südwesten. Seither liegen sich die beiden Architekten diagonal gegenüber – bis ans Ende aller Zeiten. Tobias aber wurde schon 1898 wieder geschlossen. Die Katakombe entwickelte einen immer unangenehmeren Geruch, Tobias stank.

50 000 Touristen besuchen die Totenstadt jedes Jahr, denn sie birgt Schönheit und Geheimnis, Luxus und Armut, Volkstümliches und Grandioses. Sie spricht, sie singt, sie schweigt, und sie weint. Die meisten ihrer Besucher, hin- und hergerissen zwischen Kitsch und Kunst, bleiben schon kurz hinter dem zwölf Meter hohen, in byzantinisch-romanischem Stil gehaltenen Nordportal zum ersten Mal stehen. Da strebt das Mausoleum der Familie Bello dem Himmel entgegen, höher als ein einstöckiges Haus mit einer Kuppel aus blauem und weißem Emaille und einem Türmchen mit offenen Bögen als Krone. Darunter, ein wenig angefressen von Zeit und Salpeter, steht ein reich mit Stuck verziertes Haus mit Friesen und Bögen, Rosetten, Bändern und gotischen Fenstern hinter schmiedeeisernen Gittern. Den vorderen Teil tragen zwei ionische Säulen. Weitere sechs sind zu zwei Dreiergruppen gebündelt und stehen vor dem Spitzbogenportal des Eingangs – reiche cubanische Barockgotik mit spanischem Kolonialeinschlag und einer Prise Maurischem, widersprüchlich in sich selbst wie die ganze Insel und die meisten ihrer Bewohner. Stein gewordener Gegensatz.

Noch höher hinaus als die Bellos wollte José Gener y Batet. Er hat sich gleich üppige 150 Quadratmeter geweihter Erde gekauft und etwas draufstellen lassen, das ohne weiteres als Mausoleum durchgehen kann, auch als Kirche, Tempel, versponnenes Chalet, heilige Datscha, Kapelle. In verwaschenem Ocker wuchtet sich die Konstruktion runde 20 Meter nach oben, gekrönt von einem Kreuz, und auf jeder Ecke steht ein Marmorengel, und zwischen den Ecken stehen weitere Engel, betende Engel, posaunende Engel, Engel mit Tüchern, Engel mit Zetteln, Engel mit Kreuzen – die reine Prunksucht, Angabe, Selbstüberschätzung, und dabei hat er noch Glück, der Don José, denn viele Engel sind dem Friedhof abhanden gekommen, als die Wirtschaftskrise sich täglich verschärfte und Grabschändung an der Tagesordnung war. Aber die Engel des Herrn Gener y Batet haben sie stehenlassen, die Räuber, obwohl er weiß Gott einen hätte entbehren können.

An Spuren von Größenwahnsinn ist der Friedhof so reich wie an Kunstwerken der unterschiedlichsten Stilrichtungen. Da findet sich die Nachbildung der »Pietá« von Michelangelo ebenso wie eine Minikopie der »Berliner Auster« in Form eines überdachten Grabes. Pantheons stehen da, die wie Festungen wirken, als habe der Verstorbene befürchtet, es könne ihn ein zweites Mal erwischen. Das Bronze-Relief eines erlauchten Toten finden wir, der sich entweder als Gralsritter oder als Kreuzfahrer sah, mit Schild, Schwert, Visier und allem, was dazugehört bis hin zu zwei traurigen Damen, die sich, den Kopf an seine starken Schultern gelehnt, noch einmal von ihm verabschieden. Engel schweben, Madonnen und

nächste Seiten: Das monumentale Grabmal der im Mai 1890 beim Brand der Eisenwarenhandlung »de Isasi« ums Leben gekommenen Feuerwehrleute

Das Grabmal von Amelia Goyri de Adot, als »La Milagrosa«, die Wundertätige bekannt

Christus-Figuren ragen aus dem Marmormeer, und – kaum zu glauben – sogar einen Engel mit Hut haben die Künstler geschaffen, mit Hut und Flügeln aus Carrara-Marmor, ein überraschender Einblick in die Kleidungsvielfalt im christlichen Paradies.

Zum Anspruchsvollsten, was die Nekropolis bietet, gehört das Grabmal der Feuerwehrleute, die beim Brand der Eisenwarenhandlung de Isasi am 17. Mai 1890 ums Leben kamen. Es ist noch höher als das des Don José, und es ist reicher verziert und ziseliert als alle anderen. Stürmische mächtige Engel, entworfen von einem spanischen Architekten in einer Form, die spanischer nicht sein könnte. Das brachte ein paar Jahre später einen reichen Cubaner auf die Palme, und das ist wörtlich gemeint. Don Pedro Maró war mit der schönsten Frau Havannas verheiratet und das in einer Stadt, wo zu Hunderten Anwärterinnen auf den Titel der Miss World herumlaufen. Catalina hieß sie, und sie starb. Das Mausoleum war aufnahmebereit. Es stand dem der Feuerwehrleute genau gegenüber, und Don Pedro wollte den Spaniern zeigen, was ein echter Cubaner ist. Das Werk könnte von Le Corbusier sein – ein weißes Halbrund mit schmalen, dunkelblauen Fenstern. Darin wurde die schöne Catalina zusammen mit ihrem Schmuck und ihren besten Kleidern beerdigt. Don Pedro, der ahnen mußte, was eines Tages kommen würde, ließ die Gruft mit Beton ausgießen und eine Marmor-Doppelplatte darauflegen, die kein Mensch heben kann. Die Räuber des 20. Jahrhunderts scheiterten kläglich. Catalinas letzte Ruhestätte war nicht so hoch geraten wie die der Feuerwehrleute, aber dafür schuf ihr Schöpfer einen cubanisch-schlitzohrigen Ausgleich: Er ließ zwei Königspalmen auf der Frontseite pflanzen, und damit überbot er die Spanier. Heute recken sich die Palmen höher in den cubanischen Himmel als der Prunkbau gegenüber.

Der cubanische Bildhauer José Vilalta de Saavedra hatte die Allegorie auf der Spitze des Nordportals geschaffen: Glaube, Hoffnung und Barmherzigkeit hatte er figürlich dargestellt, und zum Glück sind sie nicht lebendig, denn sie könnten einen in ihrer Üppigkeit geradezu erschlagen. Ein paar Jahre nach der Fertigstellung dieses Monuments und offenbar geläutert durch den Einfluß der Antike und der italienischen Kunst, brachte der Künstler eine von ihm in Rom geschaffene weitere Statue mit, die noch heute die Totenstadt ziert. Eine junge Frau, mit einer Hand auf ein Kreuz gestützt, drückt einen Säugling an die Brust - eine schlichte, ergreifende Skulptur für einen Freund, dessen große Liebe im Kindsbett gestorben war und der darüber den Verstand verloren hatte. Amelia Goyri de Adot hieß die Julia des cubanischen Romeo, gestorben ist sie am 3. Mai 1901, und heute kennt sie Gott und die Welt als »La Milagrosa«, die Wundertätige. Menschen aus allen Ländern besuchen ihr Grab, klopfen mit einem der Ringe auf die Grabplatte und tragen ihre Bitte vor. Besonders für schwangere Frauen und Mütter von Kleinkindern scheint sich der Besuch zu lohnen: »La Milagrosa« hilft offenbar so zuverlässig wie kostenlos. Die Umgebung ihres Grabes jedenfalls ist gepflastert mit Danksagungen, und auf dem Grab selbst liegen immer Berge frischer Blumen. Die Legende sagt, die Verstorbene sei mit ihrem toten Säugling zwischen den Beinen begraben worden. Bei der Öffnung des Grabes 13 Jahre später anläßlich des Todes ihres Schwiegervaters lag das Kind an der Brust - genau in der Position, die der Künstler Vilalta für seine Skulptur gewählt hatte. Seither steht Amelia im Ruf der Heiligkeit.

Die Bevollmächtigte der Familie, Beherrscherin der Kultstätte und »Missionarin« der Toten ist Maria Antonia Ruiz, eine rüstige Fünfzigerin, der der Glaube an die heilige Jungfrau und an Amelia aus allen Poren dringt. Erstaunlicherweise kümmert sie sich auch um ein anderes Grab, das so etwas wie das Gegenstück zu der Wundertäterin beherbergt: Alberto Yarini y Ponce de Leon, den berüchtigtsten Zuhälter in der auf diesem Gebiet nicht gerade armen Geschichte der Stadt. Alejo Carpentier, der nur ein paar Meter entfernt liegt und als Cubas bedeutendster Romancier dieses Jahrhunderts gilt, beschrieb ihn schlicht als »ideal« für seine gewiß nicht leichte Arbeit. »El Rey« hieß der junge Mann einst im Milieu, der König, der aber dann - erst 26 Jahre alt - einen kapitalen Fehler machte. Ein Franzose wurde »dem König« zum Verhängnis, Louis Lotot, der Französinnen für sich arbeiten ließ. Der Teufel wollte es, daß La Petite Berta »dem König« so gut gefiel, daß er sie an seinen eigenen »Hof« zwang. So begann der »Krieg der Reißverschlüsse«. Als ersten erwischte es Yarini,

Das Grab von José F. Matta

Spätestens zwei Jahre nach der Beerdigung werden die Toten auf »Colón« exhumiert und die Überreste in kleine Betonkisten umgelagert. Mit Namen und Sterbedaten versehen, kommen diese Kisten anschließend in ein offenes Lagerhaus

der mit drei Kugeln im Körper in der Calle San Isidro gefunden wurde. Wenig später mußte auch der Franzose ins Gras beißen. Das Begräbnis »des Königs« war eine Sternstunde für den Friedhof Colón. Selten hatte man so viele Menschen auf einer Beerdigung gesehen, und schon am Eingang kam es zu den ersten Schlägereien. Noch Monate später gerieten sich Frauen am Grab Yarinis in die Haare. Heute wachsen dort wilder Spargel und ein schüchternes Lorbeerbäumchen – gepflegt von Maria Antonia, der »Missionarin« Amelias.

Yarini und »La Milagrosa« sind nicht die einzigen Berühmtheiten, die in Colón auf das Jüngste Gericht warten. Auch liegt hier der Schriftsteller Cirilo Villaverde, gerade sieben Querstraßen entfernt von Cecilia Valdés, seiner Heldin, die seinem Hauptwerk den Titel gab. Das Grab des einzigen cubanischen Schachweltmeisters José Raúl Capablanca ziert nicht die Figur des Königs, sondern die der Dame. Eine Hommage an die Damenwelt, der er mehr Zeit als dem Schach widmete, weswegen er seinen Titel wieder verlor. Die Sängerin Rita Montaner, der Komponist Ernesto Lecuona, der Ethnologe Fernando Ortiz liegen ebenso in der Totenstadt begraben wie Carlos Finlay. Dessen Grab sollte eigentlich eine Aedis Aegyptii zieren, denn Finlay hatte als erster begriffen, daß es diese infame Stechmücke ist, die das Gelbfieber überträgt. Aber statt des Insekts »schmückt« eine ganz andere Besonderheit das Grab des Forschers: Gras, schlichtes, einfaches Gras – mitten im Marmormeer.

Wie fast überall sind auch in Colón Deutsche

vertreten. Im Fall des Dichters Georg Werth liegen die Dinge allerdings etwas kompliziert, denn er ist zwar in Havanna verstorben, aber eine Grabstätte ist nicht auffindbar. Deutsche Touristen schwören Stein und Bein, er müsse in Colón liegen. Die Cubaner vermuten ihn auf dem einstigen Zentralfriedhof »Espada«. Entdeckt hat ihn noch keiner. Auch der Naturforscher Jakob Gundlach macht es einem nicht leicht. Angeblich fanden sich seine sterblichen Überreste im Mausoleum der Familie Azqueta, doch leider sind auch sie spurlos verschwunden. Bleibt zu erwähnen das Grab zweier deutscher Krieger. Man schrieb das Jahr 1870, als in Europa Krieg zwischen Frankreich und Preußen herrschte. Im Hafen von Havanna lagen zwei Kanonenboote: die deutsche »Meteor« und die französische »Bouvet«. Auf beiden Seiten bestand offensichtlich ein gesteigertes Bedürfnis nach Heldentaten, und so bat man den neutralen spanischen Generalkapitän um die Erlaubnis, auslaufen und sich außerhalb der Hoheitsgewässer beschießen zu dürfen. Der Regierende und etliche weitere Würdenträger ließen sich das Spektakel nicht entgehen, gaben gern die Erlaubnis und fuhren auf einem anderen Schiff gleich mit hinaus aufs offene Meer. Die Beschießung war »erfolgreich«, beide Kanonenboote erlitten erhebliche Schäden, und die Deutschen hatten zwei tote Helden zu beklagen. Diese liegen nun in Colón.

Ein anderer Held, ein Cubaner, genießt noch heute das Privileg, daß über seinem Grab die Fahne seines Landes weht. Eddy Chibás, Gründer der »Orthodoxen Cubanischen Volkspartei«, verfügte im Radio über eine eigene Sendezeit, die er weidlich nutzte um regelmäßig gegen die Regierung und ihre korrupten Minister zu wettern. Eines schönen Sonntags im August des Jahres 1957 schoß der Opponent sich zum Abschluß seiner Ansprache vor dem Mikrophon in den Bauch, und wollte damit das Signal für den Volksaufstand geben. Doch Chibás täuschte sich in doppelter Hinsicht. Zum einen gab es keinen Aufstand, was angesichts der damaligen Machtverhältnisse nicht weiter verwunderlich war. Und zum zweiten wurde noch nicht einmal der Schuß gehört, denn Chibás hatte seine Sendezeit überzogen, und als es knallte, hatte man ihn bereits abgeschaltet. Er erlag seinen Verletzungen wenige Tage später.

Ein anderer Cubaner war mit seinen Plänen erfolgreicher. José Miguel Gomez, zu Lebzeiten »der Hai« genannt, war erst General im Unabhängigkeitskrieg und wurde später Präsident der Republik Cuba. »Die werden sich vor mir bücken bis an den Jüngsten Tag«, soll er gesagt haben, als er sein Mausoleum bauen ließ. Die Tür ließ er so niedrig einsetzen, daß er recht behielt: Wer hinein will, muß sich bücken.

Havanna war ein gutes Jahrhundert lang die Welthauptstadt der Verschwörer, der Geheim-

bünde, Logen, Bruderschaften und Clubs, und auch davon singt die Nekropolis ein Lied. Zum Beispiel gibt es jede Menge spanische Dörfer. Die iberischen Einwanderer machten sich offenbar Sorgen, sie könnten sich nach dem Tod einsam fühlen, und so bauten sie sich Mausoleen – immer eins für einen ganzen Landstrich –, von denen aus sie gemeinsam das Jenseits erobern konnten. Allein die Zuwanderer aus Asturien verfügen über mehr als 100 Gräber auf ihrem Gelände. Die Inschriften klingen häufig fast poetisch: »Club Canga de Onis, Parras y Amfora« oder »Sociedad Taboada, Chantada y Puertomarin«. Dasselbe Bedürfnis nach Gemeinsamkeit entwickelten auch die Freimaurer, und die Namen auf den Logengräbern klingen nicht weniger dichterisch als die der Heimattreuen: »Licht des Westens«, »Sonne der Freiheit«, »Süße Brunnen«, »Arbeiter der Welt« und in einer etwas abgelegenen Ecke des Friedhofs schließlich »Old Fellows«.

Am Ende des Jahrhunderts erfaßte die Sorge um die bevorstehende Einsamkeit im Jenseits schließlich ganze Berufsgruppen, Sportvereine und Fabrikbelegschaften. Eisenbahner, Magenfachärzte, Handelsreisende, Kapitäne, Rechtsanwälte, die Arbeiter der Bierbrauerei »La Tropical«, Fahrer »moderner Omnibusse«, die Mitglieder des »Auto Motor Clubs« und die Angestellten der »General Electric« – sie alle liegen in Colón schön beieinander unter den Deckeln ihrer jeweiligen Gemeinschaftsgräber. Selbst die »Christlichen Baseballspieler« sind vertreten. Ihr Grab krönt die Büste eines Spielers, der zweifellos Joe di Maggio oder Babe Ruth geheißen hat. Gemeinsam warten sie darauf, den Himmel zu erstürmen oder in die Hölle zu fahren, wenn es am Jüngsten Tag endlich soweit ist.

Eine Vorstellung von diesem Tag, der das letzte Urteil über alle Toten bringen soll, wird dem Besucher in der achteckigen, ockerfarbenen Friedhofskapelle vermittelt. Dort ist das Fresko »Das Jüngste Gericht« zu besichtigen, ein bißchen verfärbt durch das Licht aus den bunten Glasfenstern aus Köln, aber dennoch eindrucksvoll. Ganz oben thront Gott in Gestalt eines bärtigen jungen Mannes, halbnackt und auffallend muskulös. Er ist erzürnt, und er verdammt mit drohend erhobener Hand die Menge verzweifelter Menschen zu seinen Füßen. Seine Engel blasen die Posaunen mit voller Kraft. Gemalt hat das Ereignis der Cubaner Miguel Melero, und ausgerechnet ihn ereilte das Unglück schon vor dem Tag der Schrecken. Sein Grab wechselte für die sagenhafte Summe von 14 000 Pesos (zum Vergleich: Der monatliche Durchschnittslohn auf Cuba beträgt zur Zeit 214 Pesos) den Besitzer, und bei der Gelegenheit verschwanden auch gleich seine Überreste.

Sterben gehört in vielen Ländern zum Teuersten, was man sich im Leben leisten kann. Auf Cuba hat die Revolution diese letzte Grausamkeit beseitigt. Von der Leichenwäsche bis zur Beerdigung übernimmt der Staat sämtliche Kosten, bei rund 40 Todesfällen pro Tag eine nicht unerhebliche Leistung. Allein die Nekropolis gibt 98 Menschen Arbeit.

Dennoch bleibt Colón der Klassenfriedhof, als der er 1886 entworfen wurde, auch wenn längst keine neuen Grabmale mehr gebaut werden und schon gar keine protzigen Mausoleen. Wem eines der alten Familiengräber zur Verfügung steht (das betrifft etwa 40 Prozent der Toten), der bleibt für immer im Kreis seiner Angehörigen. Wer dieses Glück nicht hatte, wurde zu Zeiten des Kapitalismus verscharrt und vergessen. 1967 verstaatlicht die Revolutionsregierung den Friedhof, der vorher der katholischen Kirche gehört hatte. Und seither gibt es Gemeinschaftsgräber für die, die keine feste Adresse zwischen den Marmorgräbern haben. Dort finden sie neben drei völlig Unbekannten ihre – nein, nicht letzte, die vorletzte Ruhe. Die kostet 80 Pesos im Jahr, aber nach zwei Jahren

Die »Tobias-Katakombe«, vollgestellt mit den Betonkisten exhumierter Leichname

ist Schluß. Dann wird exhumiert und umgezogen.

Es ist früher Morgen in Colón, aber die Tropensonne sticht schon jetzt. Die Friedhofsarbeiter suchen den Schatten des indischen Mandelbaumes und der Bananenstauden, die die ockerfarbene Begrenzungsmauer überragen. Auf dem Weg vor ihnen stehen blechbewehrte Holzsärge und daneben kleine Betonkisten. Paulino Caraballo säubert Knochen – mit bloßen Händen. Sein Gesicht ist ein Schnitzwerk aus schwarzem Ebenholz, überzogen von einem dünnen Film aus Schweiß. Seit 23 Jahren arbeitet er hier, exhumiert, räumt vertrocknete Blumen weg und hebt 250 Kilo schwere Marmorplatten von Gräbern. »Nein, ans Aufhören denke ich nicht«, sagt er, »ich bin noch stark. Stark wie ein Stier.« Einmal pro Jahr bekommt Caraballo seine Spritze. »Die ist gegen alles«, sagt er und staubt sorgfältig einen Totenschädel ab. Dann legt er ihn in die Betonkiste. Im weißen Gegenlicht des Marmormeeres stehen Angehörige. Manche weinen. Ein Bein ist zu lang und paßt nicht in die Kiste. Der schwarze Mann zerbricht es, sammelt die letzten Knöchelchen ein und schließt den Betonsarg. Kleiderreste, Haare und Glasperlen, der Kopfschmuck der Toten, bleiben zurück. Den Lastwagen, der die Kistchen ins *osario*, ins Knochenhaus bringt, steuert Pedro Barroso, 56 Jahre alt und einer, den die Liebe zum Totengräber machte. Er war Bauer gewesen, bis er das glückliche Opfer eines Mädchens aus der Hauptstadt wurde. Die junge Frau hatte eine große Wohnung, also blieb er bei ihr, aber weil er ohne freien Himmel über sich nicht leben konnte, wurde er Friedhofsarbeiter, und diese Arbeit liebt er auch jetzt noch, nachdem seine Auserwählte schon seit vier Jahren zusammen mit 47 anderen Toten in einer nackten Betonschachtel im *osario* liegt.

Die Sonne steht jetzt hoch über dem Friedhof, und im flirrenden Licht über dem weißen Marmor glaubt man, den Flügelschlag der steinernen Engel zu hören. Durch das menschenleere Marmormeer wandern die Lichtstrahlen auf verschlungenen Wegen, die mit Zahlen und Buchstaben benannt sind – genau wie draußen in der Stadt der Lebendigen im früheren Großbürgerviertel Vedado. Dort steht an der Ecke 17 und H der Palast des mächtigen Schriftstellerverbandes UNEAC. In Colón liegt an der Ecke 17 und H das Mausoleum der Padres Paules y Hijas de la Caridad, einer katholischen Wohltätigkeitsvereinigung. Die Ecke 7 und L beherbergt in Colón das Grab einer Ramona Gonzalez. Im Vedado steht da die Interessenvertretung der USA. Im Mausoleum von 15 und I liegt ein junges Mädchen: Teresita. Draußen bei den Lebenden gehört die Adresse einem kleinen Restaurant namens »Die Magie einer Begegnung«. Das bunte Leben draußen hat sich hier drinnen zu teurem weißen Stein verdichtet. Eine Ausnahme macht nur das schlichte Grab des Kardinals Arteaga de Betancourt: drei Blöcke aus rotem skandinavischem Granit, weiter nichts. Auf einem davon steht: »Pulvis es« – »Staub bist Du«.

Miguel Barnet
Vedado

Deine baumbestandenen,
schattigen Straßen,
Dein sommerlicher Himmel,
blau und ohnegleichen,
deine geruhsamen,
mythologischen Parks
sind der Rahmen meines Lebens.
Ich horte dein Licht,
strahlend hell wie das eines Blitzes.
Ich geh' zu deinen einsam stehenden
Maulbeerbäumen,
suche vergnügt die behutsamen
Ameisen des Mittags.
Ich will in dir erwachen,
will leben inmitten von dem,
was ich liebe,
wie in einer Musik,
deren Erde mein ist.

VEDADO. Der Vedado ist ein Viertel von Havanna. Der Nabel der Welt. Der stille Winkel für jeden Reisenden. Nirgendwo kenne ich ein schöneres Viertel als den Vedado mit seinen Häusern, deren Verputz abblättert, und seinen streunenden Hunden, mit seinen engen Straßen aus uralten massiven Steinen und seiner senkrecht stehenden Sonne, die den Belag der Trottoirs aufbricht. Der Vedado ist der Strudel des Landes. Jetzt ist er von Touristen aus dem Norden und aus Mexiko überschwemmt, aber das macht nichts.

Die Flöte des Mannes, der ätherische Öle verkauft, läßt weiter ihre Melodien durch die Blätter seiner Bäume erklingen, damit die Spatzen auf den Dachterrassen einschlafen. Der Vedado ist ein unbeschreibliches Fest.

Die Insel auf der Insel

Alt-Havanna

Der Anblick Havannas von der Hafeneinfahrt aus ist einer der fröhlichsten und farbigsten von allen, die man an den Küsten des tropischen Amerikas nördlich des Äquators genießen kann. Die Grazie, die in unserem Klima die kultivierte Natur verschönt, mischt sich hier mit der Majestät der pflanzlichen Formen und mit ihrer für die heiße Zone charakteristischen Kraft.
ALEXANDER VON HUMBOLDT

Um neun abends fällt der Schuß aus einer Kanone. Einst war er für die Bewohner Havannas das Signal, daß jetzt die Tore geschlossen würden. Wer drin war, blieb drin. Wer draußen war, der konnte im Freien schlafen. Die Tore gibt es nicht mehr, und von der alten Stadtmauer sind auch nur ein paar letzte Kubikmeter übrig geblieben. Der Schuß ist zu einem Anachronismus geworden. Dennoch wird er jeden Abend als militärisches Schauspiel von Soldaten in historischen Kostümen vor zahlungskräftigen Touristen abgefeuert. Er steht sozusagen unter Denkmalschutz, ebenso wie »La Cabaña«, die Festung an der Hafeneinfahrt, die dem Spektakel als Kulisse dient. Auf der anderen Seite des Wassers liegt ein weiteres Fossil: »La Habana Vieja«, die Altstadt.

Die Straßen in dieser Altstadt sind ein Labyrinth, und selbst ortsansässige Autofahrer verfransen sich täglich, denn hier greift keinerlei Logik. Hier gilt ausschließlich das Gesetz der Schatten. Havanna ist die Stadt der Säulen, der Gitter und der Fenster aus buntem Glas. Architektonische Stile wechseln in schneller Folge im »Centro Historico«: Kolonial, Barock, Neoklassizismus, neoklassizistischer Kolonialbarock, barocke und klassizistische Fassaden rund um wunderschöne Plätze, dahinter koloniale Innenhöfe, Flachdächer über den engen Fluchten der Gassen, hier und da ein Stück der alten Stadtmauer.

Es ist schwer, auf einem Spaziergang durch »La Habana Vieja« Details zu erkennen, denn in der zum »Stil erhobenen Stillosigkeit«, wie Alejo Carpentier gesagt hat, fügen sich die Details zu einer Einheit, die nur ein Ziel kennt: die gnadenlosen Strahlen der Sonne umzulenken, zu brechen, zu mildern, zu dämpfen. Simse und

Das »Capitolio« (li.) und das »Gran Teatro«

Straßenfest in der »Lamparilla«

Vorsprünge, Türmchen, Dächlein über Balkons, falsche Säulen in der Fassade, Angeklebtes und Aufgesetztes, bonbonfarbene Tünche (bloß kein Weiß!), das alles hat seine Funktion in diesem Kampf.

Aber in dieser Altstadt tobt noch ein ganz anderer Kampf, denn was in dem architektonischen Potpourri an ideologischen Purzelbäumen zu verzeichnen ist, an Widersprüchen und sich gegenseitig ausschließenden Tatbeständen, das kann kaum jemand begreifen. Da koexistiert der Dollar mit dem cubanischen Peso, aber wer beim Umtausch auf der Straße erwischt wird, bekommt Ärger mit der Polizei. Für den Touristen gibt es ein solides Angebot von Abendkleid und Apfelsaft bis zu Zuckerbrot und Zigarren – Blockade hin oder her. Doch der Cubaner, der neben dem Touristen geht, kann kaum das Notwendigste auftreiben. Ausländer werden ins Hotel geschickt, Cubaner müssen vor der Tür bleiben. Zwei Welten, die nichts, aber auch nichts miteinander zu tun haben.

Ich gehe durch diese Stadt wie Alice durch ihr Wunderland – staunend, verständnislos, baff. Dabei lebe ich hier. Man sollte meinen, diese Tatsache könnte hilfreich sein, um zu verstehen. Sie ist es nicht – im Gegenteil. Der Fremde, der Tourist, der Besucher schlendert durch die »Calle Obispo«, die Bischofsgasse, wo er für seine Dollars in der Dollarboutique Schuhe kaufen kann, in der Dollarbäckerei Kuchen und in der Dollargalerie Gemälde. Danach kann er sich in den »Goldregen« oder ins »Café Paris« setzen und ein paar Biere trinken oder einen Hühnerschenkel essen – wie er es von zu Hause gewohnt ist. Die Warteschlangen in der »O'Reilly«,

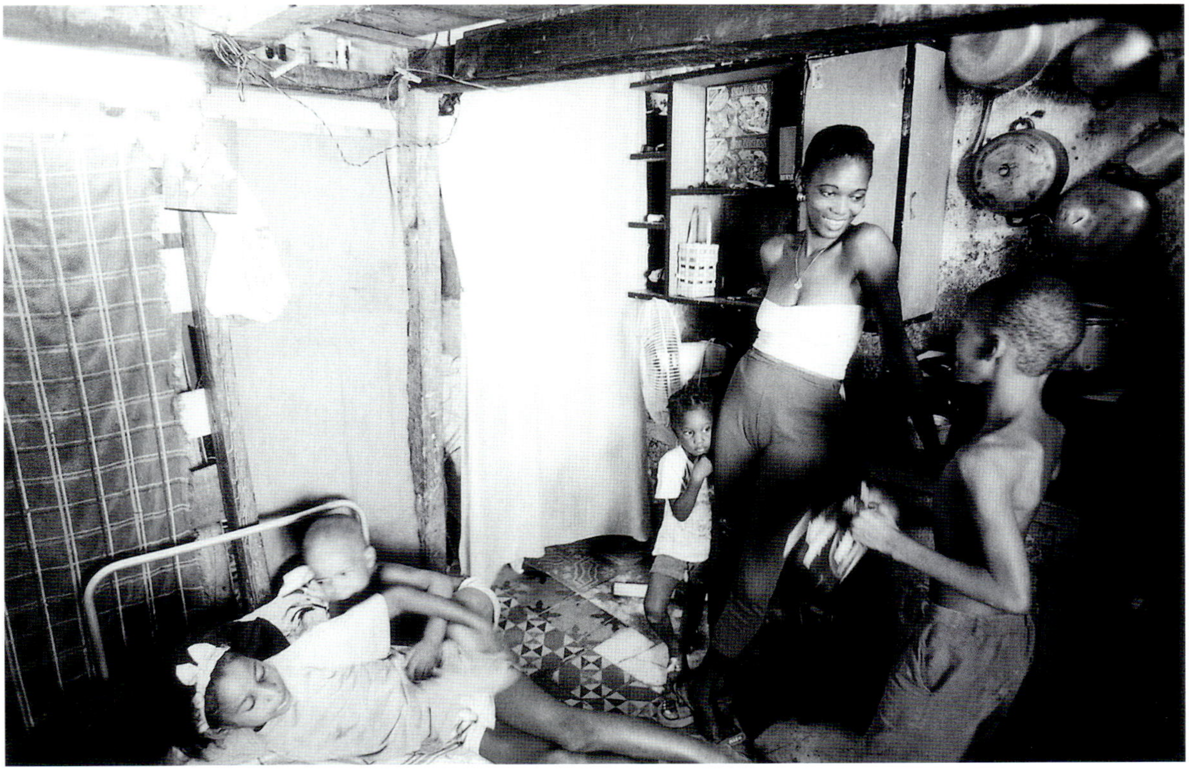

Frau mit vier Kindern in ihrer Einraum-Behausung

der 20 Meter entfernten Parallelstraße, sieht er nicht. Die bilden sich vor der *bodega*, dem Staatsladen, denn da bekommen die Cubaner für einen subventionierten Spottpreis auf ihre *libreta* täglich ihr Brot und monatlich ihre sechs oder sieben Eier oder ihre Flasche Rum, falls sie Glück haben und alle Waren angekommen sind.

Auch die Rentner sieht der Tourist nicht, die vor der Rum-Bar mit den zerbrochenen Spiegeln ihre Monatsration an Zigaretten oder Kaffee in Cellophantüten anbieten. Ebensowenig bemerkt er den alten Mann, der die Müllcontainer nach Eßbarem durchsucht. Er schlendert weiter die schöne Obispo hinunter und lebt in einer realen Scheinwelt, die offenbar weit außerhalb von Cuba liegt. Im Grunde genommen ist er – abgesehen von den Temperaturen, dem architektonischen Reichtum vor seinen Augen und der Anmut und Grazie der Menschen – zu Hause geblieben.

Aber irgenwann, vielleicht erst, wenn die Nacht kommt, wird auch er ein Opfer des ideologischen Schlagabtausches werden, nämlich wenn er cubanische Zigaretten kaufen will und der Verkäufer partout keine Dollars annimmt. Dann wird er sich fragen, warum er nicht Barbados gebucht hat oder Guadeloupe oder Costa Rica, wo die Widersprüche sich in den gewohnt unangenehmen Grenzen halten.

Aber wer am nächsten Morgen tiefer in den Bauch der Stadt eindringt, wer die Bischofsgasse, die Vorzeigestraße des neuen dollarisierten Cuba, verläßt und in die »Compostela« hineingeht, in die »Amargura« oder in die »Villegas«, der entdeckt auf seiner Wanderung auch ein paar ihrer Geheimnisse. Die morbide Schönheit salpeterzerfressener Barockfassaden, die Pastell-

farben des abblätternden Putzes, die Grau- und Schwarztöne, die schmiedeeisernen Gitter der Balkone mit den blühenden Topfpflanzen und trocknender Wäschestücke, stimmen den Spaziergänger darauf ein, den Blick zu schärfen und hinter ihnen die andere Wirklichkeit der Stadt zu sehen. Diese Wirklichkeit ist schillernd, mürrisch, lachend und zähneknirschend, streng und ausgelassen. Nur ein Berufskoch hat eine Ahnung davon, was für ein Gericht sich aus diesen Zutaten kochen läßt, falls er das Salz der Liebe, den Pfeffer der Hautfarben und das Basilikum der Religionen zur Hand hat.

Im Bauch der Stadt gären auch die Erinnerungen. »Damals, als es noch alle neun Tage Hühnerfleisch gab ...« sagen die Leute am Tresen der Rumkneipe. »Damals, als es noch Rindfleisch gab und die Zigaretten noch billig waren, als das Benzin noch ein paar Pfennige kostete, damals ...« Der plötzliche Zusammenbruch des europäischen Sozialismus hat all dem ein Ende gesetzt, und während die Menschen der Vergangenheit nachtrauern und an die Zukunft gar nicht erst denken mögen, kann ihnen auch schon mal das Dach buchstäblich auf den Kopf fallen. Mehr als drei Viertel dieser 5000 vollgepferchten Altstadthäuser sind baufällig oder in schlechtem Zustand, und manchmal genügt ein Wolkenbruch, um sie zum Einsturz zu bringen. Kein Wunder, daß die afrocubanischen Religionen immer stärker werden, denn wie in Zeiten der Sklaverei können allem Anschein nach nur noch die Götter helfen. Verwundert stellt der Fremde fest, daß ein so heruntergekommenes Viertel ihn trotzdem verzaubern kann, und er bemerkt, wie wohl seinem Auge die Abwesenheit jeder Reklame tut und daß er es genießen kann, wie alle Welt ganz unumwunden die Zeit totschlägt. Schließlich macht er sich nachdenklich auf den Rückweg in den Dollarbezirk, ins Wunderland.

Zwischen Palästen aus der Kolonialzeit, die mit viel Sachverstand und mit Materialien aus Zeiten vor der Erfindung des Zements detailgetreu mit viel Geschmack und historischem Wissen und mit Sorgfalt renoviert worden sind, unter Bögen und Arkaden, vor barocken Fassaden, in romantischen, baumbestandenen Innenhöfen aus den Zeiten des ersten Reichtums ist das alte Havanna wieder jung geworden, das Havanna der Kolonialherren aus Spanien und der Sklaven aus Afrika, das Paradies der reichen Händler, das Zentrum riesiger Vermögen. Und jeden Tag verwandelt sich dieser älteste Teil der Stadt mehr in eine lebendige Hoffnung, in den erträumten Brückenschlag zwischen der abgelebten Vergangenheit, einer grauen Gegenwart und einer leuchtenden Zukunft.

Zwischen Museen aller Art hat die alte Stadtapotheke mit chinesischen Vasen und Gefäßen und ihren Präzisionswaagen ihre Tore wieder geöffnet. Gegenüber der »Casa de Africa« hilft der Pariser Louvre eine Werkstatt zur Restaurierung alter Gemälde zu errichten. Im alten Pflanzenladen gibt es wieder Bonsais, gegenüber wird handgeschöpftes Papier hergestellt, um die Ecke kann man Goldschmiedearbeiten aus vergangenen Jahrhunderten bewundern. Es gibt wieder alte Seekarten, das »Haus der Araber« und den »Laden der Asiaten«, und dazwischen wird gebaut, renoviert, erhalten und verschönert – gerade so, wie es sich für ein »Kulturgut der Menschheit« gehört, wozu die UNESCO diese Altstadt schließlich erklärt hat. Diese Sanierung kostet offenbar viel, und der Besucher fragt sich, wo die arme Insel dieses Kapital hernimmt, wenn sie doch für die Bevölkerung noch nicht einmal die nötigen Nahrungsmittel besorgen kann.

Das Rätsel hat eine Lösung und die Lösung hat einen Namen: »Habaguanex«. So hieß vor 500 Jahren ein heldenhafter Kazike, der sich den Konquistadoren entgegenstellte, und so heißt seit 1994 eine cubanische Aktiengesellschaft, die sich ebenso heldenhaft dem Zerfall von Havan-

Glanz vergangener Epochen: spanische Barock-Architektur

nas Altstadt entgegenstellt. Der »Erfinder« dieser Gesellschaft heißt Eusebio Leal und ist Stadthistoriker. Seine Idee hat etwas Geniales: In fast hundert firmeneigenen Einrichtungen vom Hotel über das Restaurant und die Bar bis hin zum Schuhgeschäft oder zur Bäckerei bezahlt der Tourist heute ausschließlich mit harten Dollars. Die Angestellten dort aber werden in cubanischen Pesos bezahlt, ebenso auch viele der Waren, und so macht die »Habaguanex« Millionengewinne. Mit diesem Geld läßt Leal, der »Besitzer der Altstadt«, wie er im Volksmund heißt, das jahrzehntelang zugunsten der Provinz völlig vernachlässigte Alt-Havanna wieder aufbauen, ein gigantisches Unternehmen historischen Ausmaßes.

1993, noch vor dem Tiefpunkt der Krise, stellte der Staat die finanzielle Unterstützung für die Sanierung ein und gab Leal und seiner »Oficina del Historiador« finanziell freie Hand für die Altstadt mit dem Auftrag herauszufinden, woher das nötige Kleingeld kommen könne. Dies war die Geburtsstunde der »Habaguanex«. In ihrem ersten Lebensjahr, 1994, erwirtschaftete sie etwas mehr als 4,5 Millionen Dollar bei einer Gewinnspanne von über 30 Prozent. Inzwischen, vier Jahre später, hat sich dieser Umsatz fast verzehnfacht. Der Dollarsegen fließt in den Wiederaufbau, und das Reich der Habaguanex wächst und wächst. Zu dem Gesamtprojekt der »Oficina« gehören inzwischen zwei Baufirmen, Ausbildungsstätten für Handwerker und Tech-

Eine Brigade beseitigt die Trümmer eines eingestürzten Hauses

niker und ein Immobilienunternehmen. Insgesamt arbeiten für die Sanierung direkt oder indirekt 5 000 Menschen.

Die sozialistische Unschuld ist dabei unvermeidlich auf der kapitalistischen Strecke geblieben - aber nicht ganz. Ein Viertel bis ein Fünftel der Gewinne fließen in soziale Werke, die direkt der Bevölkerung zugute kommen: Kindergärten, Altersheime, Schulen, ein Zentrum für geistig behinderte Kinder. Und unter den staunenden Augen der Bewohner der Altstadt ist etwas entstanden, was vielleicht einmal ein Modell für ein neues Cuba sein könnte: ein »vernünftiger« Kapitalismus mit stark sozialer Tendenz.

Der Sozialismus hat sich mit dieser Lösung erst einmal selbst überrundet -, und doch ist er sich halbwegs treu geblieben. Nach wie vor gilt auch in der Altstadt von Havanna das Prinzip, daß niemand reich werden darf. Eine Zeitlang sind kleine Privatrestaurants wie Pilze aus dem Boden geschossen, Cafeterias und Märkte für Kunsthandwerk. Fotografen haben sich selbständig gemacht, Taxifahrer und Handwerker, denn das neue Leben in der Altstadt zog mehr und mehr Menschen an. Wer clever war, konnte im Schatten des wachsenden Tourismus Geschäfte machen. Als aber tatsächlich einige wenige zu etwas Geld kamen, erfand der Staat ein Gegengift, das die Cubaner bisher nicht einmal dem Namen nach kannten: die Steuer. Seitdem zerplatzen die meisten Träume von einem bescheidenen Wohlstand wieder wie Seifenblasen.

Der Stadthistoriker Eusebio Leal in den Ruinen des Klosters »Belén« (Bethlehem)

Die Cubaner setzen die Salsa, die *Santería* und ihren bewährten Überlebenswillen gegen die Enttäuschung. Während ihre Stadt aufblüht, halten sie durch, und manchmal stoßen sie in ihrer Geduld auf etwas, das wie ein Wunder auf sie wirkt. Daß nämlich die Rumkneipe um die Ecke, wo der Doppelte zweieinhalb Pesos kostet, eines Tages ebenso renoviert werden würde wie das Fünf-Sterne-Hotel »Santa Isabel«, daran hatten sie eigentlich nicht mehr geglaubt. Und daß es in derselben Rumkneipe eines Tages importiertes Dosenbier aus Kanada für zwölf Pesos geben würde, darauf hätten sie noch vor kurzem keinen Centavo gesetzt.

Die kapitalorientierte Großfirma in der Altstadt hat mittlerweile bewiesen, daß es ihr nicht nur um den Wiederaufbau und den Erhalt von Häusern und um die Jagd nach dem dafür notwendigen Geld geht. Ein Stück entfernt von der dollarisierten Bischofsgasse sind gemütliche Restaurants für Cubaner entstanden – natürlich mit Warteschlangen vor der Tür. Aber drinnen gibt

Am »Malecón«

es einen Teller Huhn mit Reis in der Landeswährung und zu einem wenigstens für einige erschwinglichen Preis, und so schiebt sich das neue Leben aus dem Dollarbereich langsam aber sicher in Straßen hinein, an die außer ihren Bewohnern eigentlich schon keiner mehr gedacht hatte.

Hin und wieder kommen sogar Arbeiter und teeren eine Gasse, über deren Schlaglöcher sich schon lange kein alter Chevy oder Buick mehr getraut hat, und ab und zu repariert jemand eine Wasserleitung, und auch der Strom bleibt nicht mehr so lange weg. Und langsam, sehr langsam kommt ein stiller, wortloser Optimismus auf zwischen diesen Häusern, die sich so lange ihres Zustands schämen mußten, keimt hier und dort Hoffnung auf, daß man aus dieser Krise vielleicht doch eines Tages wieder herausfinden würde, ohne sich dem Erzfeind USA zu unterwerfen, und daß die Widersprüche doch noch eine Versöhnung zulassen. Das Fossil Altstadt, fast schon totgesagt, beginnt jedenfalls wieder zu atmen.

Platz der Kathedrale

Restaurierter Teil der Altstadt

Der Rettungsanker

Die große Insel empfängt ihre aufrichtigen Besucher
wie große Freunde.
MINISTERIUM FÜR TOURISMUS

Licht und Schatten der Tourismusindustrie

Strände der traumhaften Art, 6 000 Kilometer lang, 3 715 vorgelagerte Inseln und Inselchen, atlantische und karibische Gestade, wilde, unberührte Natur in der Sierra, alte Kolonialstädte, Havanna, die Königin Amerikas, ein waches, gebildetes, offenes Volk, Fröhlichkeit, Tanz und Musik, Überraschungen, wie sie nur bei einem System im Wandel möglich sind.

Die Insel hatte handfeste Gründe, auf den Tourismus zu setzen, als der período especial, die Zeit der Krise, begann. Das war 1991. Vier Jahre später überflügelte die Tourismus-Branche erstmals in der cubanischen Geschichte den Zucker als Devisenbringer Nummer eins. 1,1 Milliarden Dollar von 745 000 Besuchern flossen in die Kassen des Staates und seiner ausländischen Partner. Im Jahr 1997 kamen bereits 1,17 Millionen Gäste und gaben 1,5 Milliarden Dollar aus, was mehr als 10 Prozent des Bruttsozialproduktes ausmacht. Und für das Jahr 2000 rechnen die Planer mit 2 Millionen Touristen. Schon heute stehen über 300 Hotels mit ca. 30 000 Zimmern für sie bereit.

Die Deutschen haben sich lange von den Anti-Cuba-Kampagnen in den Medien beeindrucken lassen, aber nachdem der Papst das Eis gebrochen hat, kommen auch sie. Noch 1997 wagten sich gerade mal 86 000 Touristen aus Deutschland auf die »rote Insel«. 1998 waren es bis zum 31. Juli bereits über 76 000, und für das Jahr 2000 rechnet man mit einer Viertelmillion, womit die Deutschen Platz eins auf der Liste der Cuba-Besucher belegen würden.

Der Touristenboom hat zu einem Bauboom geführt. Hotels schießen wie die Pilze aus dem Boden. Neue Arbeitsplätze entstehen – selbst für Musiker und Feuerschlucker, sogar für Ärzte, denn zu jedem Hotel gehört auch eine Krankenstation. Dazu kommt die neue Nische des »Gesundheitstourismus«, mit Angeboten wie heißen Quellen, Schlammbädern, oder Anti-Streß-

Besucher pro Jahr	
1946	115 000
1957	272 265
1958	300 000
1973	4 000
1974	15 000
1975	50 000
1985	100 000
1986	206 000
1991	424 000
1994	630 000
1995	750 000
1996	1 000 000
1997	1 170 000
1998	1 400 000

Behandlungen. Auch wer lernen will, die Bongos zu spielen oder Salsa zu tanzen, findet etwas Passendes im Angebot – es gibt nicht nur den Badetourismus.

Der Haken an der Geschichte?

Der Tourismus hat einen volkswirtschaftlichen Pferdefuß: Die Hälfte von dem, was die Besucher essen, trinken oder kaufen, muß Cuba aus dem Ausland beziehen. Dazu Absurditäten der Planwirtschaft: Neben dem Touristenhotel lebt ein Bauer, der Tomaten anbaut. Die Hotelgäste möchten Tomaten essen, aber das Hotel darf sie nicht bei dem Bauern um die Ecke kaufen, denn der muß sie an den Staat abgeben. Die Tomaten für die Hotelgäste kommen aus Mexiko oder Venezuela.

Der Tourismus entlarvt so manches. Zum Beispiel kreiert er eine Zwei-Klassen-Gesellschaft: Viele der Hotels sind für Cubaner tabu, sie dürfen nicht hinein. Und das von der Revolution erkämpfte und in der Verfassung festgeschriebene Recht, Zugang zu jedem Strand im eigenen Land zu haben, scheint außer Kraft gesetzt. Bereits auf der Anfahrt zu Touristengebieten wie »Varadero« werden Cubaner kurzerhand zurückgeschickt. Man will vermeiden, daß sie die Gäste belästigen und ihnen womöglich gefälschte Zigarren oder echte Mädchen anbieten. Geschäft ist Geschäft, das weiß auch ein sozialistischer Staat.

Bis zur Revolution war der Tourismus auf Cuba ein wichtiger Wirtschaftsfaktor. Nach 1959 gab es für lange Zeit keinenen nennenswerten Reiseverkehr nach Cuba. Erst in den 70er Jahren bemühte man sich verstärkt darum, das Tourismusgeschäft wieder zu beleben. Die Gäste kamen überwiegend aus den Ostblockstaaten und aus Kanada. Zunächst waren nur Gruppenreisen zugelassen. Der Tourismus heutiger Prägung wurde 1991 auf dem IV. Kongreß der cubanischen KP beschlossen. Joint-ventures zwischen dem Staat und ausländischen Investoren werden gebildet. Seit 1993 ist der Tourismus die wichtigste Devisenquelle auf Cuba. Die Wachstumsraten sind enorm. Verbuchte man 1992 noch Bruttoeinnahmen in Höhe von 420 Millionen US-Dollar, waren es 1994 bereits 850 Millionen. Die Nettogewinne fallen jedoch sehr viel bescheidener aus. Nur ein Viertel der angegebenen Einnahmen kann der Staat als Gewinn einstreichen. Der Rest wird für Importe ausgegeben, um die Ansprüche der an westliche Standards gewöhnten Touristen zu befriedigen.

»Hotel Habana Libre« im Stadtteil »Vedado« in Havanna, vor der Revolution war es das »Hotel Habana Hilton«

Strafen für Zuhälter

»Die Anzeige eines Polizisten versetzte das System in Alarmbereitschaft: Die Bürger Teudy Onelio González und seine Geschwister Roberto (alias Jim) und Rebeca, alle aus Camagüey mit Wohnsitz in Havanna, dazu Lázaro Primitivo Pimnón Canciano (Ehemann von Rebeca), Jorge Yudier Aguilar Abdines und Marcos Antonio Martínez Rivera, Einwohner der Hauptstadt, griffen in Camagüey Mädchen auf, die sie dann auf dem »Malecón« von Havanna vermarkteten, wobei sie ihnen im Gegenzug schnelle finanzielle Vorteile zusicherten.

Die Mädchen wurden von Camagüey im Zug, mit gemieteten Autos oder per Anhalter weggebracht. In der Hauptstadt angekommen, wurden sie in die Wohnung von Rebeca und Lázaro im Stadtteil »San Miguel del Padrón« gebracht und von dort aus, nachdem erst einmal das Terrain vorbereitet war, in das von Marcos Antonio angemietete Zimmer in der »Zanja«, sehr nahe beim Ort des Verbrechens.

Die Zuhälterei und Verführung Minderjähriger, in die sie acht Mädchen verwickelten, begannen im April 1997.

Teudy González Suárez, ebenso wie Marcos vorbestraft, ist der Drahtzieher in diesem Fall. Er wurde im November 1997 festgenommen, danach seine Komplizen, woraufhin die Akte 353 »Jineteras« eröffnet wurde.

Im zweiten Saal des Provinzgerichts wurde die mündliche, öffentliche Verhandlung gegen die im Verfahren 331/98 Angeschuldigten abgehalten. Wie anhand von Geständnissen, Zeugenaussagen und vorgelegten Dokumenten bewiesen wurde, wurden die Mädchen zur Prostitution gezwungen. In ihren Aussagen erklärten sie, daß sie eingeschüchtert und sogar physisch angegriffen wurden und daß sie von den Gewinnen ein Minimum oder gar nichts zu sehen bekamen, weil ihre »Beschützer« die Dollars verwalteten.

Ausgehend von der Schwere und dem jeweiligen Grad der Beteiligung an den Verbrechen, verhängte das Gericht gegen die Angeklagten die folgenden Strafen: Teudy González Suárez 25 Jahre Freiheitsentzug; Lázaro Primitivo Pimnón 10 Jahre; Rebeca González 10 Jahre; Marcos Antonio Martínez Rivera 12 Jahre; Roberto González Suárez 6 Jahre; Jorge Yudier Aguilar Abdines 5 Jahre.

Wie die geltende Gesetzgebung festlegt, haben sie alle das Recht, beim Obersten Gerichtshof Berufung einzulegen.«

JUVENTUD REBELDE, 20.9.1998

Genugtuung

»Die junge Frau war hübsch. Eine kleine Kreolin. Sie unterhielt sich mit ihrer Tochter von knapp drei Jahren, beide verschanzt hinter Eistüten an einem heißen Nachmittag auf der ›Rampa‹.

Der Tourist kam mit der Überheblichkeit eines Menschen, der sich für den Herrn der Welt hält, weil sein Geldbeutel voller Dollars ist. Er näherte sich der jungen Frau, betrachtete sie eine Sekunde und versenkte seine große Hand überraschend in ihrem Ausschnitt.

Mit der ganzen Wut der Erniedrigten ohrfeigte sie den Kerl. Dann holte sie aus ihrem Ausschnitt, was der Mann dort abgelegt hatte, und hob es wütend in die Höhe. ›Die Mehrheit von uns Cubanerinnen ist nicht so, wie Sie sich das vorstellen‹, sagte sie. Sie warf den zerknüllten 50-Dollar-Schein auf den Boden, nahm die Kleine auf den Arm, und ging die Straße hinauf.

Die Szene – keine Erfindung – versöhnt einen mit der Welt, aber macht auch nachdenklich. Warum verleihen wir manchmal den Touristen diesen unsichtbaren Nimbus der Immunität? Ist es wirklich so, daß einige beleidigen dürfen, die Gesetze übertreten dürfen, unsere Bräuche und Traditionen geringschätzen dürfen, ohne belangt und bestraft zu werden? Ich sage nicht, daß das die Norm ist, aber es kommt eben vor. Und es macht wütend.«

Juventud Rebelde, 6.9.1998

Pedro Luis Ferrer
Hundert Prozent Cubanisch

Wo doch mein Cuba
zu hundert Prozent cubanisch ist
buch ich schon morgen
das beste Hotel von Havanna.

Dann fahr ich nach Varadero
und miete ein Haus
von dem Geld da
das ich im Zucker verdient.

Wo doch mein Cuba
zu hundert Prozent cubanisch ist
miete ich mir eine Jacht
morgen in Barlovento.

Einen Nachmittag lang
will ich Langusten fangen
und ganz und gar
den Reichtum meiner Küste genießen.

Cuba ist wie ein Spiegel
wenn wir gleichmäßig teilen
Cuba ist hundertprozentig
wenn die Hiesigen als erste dran sind.

Wo doch mein Cuba
zu hundert Prozent cubanisch ist
lad ich den Ausländer ein
von dem eignen cubanischen Geld.

Ich werde in allen Läden kaufen
die offen sind in meinem Land
mit diesem Geld von mir
so cubanisch wie der Mambi.

Cuba ist wie ein Spiegel
wenn wir gleichmäßig teilen
Cuba ist hundertprozentig
wenn die Hiesigen als erste dran sind.

Wo doch mein Cuba
zu hundert Prozent cubanisch ist
will ich einen Flug
auf unserem Flughafen buchen.

In den Süden will ich fliegen
und die Armut sehen
und zurückkommen wie ein Cubaner
hundertprozentig aus meinem Land.

Lied des Sängers Pedro Luis Ferrer von der »Nueva Trova«,
den neuen Troubadouren, über all das, was heute in Cuba nur noch Touristen können und dürfen.
Kann in Cuba nur im Freundeskreis vorgetragen

Durchs Netz gefallen

Gespräch mit einer *jinetera*

Damit der Mensch seine materiellen Bedürfnisse befriedigen kann,
ist es nicht nötig, seine Freiheiten zu opfern.
FIDEL CASTRO

Ihre Haut ist braun mit einem goldenen Schimmer, ebenso leuchten ihre großen, etwas schräg stehenden Augen. Wenn sie lacht - und sie lacht häufig -, blitzen schneeweiße, kräftige Zähne in ihrem ovalen Gesicht. Manchmal schüttelt sie den Kopf. Dann fliegen die künstlichen, rotblonden Haarflechten wie Schlangen durch die Luft. Sie ist 26 Jahre alt, aber sie wirkt jünger.

Wo bist du geboren, Leydis?
Auf dem Land, in der Nähe einer Kreisstadt im Osten der Insel.

Erzähl von deiner Familie!
Einfache, bescheidene und fleißige Leute. Wir arbeiten gern, auf dem Land oder woanders. Meine größeren Brüder haben angefangen zu arbeiten, als sie noch sehr jung waren.

Und dein Vater?
Mein Vater ist tot. Gehirnschlag. Er war ein guter, ein vornehmer Mann, ganz schwarz. Jetzt ist er nicht mehr da, aber er hat ein großes Vorbild hinterlassen, und wir werden ihn nie vergessen. Alle haben ihn gemocht und bewundert, die Verwandten, die Freunde, die Nachbarn.

Was war er von Beruf?
Er war Verwalter eines Lebensmittelladens, zu dem ein Bekleidungsgeschäft gehört hat. Dann mußte er aufhören wegen seiner Gesundheit. Danach war er Schuster und Schuhputzer. Morgens hat er immer einem Freund beim Milchverkaufen geholfen. Er war sehr dynamisch, ein richtiger Schaffer.

Und deine Mutter?
Meine Mama ist Hausfrau, aber seit sie achtzehn

war, hat sie genäht. Sie ist eine wirkliche Modeschöpferin, und trotz ihrer Arthritis und ihrer Krampfadern kniet sie sich immer noch genau so rein wie früher. Jetzt ist sie einundfünfzig.

Wieviele Geschwister hast du?
Mein Vater hatte fünf Jungen und zwei Mädchen mit meiner Mutter und aus früheren Ehen nochmal fünf Kinder. Zusammen sind wir zwölf Geschwister. Ich bin die Zehnte.

Und alle haben in diesem Haus gelebt?
Die sieben Jüngeren ja, bis sie sich unabhängig gemacht haben. Jetzt sind sie verheiratet und haben ihre eigenen Wohnungen bis auf einen Bruder, der lebt bei Mama.

Hattet ihr immer genug zu essen?
Da haben wir schwere Zeiten durchgemacht – wie die meisten cubanischen Familien.

Hat es Fleisch gegeben?
Ab und zu. Und wenn kein Fleisch da war, hat meine Mutter etwas erfunden. Sie ist eine Künstlerin in der Küche. Sie hat aus dem bißchen, was beim Fleischer oder in der Fischhandlung angekommen ist, immer etwas gezaubert. Und wenn ein wenig Geld im Haus war, haben wir das eine oder andere Pfund Fleisch auf dem Bauernmarkt gekauft. Wenn gar nichts mehr aufzutreiben war, haben wir ein Huhn geschlachtet – wenn wir gerade eines hatten. Aber oft genug hat es Reis mit Bohnen gegeben, sonst nichts.

Wie war es in der Schule?
Die Lehrer waren toll. Sie haben viel unternommen und immer Kontakt zu den Eltern gehalten. Ich bin mit sechs in die Grundschule gekommen, mit zwölf in die Mittelschule, mit fünfzehn in die Oberschule, und mit achtzehn habe ich mich an der Pädagogischen Hochschule in der Provinzhauptstadt eingeschrieben.

Was hast du studiert?
Spanisch und Literatur.

Du hast einen Freiplatz gehabt mit Wohnung, Verpflegung und allem drum und dran?
Klar, ich war ja nicht aus der Stadt. Die ersten drei Studienjahre waren fantastisch. Dann, als der *período especial* anfing, ist es schwierig geworden. Da war das Transportproblem. Es ist immer schwerer geworden, am Montag pünktlich in der Hochschule zu sein, obwohl es von zu Hause nur 186 Kilometer sind. Und wenn ich am Freitagnachmittag um fünf heimfahren wollte, bin ich manchmal weit nach Mitternacht und manchmal erst am nächsten Morgen angekommen. Aber noch verzweifelter war die Ernährungslage. Das betraf ganz Cuba, auch weil wir gewohnt waren, im Überfluß zu essen. Und plötzlich hatten wir so gut wie nichts mehr oder doch nur noch sehr wenig. Das war nicht leicht. Da hat der tägliche Kampf ums tägliche Brot angefangen.

Wie habt ihr gekocht?
Manche von uns hatten auf dem Zimmer einen kleinen Elektroherd, aber das war verboten wegen des Stromverbrauchs. Außerdem hat jeder von zu Hause mitgebracht, was aufzutreiben war: Eier, Mehl, Obst, Gemüse. So sind wir über die Runden gekommen.

Was hat dich besonders interessiert an deinem Studium?
Ich hatte keine Vorliebe für einen bestimmten Schriftsteller, weil mich alles gepackt hat, was ich gelesen habe. Am liebsten habe ich Gedichte analysiert und Essays geschrieben. Über alles mögliche.

Wann warst du fertig?
1994, mit dreiundzwanzig Jahren.

Bist du gut durchs Examen gekommen?
Es gibt eine Regel: Der beste Student wird immer zuerst geprüft. Das war ich. Aber dann habe ich mich bei der Angabe der literarisch-analytischen Methode vertan, und das hat mir eine schwache Note eingebracht. Ich hab geweint wie ein Kind, aber trotz allem war ich auch stolz, weil ich meinem toten Vater ein bestandenes Examen schenken konnte.

Hast du leicht Arbeit gefunden?
Selbstverständlich! Jedem, der das Examen besteht, steht ein Arbeitsplatz zu. Ich wollte auf die »Isla de la Juventud« und dort gleichzeitig meinen Sozialdienst ableisten. Da blieb ich zwei Jahre.

Wie war die Arbeit dort?
Alle dort haben mir geholfen, privat und im Beruf. Die Schüler haben mich gemocht und als Freundin angenommen. Wir haben viel miteinander gemacht - Wanderungen, Sportfeste, kulturelle Veranstaltungen -, wir waren froh und traurig miteinander. Ich habe sie beraten und mich angestrengt, ihnen den bestmöglichen Unterricht zu geben. Es war eine wunderbare Erfahrung. Dann haben sie mich nach Havanna geschickt.

Warum?
Um die Stelle für einen von der Insel freizumachen. Ich habe dann in Havanna auf einem Wohnungsamt gearbeitet. Die brauchten eine Arbeitskraft mit meiner Ausbildung für die Leute im Obdachlosenasyl.

Was hast du verdient?
Auf der Insel zuerst 198 Pesos, am Schluß 231 und in Havanna dann 191.

Für welche Arbeit?
Ich habe die Leute im Asyl psychologisch betreut. Manchmal bin ich hingegangen, manchmal kamen sie ins Amt. Das betrifft die Phase, in der eine Wohnung repariert wird oder aber der Staat eine neue zuweist.

Was hat das mit deinem Beruf zu tun?
Ich habe zwar keine Schüler gehabt, aber ich war doch mit Menschen zusammen, die man mit sehr viel Fingerspitzengefühl behandeln mußte. Ich mußte mit ihnen reden, ihnen zuhören, mich verständlich machen - das alles ist wie in der Schule auch.

Hat es dir Spaß gemacht?
Ja, das war eine interessante Arbeit mit Menschen, die alle in einer ähnlichen Situation sind.

Warum hast du aufgehört?
Ich hatte nur einen Zeitvertrag. Die Stelle gehörte einer Frau, die ein Kind bekam. Nach acht Monaten kam sie ins Amt zurück, und ich mußte gehen. Das war letztes Jahr im Mai. Ich habe dann Arbeit gesucht, aber keine gefunden. Dann wollte ich zurück an die Schule, aber mir fehlte eine Fotokopie meines Diploms, und das war weit weg bei meiner Mutter. Als ich die Kopie endlich hatte, war das Schuljahr schon zu weit fortgeschritten. Ich bin zu spät gekommen. So ist das im *período especial*.

Wo hast du gewohnt?
Erst bei einem meiner Brüder, aber wir haben uns nicht vertragen. Dann bei einer Freundin, dann in einem Asyl. Da gab es nach drei Monaten Probleme, und ich bin in die Altstadt gegangen. Ein älterer Herr hat mich für einen Monat aufgenommen, dann fand ich einen alten Freund, bei dem wohne ich jetzt.

Was bezahlst du ihm?
Erst einen Dollar täglich, jetzt sind es zwanzig im Monat.

Wie fingen deine Beziehungen zu Touristen an?
Wie fing es an? Entschuldige, daß ich weine. Es ist so traurig. Ich war in einer verzweifelten Lage, ich war am Ertrinken in diesem schrecklichen Meer von Schwierigkeiten. Zweimal hatten sie mich ausgeraubt. Ich hatte keine Arbeit, kein Geld, keine Kleider mehr und niemand, der mir geholfen hätte. Ich habe Limonaden gemacht und auf der Straße verkauft, aber es hat vorne und hinten nicht gereicht. Eines Nachts habe ich einer Musikgruppe auf der Straße zugehört, und da hat mich ein Tourist fixiert. Wir haben uns lange unterhalten. Am nächsten Tag haben wir uns wiedergesehen, und es kam zu Intimitäten. Bevor er nach Hause gefahren ist, hat er mir Geld gegeben. Von da an hatte ich Beziehungen zu denen. Für mich war es der schnellste und leichteste Weg, um Geld zu machen. Manchmal habe ich sie getroffen, ohne sie zu suchen. Muß ich mich schämen? Ich habe lange studiert. Wie kommt es, daß ich mir jetzt Touristen suchen muß? Habe ich meine Moral verloren, meine Selbstachtung? Solche Fragen stelle ich mir jeden Tag, wenn ich an die Vergangenheit denke und an das, was aus ihr geworden ist.

Gab es keinen anderen Ausweg?
Doch. Es gibt Arbeit, aber ich habe sie nicht gefunden.

Was für Arbeit?
Arbeit auf eigene Rechnung, Kleingewerbe. Oder Arbeit für den Staat.

Hat es dich viel Überwindung gekostet, dich mit einem Unbekannten hinzulegen?
Verdammt viel, weil der Wechsel so schroff war. Außerdem ist da die Polizei, die immer hinter einem her ist, und da sind die Krankheiten, da ist Aids. Und da sind meine Freunde und Bekannten. Ich wollte nicht, daß sie mich sehen. Aber langsam, jeden Tag ein Stückchen, bin ich ein anderer Mensch geworden.

Wie lange warst du auf der Straße?
Sechs Monate. Ja, es waren viele Männer. Und ich habe viel Geld nach Hause geschickt.

Bist du religiös?
Nicht fanatisch. Ich glaube an Gott, aber ich gehe nicht in die Kirche. Ich glaube an unsere afrocubanischen *Orishas*, weil ich das im Blut habe, und seit Jahren besuche ich Schamanen und hole mir Rat und Reinigung.

Wie stehst du zur Revolution?
Manchmal bin ich pessimistisch, dann bin ich wieder optimistisch. Ich denke, daß unser Ideal, vollkommen frei von den Klauen des Imperiums zu sein, sich eines Tages verwirklichen wird. Die USA sind übermächtig, und manchmal habe ich Angst vor einem militärischen Angriff. Auf der anderen Seite gibt es viele Schwierigkeiten hier, die man besser aus der Welt schaffen sollte. Warum gibt es so viele Prostituierte – Frauen wie Männer? So viele Verbrecher? Warum kann ein Arbeiter nicht von seinem Lohn leben?

Dorfschule in den Bergen von Pinar del Rio

Der Reichtum des Volkes

Die Schöpfung und andauernde Vervollkommnung eines allgemeinen, öffentlichen und kostenlosen Bildungssystems, das alle Formen der Lehre umfaßt, ist – wie selbst die schärfsten Kritiker der Revolution anerkennen – eine ihrer kolossalsten Taten.

GRANMA

Eine Zwergschule in der Sierra del Rosario

Der russische Lada röhrt wie ein Panzer. Das Rohr des Auspuffs ist abgebrochen, und es sieht ganz danach aus, als würde noch mehr abbrechen. Die Straße windet sich hinauf zu den Gipfeln der Sierra del Rosario im Osten der Provinz Pinar del Rio. Da soll es etwas geben, was es vielleicht nur auf Cuba gibt: eine Schule für eine einzige Schülerin und einen Lehrer.

Der Weg ist abenteuerlich. Das Auto hüpft und springt und rutscht über scharfkantiges Gestein, und schwimmt durch Schlamm. Rundum leuchten verschiedene Grüns, dazwischen das Rotbraun des Weges und das Silber der Königspalmen unter einem wolkenlosen Himmel.

Es geht auf und ab, und die Straße wird immer schlechter. Die Natur ist wie eine schweigende Wand, die dem Auto die Zufahrt verweigert. Weit und breit kein Mensch, kein Haus, nur Wildnis.

Es ist erst ein paar Tage her, daß »Georges«, der siebte Orkan der Saison 1998, die Insel verwüstet hat. Bevor er die Provinz Pinar del Rio im äußersten Westen erreichte, zog er hinüber in die USA. Der Sierra del Rosario bescherte er »nur« Wolkenbrüche und die Wedel der Palmen blitzen jetzt wie lackiert, die Natur hat durchgeatmet und ist frisch geworden, tiefe Regenrinnen durchfurchen die Straße. Irgendwo da oben liegt »El Toro«, der Stier, ein Dorf von Kaffeepflanzern fast am Ende der Welt.

Der Lada kommt nicht mehr weiter, und wir gehen zu Fuß – Jesús, der zweite Direktor des Schulsystems der Kreisstadt San Cristobal, der Fotograf und der Autor. Eine halbe Stunde später stehen wir auf dem Dorfplatz zwischen der Praxis des Familienarztes, der *bodega* zur Verteilung subventionierter Güter und der schmucken, von blühendem Eibisch, Wunderstrauch und Katzenschwanz umgebenen, weiß getünchten

Schule. Aus der offenen Tür und den Fenstern hört man die Stimmen der Lehrer. Im Garten steht der weiße Gipskopf des Nationalhelden und »Apostels« José Martí, zwei Meter weiter hängt schlaff die cubanische Fahne. Jesús klärt die Lehrer über die Absichten der unverhofften Besucher auf, und in der *bodega* wartet eine Flasche Rum zwischen freundlichen *campesinos* mit wettergegerbten Gesichtern unter Sombreros. Die revolutionäre Idylle ist vollkommen.

»Nein Strom haben wir hier nicht«, sagen die *campesinos*, »aber die Post und die Zeitung, die kommen an.« Kaffee bauen sie an und Maniok, ein Wurzelgemüse, und stolz weisen sie auf die steilen Flanken der Berge, die sie bis hinauf zu den Gipfeln gerodet haben. Die Mühsal, an einem solchen Abhang mit der Hacke in der Hand zu arbeiten, Knollen auszugraben und sie hinunter zum Lastwagen zu bringen, kann sich ein Westeuropäer kaum vorstellen. Und doch machen diese Männer einen zufriedenen Eindruck. Sie strahlen eine Ruhe aus, die Lichtjahre entfernt ist von der hektischen Jagd nach Dollars in den Städten. Die *campesinos* haben Arbeit und ihr Auskommen, einen Arzt und sage und schreibe vier Schulen auf dem Gemeindegebiet – vier Schulen für die Kinder von nicht mehr als 40 Familien. Mehr haben sie nie gewollt. »Sieben Komma zwo!« sagt Jesús, und in seiner Stimme schwingt Stolz mit, »auf einen Lehrer kommen hier in der Sierra 7,2 Schüler!«

Es ist Mittag, die Schule ist aus, und ich sitze mit Osvaldo Delgado auf der Bank vor der Arztpraxis im Schatten. Ein Windhauch weht die Fröhlichkeit der vorübergehenden Kinder zu uns herüber. Osvaldo läßt keinen Zweifel daran, daß er seine Arbeit mit diesen Kindern liebt. Er ist 26 Jahre alt, hat nach fünfjährigem Studium an der Pädagogischen Hochschule von Pinar del Rio seinen Abschluß gemacht und arbeitet jetzt das dritte Jahr in den Bergen. Zusammen mit über 100 Abgängern der Hochschule gehört er zu

Die Schulanfängerin Diana und ihr Lehrer Giraldo Benitez

einem *contingente*. Erziehungsminister Gómez persönlich hat den jungen Leuten nahegelegt, sich wegen des Lehrermangels hier oben »freiwillig« für den Einsatz in den Bergen zu melden. Alle haben zugesagt, wie nicht anders zu erwarten war, und als Dreingabe auch noch ihren zwei Jahre dauernden Sozialdienst um ein Jahr verlängert. Seither lehren sie in der Sierra del Rosario und der Cordillera de Guaniguanico.

»Ich bin froh über meine Entscheidung. Die Menschen hier, die sind noch gesund und sauber, ganz anders als in der Stadt. Und das Verhältnis zu ihnen ist eng. Dadurch ist auch die Arbeit an der Schule effektiver. Ich bleibe bestimmt noch zwei, drei Jahre hier, dann sehen wir weiter.« Osvaldo hat im Dorf Niceto Pérez unten am Fuß der Berge, anderthalb Fußstunden entfernt, ein Zimmer in einer Herberge, aber gewöhnlich schläft er im Haus einer der Familien in El Toro, deren Kinder er unterrichtet. Nach Schulschluß hilft er bei der Arbeit und ißt auch mit ihnen. Er verdient 221 Pesos im Monat, das reicht für die notwendigen Ausgaben, und manchmal kann er sogar seiner Familie etwas schicken. Wenn er sagt, er führe ein erfülltes Leben, so glaubt man ihm, denn selbst seine Augen lächeln dabei.

Zum Abschluß unseres Besuches bekommen wir ein – man kann wohl sagen – pädagogisches Unikat zu sehen, das zugleich als Extrembeispiel für eine unbeirrt konsequent umgesetzte revolutionäre Programmatik steht. Eine Zwergschule für nur eine Schülerin, die sechsjährige Bauerntochter Diana. Für Diana sollte das Schulleben am 1. September 1998 beginnen. Angesichts der Transportschwierigkeiten in den Bergen und der vier Kilometer, die die nächste Schule entfernt liegt, war guter Rat teuer. Nur 50 Meter weiter wohnt noch ein kleines Mädchen, das zur Schule kommen sollte. Der Staat hielt sich an seine Vorgaben und stellte noch im August ein hübsches dunkelbraunes Holzhäuschen neben die Straße. Darin befinden sich eine Bank, ein Tisch und eine Schultafel. Draußen steht der in diesem Fall etwas beschädigte Kopf von José Martí. Nur die Fahne und das Klo fehlen noch. Dafür wachsen hinter der Schule wilde Paprikaschoten. Das zweite Mädchen ist kurz vor Schulbeginn krank geworden, also ging Diana pünktlich am ersten Schultag in der rotweißen Uniform allein die 20 Meter vom elterlichen Hof hinüber in »ihre« Schule. Dort beschäftigt sie sich heute mit dem Märchen von Schneewittchen. »Wer hat der bösen Königin gesagt, daß Schneewittchen schöner ist als sie?« fragt der Lehrer. »Der Spiegel«, piepst Diana.

Ich denke, daß die Anstrengung, die es das Land gekostet hat, das Schulsystem am Leben zu erhalten, gigantisch war. Sie ist aufgrund einer politischen Entscheidung gelungen. Hätte man ein wirtschaftliches Kriterium angelegt, hätten wir das Erziehungssystem nicht aufrecht erhalten können.
Luis Ignacio Gómez, Erziehungsminister

Schülerinnen malen Ernesto Che Guevara

Springflut der Bildung

	1958/59	1991/92	1996/97
Anzahl der Schüler in:			
Grundschulen	625 729	887 737	1 044 573
Mittelschulen	26 278	446 045	410 256
Oberschulen	37 248	226 121	88 021
Sonderschulen	268	59 035	55 538
Anzahl der Kinder in:			
Kindergärten	-	157 947	144 533
Vorschulen	91 688	147 550	151 339
Anzahl der:			
Kindergärten	-	1 116	1 114
Schulen	7 648	12 702	12 235
Universitäten und Hochschulen	6	35	35
Anzahl der:			
Studenten	2 063	224 568	111 587
Lehrer	22 798	232 626	199 747
Lehrer pro Kopf der Bevölkerung:	1 : 283	1 : 46	1 : 42
Haushaltsmittel Bildung in Pesos pro Jahr	83 750 000	1 914 115 000	1 372 049 000
Ausgaben pro Kopf in Pesos pro Jahr	12,24	178,98	124,29

Stand 1. September 1998:
12 600 Schulen für
2,4 Millionen Schüler
bei 260 000 Lehrern.

Inaudi »Paisan« Mallet von der Gruppe »Estudiantina Invasora« mit jungen Pionieren beim Schlagzeugunterricht im »Palast der Pioniere« in Santiago de Cuba

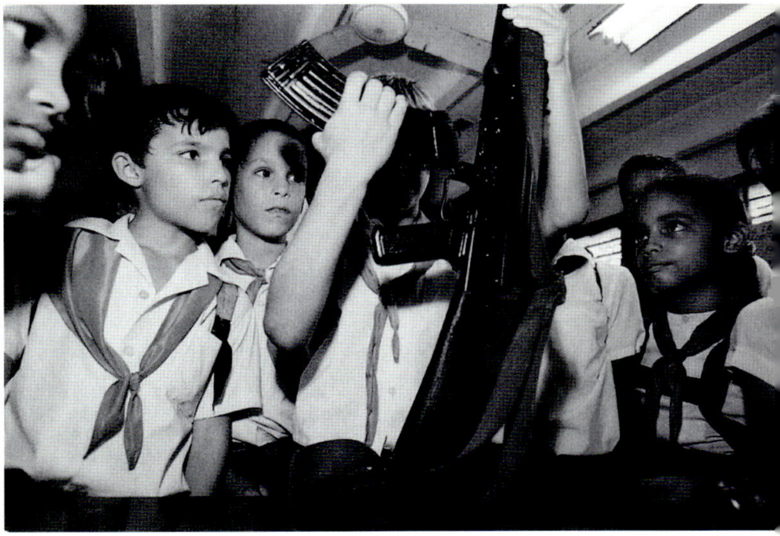

Militärkunde: praktische Übungen an einem Maschinengewehr. Die »Palacios de los pioneros« bieten den jungen Pionieren die Möglichkeit, sich in unterschiedlichsten Gebieten – Militär, Kunst, Medizin etc. – zu schulen

Perspektiven im Sozialismus

Drei Interviews

Cuba besetzt heute, am Ende des Jahrhunderts, einen wirklich herausragenden Platz. Was die Moral angeht, was die Ideologie angeht, ist es ein wirkliches Beispiel für den Rest der Welt.
FIDEL CASTRO

Viele junge Cubaner schaffen es trotz aller widrigen Umstände, mit ihrem Gehalt, dem einen oder anderen Zusatzverdienst oder einer Unterstützung aus dem Familienkreis zu überleben. Tausende haben allerdings andere Lösungen gesucht.

Die folgenden Interviews zeigen, wie schwierig und oft perspektivlos die Situation für viele der jungen Leute heute in Cuba ist.

ANA M.

27, Mulattin, arbeitet in einer Cafeteria »auf eigene Rechnung«.

Ana, wie stellst du dir deine Zukunft vor?
Keine Ahnung.

Welche Ausbildung hast Du?
Ich bin gelernte Stenotypistin.

Und warum arbeitest du nicht in deinem Beruf?
Es werden nur Leute mit Erfahrung eingestellt, und die habe ich nicht. Ich müßte erst noch mal auf die Schule gehen und mich weiterbilden, um einen Job zu bekommen.

Jetzt hast du also diese Cafeteria und verkaufst selbstgemachte Speisen und Getränke. Wie behandelt dich der cubanische Staat als Miniunternehmerin?
Bis vor einiger Zeit konnte ich mich nicht beklagen. Es gab hin und wieder eine Geldstrafe, das war alles. Zu Anfang hatten wir »Arbeiter auf eigene Rechnung« mehr Freiheit. Die Kontrolle kam nur einmal im Monat, und es gab nicht so viele Strafen. Der Staat hat sich weniger eingemischt. Jetzt kommen die Inspektoren alle paar Tage, und neuerdings sind wir gezwungen, alles in Dollars einzukaufen, auch wenn es auf dem Bauernmarkt billiger und in cubanischen Pesos angeboten wird. Wenn ich zum Beispiel ein Schinkenbrötchen verkaufen möchte, muß ich den Schinken im Dollarladen kaufen, aber das Brötchen muß ich gegen Pesos abgeben. Wenn man einen Peso-Schinken bei mir findet, bin ich die Lizenz los.

Wie hoch sind die Steuern?
Die sind sehr hoch geworden. Es fing mit einer monatlichen Vorauszahlung von 100 Pesos an, dann waren es 200, dann 300. Inzwischen sind wir bei 600 Pesos.

Wie hoch ist dein Tagesumsatz?
Um 1000 Pesos, manchmal auch 1200.

Seit ein paar Tagen ist deine Cafeteria geschlossen. Was ist passiert?
Es kam der soundsovielte Inspektor in diesem Monat. Der hat eine Quittung ohne Datum für Brot gefunden, das im Dollarladen gekauft war. Daraufhin haben sie mir für zwei Jahre die Lizenz entzogen.

Wie hoch war die Quittung?
Zehn Dollar.

Hast du den Eindruck, daß der Staat die »Arbeit auf eigene Rechnung« inzwischen wieder abschaffen will?
Ich habe - erfolglos - gegen den Lizenzentzug Einspruch eingelegt. Bei der Gelegenheit habe ich auf dem Amt eine Frau getroffen, der man die monatliche Vorauszahlung von 2000 auf 3000 Pesos erhöht hat. Es ist ihr nichts anderes übrig geblieben, als die Lizenz zurückzugeben. Es sieht so aus, als wolle der Staat uns nicht.

Was für ein Geschäft hatte diese Frau?
Einen *paladar*. Die *paladare* sind ihnen auch ein Dorn im Auge. Die USA blockieren unser Land, und unsere Regierung blockiert uns.

Was wirst du jetzt tun?
Ich kann als Hilfslehrerin arbeiten.

Was verdient eine Hilfslehrerin?
100 Pesos im Monat.

Kannst du davon leben?
Natürlich nicht. - Es ist kein Zufall, daß in Cuba so viele Mädchen auf den Strich gehen.

Benito G.

32, Weißer, ist ausgebildeter Englischlehrer.

Benito, wie stellst du dir deine Zukunft vor?
Meine Zukunft war vor einiger Zeit noch völlig ungewiß. Ich hatte ein Verhältnis mit einem Mädchen, und sie wollte natürlich ein gutes Leben haben, eine Zukunft, einen Sohn, aber es fehlte an den wirtschaftlichen Voraussetzungen. Sie hatte nichts, ihre Familie hatte nichts, meine Familie hatte nichts, ich hatte nichts. Jetzt hat sich die Lage geändert: Ich habe eine eigene kleine Wohnung, die ich vermieten kann, und damit werde ich mir etwas aufbauen. Ich denke nicht daran, aus Cuba wegzugehen. Ich möchte das nicht. Hier sind meine Wurzeln, alles hier ist mir vertraut, die Straßen, die Leute, alles. Mit 32 Jahren wäre es außerdem schwer, einen solchen Schritt zu tun.

Du hast deinen Beruf aufgegeben. Warum?
Bis ich 28 Jahre alt war, habe ich als Englischlehrer gearbeitet, aber dann habe ich beschlossen, auf den grauen Markt zu gehen, Vermittlungen für Touristen zu machen und mir meine Prozente damit selbst zu verdienen. Ich wollte nicht mehr. Es hat mir zwar immer gefallen zu unterrichten, und ich hatte das Gefühl, mich in gewisser Hinsicht zu verwirklichen, das ging finanziell aber einfach nicht mehr. Ich hatte kaum noch Klamotten: immer in derselben Hose, immer im selben Hemd. Schließlich hatte ich auch Kontakt zu Kreisen der Unterwelt, aber ich habe immer versucht, mein eigenes Ding zu machen. Nichts mit Drogen, nichts mit Raub oder Überfall oder ähnlichem Zeug, was einige mir vorgeschlagen haben. Ich habe eine Stelle als Wächter in einem Museum angenommen, da war es leicht, Ausländer kennenzulernen.

Und dann war da diese spanische Touristin ...
Ja, wir haben geheiratet. Die Ehe ist ein bißchen

turbulent, wenn wir zusammen sind, aber sie kommt ja nicht oft. Ich kämpfe um meine Unabhängigkeit von ihr. Auch für die Zukunft. - Ich werde eine Weile in Europa unterrichten. Sie hat da was vorbereitet.

Und warum arbeitest du nicht hier?
Wenn du hier einen Job willst, der in Dollar bezahlt wird, hast aber keine Beziehungen, dann bist du verloren. Du kannst der beste auf deinem Gebiet sein, aber wenn du niemand hast, der dich in den Job hinaufhebelt, hast du keine Chance. Deshalb stehlen die Leute aus den Fabriken oder arbeiten in der Halblegalität oder vermieten schwarz an Ausländer - jeder läßt sich eben etwas einfallen.

Warum arbeitest du nicht auf eigene Rechnung wie dein Vater?
Ich bin nicht damit einverstanden, wie der Staat diese Möglichkeit handhabt. Ich bin auch nicht mit der Besteuerung einverstanden. Ich könnte als privater Lehrer arbeiten, aber es rechnet sich nicht. Die Leute hier haben das Geld nicht, um mich so zu bezahlen, daß ich normal leben könnte. Außerdem sehe ich, was mit meinem Vater geschieht. Letzte Woche hat er nicht einmal das eingenommen, was er als Tagesminimum braucht, um die Steuern und die Lizenz bezahlen zu können. Jetzt steht ihm das Wasser bis zum Hals.

Rafael R.

Mulatte, ist Priester einer afrocubanischen Religion.

Rafael, wie stellst du dir deine Zukunft vor?
Das beste, was ein junger Mann wie ich in diesem Land tun kann, ist auszuwandern.

Warum?
Weil es für junge Leute hier keine Möglichkeiten gibt. Sie werden von diesem System und seiner Repression diskriminiert. Alle paar Minuten verlangt die Polizei unsere Ausweise und macht uns das Leben schwer - ohne jeden Grund. Außerdem haben wir auch wirtschaftlich keine Chance. Es gibt keine Zukunft für uns.

Was ist dein Beruf?
Ich bin Drehbuchschreiber und Produktionsleiter für Shows. Außerdem habe ich eine Ausbildung als Regieassistent absolviert. Aber alle Arbeitsplätze, die in diesem Land für mich in Frage kämen, sind angeblich besetzt. So sagt das für mich zuständige Unternehmen, und so lautet die Auskunft des Kulturministeriums. In Wirklichkeit geht es aber um etwas anderes. Wenn du hier eine Anstellung willst, mußt du sie dir mit 200, 300 Dollar kaufen.

Aber du hattest eine Stelle in einem Kabarett ...
Ja, aber die habe ich verloren. Da war es üblich, den Gästen von draußen hereingeschmuggelten Rum zu verkaufen und sich so etwas dazuzuverdienen. Das hab ich auch gemacht, nur haben sie mich dabei erwischt. Mit 70 Prozent Gehalt wurde ich auf die Warteliste gesetzt. Nach einem halben Jahr habe ich dann lieber verzichtet.

Warum?
Ich mußte um sechs Uhr morgens aufstehen und mich in einem weit entfernten Stadtteil beim Unternehmen melden. Da habe ich bis sechs Uhr

abends auf einem Stuhl gesessen, ohne irgend etwas zu tun, es gab überhaupt für niemand da Arbeit. Es war eine Katastrophe, ein einziges Chaos. Das Essen war miserabel, und um sechs Uhr abends mußte ich dann nach Hause zurück, meistens zu Fuß, weil der Bus nicht kam. Nach sechs Monaten habe ich es einfach aufgegeben.

Wenn du auswandern könntest, was würdest Du in einem anderen Land tun?
Ich weiß, daß Einwanderer auf der ganzen Welt unerwünscht sind, aber wenn ich aus diesem Land heraus wäre, würde ich mich wenigstens als freier Mensch fühlen, wirklich frei, mit der Möglichkeit zu reisen, wohin ich will, öffentlich meine Meinung zu sagen, mich gut zu fühlen. Ich würde jede Art Arbeit machen.

Aber du könntest auch hier arbeiten. Auf eigene Rechnung zum Beispiel.
Diejenigen, die einen *paladar* oder eine Cafeteria haben, müssen hohe Steuern bezahlen, die den gesamten Gewinn auffressen. Außerdem braucht man gewisse Rücklagen, um die Lizenz zu bezahlen. Theoretisch kann jeder Bürger diese Lizenz bekommen, in Wirklichkeit ist es aber wie immer: Dann heißt es, im Augenblick sind die Lizenzen eingefroren. Aber wenn du mit 200 Dollar in der Hand ankommst - dann hast du sofort deine Lizenz. Aber dann brauchst du auch noch das Geld, um den *paladar* einzurichten, das sind noch mal 500 oder 600 Dollar, und wo soll ich das hernehmen? Außerdem gibt es in diesem Bereich keine Sicherheit. Das kann ein Jahr lang so weitergehen, oder zwei, und dann wird es wieder verboten, genau wie die Märkte. Und warum? Weil die cubanische Regierung nicht zuläßt, daß jemand aus dem Volk Geld hat. Die Regierung will nicht, daß ein Cubaner wirklich Geld sieht.

Warum?
Weil sie denken, mit dem Geld könnte man spekulieren, sich bereichern oder etwas gegen die Regierung unternehmen. Dahinter steckt die Mentalität der Funktionäre. Niemand hier möchte Bomben legen, aber die Funktionäre denken so. Sie werden nicht zulassen, daß es hier irgendjemand auch nur zu bescheidenem Wohlstand bringt.

Ein selbständiger Schuhverkäufer in der Altstadt von Havanna

Alltag

Milchmädchenrechnung

Zweihundertundzwanzig geteilt durch 20 macht 11. Ungefähr 220 Pesos beträgt der monatliche Durchschnittslohn auf Cuba. Etwa 20 Pesos ist der Wert eines Dollars. Also verdient der Cubaner elf Dollar im Monat. So die Rechnung von sogenannten Wirtschaftssachverständigen und vielen entweder schlecht unterrichteten oder böswilligen Journalisten.

Was sie verschweigen:

1. Auf die *libreta*, das Büchlein, das zum Kauf im Staatsladen berechtigt, gibt es extrem billige, vom Staat subventionierte Lebensmittel, die das Überleben für rund zwei Wochen im Monat ermöglichen.
2. Das gesamte Gesundheitssystem von der Behandlung eines Schnupfens bis hin zur Nierenverpflanzung oder der Operation am offenen Herzen wird kostenlos genutzt.
3. Das Bildungssystem vom Kindergarten bis zum Universitätsabschluß wird ebenso kostenlos genutzt. Ein großer Teil der Schüler und Studenten wird zudem entweder den Tag über (525 000) oder die Woche über (292 000) in Internaten verpflegt.
4. 85 Prozent der Cubaner leben entweder in Wohnungen, die der Staat kostenlos zur Verfügung stellt, oder in solchen die ihnen gehören, weil sie 20 bis 25 Jahre lang die Monatsmiete auf einem Bankkonto angesammelt haben.
5. Die Ausgaben für Gas und Wasser und die Stromkosten belaufen sich insgesamt auf höchstens 30 Pesos im Monat.
6. Die Müllabfuhr ist kostenlos, ebenso der Rundfunk- oder Fernsehempfang. Der Eintritt ins Kino kostet 1 Peso.
7. Ein Telefongespräch in der Stadt kostet 5 Centavos.
8. Eine Busfahrt kostet zwischen 40 Centavos und 1 Peso.
9. Wer kein Zusatzeinkommem »auf eigene Rechnung« hat, zahlt keine Steuern, erhält aber Arbeitslosenunterstützung, falls er seinen Job verliert.
10. Der Aufenthalt im Altersheim ist ebenso kostenlos wie der Tod.

Das alles zusammen wäre in Deutschland wieviele Dollars wert?

Verteilung von Produkten

»Die Verteilung einer Flasche Reinigungsmittel von 1000 Millilitern pro Haushalt für das zweite Jahresdrittel wird in den Stadtteilen Cerro, La Habana del Este, Centro Habana und La Habana Vieja fortgesetzt; Zahnpasta für Mai entsprechend der Zusammensetzung des Haushalts wird weiterhin in La Habana Vieja, Regla, Guanabacoa und Arroyo ausgegeben, ebenso geht die Verteilung von einem Stück Seife zum Wäschewaschen pro Konsument für diesen Monat in Centro Habana, Cerro, Arroyo, Plaza, La Habana Vieja, Regla, Marianao, Boyeros und Cotorro weiter.

Die Aushändigung eines halben Pfundes Teigwaren pro Kopf für den Monat März dauert in den Stadtteilen Regla, San Miguel, 10 de Octubre, Boyeros und Arroyo an. Es werden Kekse je nach Haushaltszusammensetzung für den Monat Februar in Plaza, Cerro, Centro Habana, La Habana Vieja, 10 de Octubre, Arroyo, Boyeros, Marianao, Playa, La Lisa, Guanabacoa, San Miguel, L. Habana del Este und Cotorro ausgegeben.

Die erste Verteilung von sechs Eiern pro Kopf entsprechend der Ausgabe für Mai hat in Regla und La Habana Vieja begonnen. Diese Woche wird sie in Centro Habana und San Miguel fortgesetzt.

Es wird ein Kilo Cerelac (Mehl-Milch-Gemisch) – Zuteilung für April – für Verbraucher von 65 oder mehr Jahren in La Habana Vieja, Guanabacoa und Marianao ausgegeben.

Die Aushändigung von konzentriertem Saft für Erfrischungsgetränke für Feierstätten für den Monat Mai hat in den 20 autorisierten Verkaufsstellen begonnen.

Diese Woche wird die Ausgabe von Kerosin für April beendet und die für Mai begonnen. Die Ausgabe von Brennspiritus für den Monat April geht in allen Stadtteilen weiter.

Das Verteilungsunternehmen für Fleisch, das seinen Verpflichtungen nachgekommen ist, wird bei dieser Gelegenheit die Verteilung in der ersten Maiwoche abschließen, da die Ankunft einer der Komponenten sich verzögert hat.«

La Tribuna, 3.5.1998

Zuteilung der Zuckerration auf die *libreta* in einer *bodega* in den Bergen von Pinar del Rio

Preise

	Bezugsheft	Peso-Markt	Dollar-Laden	Zuteilung mit Bezugsheft
Brot	-,05 / Stück	-	1,00 / 1 Pfd.	(80 g. / Tag)
Reis	-,26 / 1 Pfd.	3,00 / 1 Pfd.	1,50 / 1 kg	(6 Pfd. / Monat)
Bohnen	-,30 / 1 Pfd.	8,00 / 1 Pfd.	1,30 / 1 kg	(560 g. / Monat)
Eier	-,15 / Stück	-	-,15 / Stück	(6 / Monat)
Rindfleisch	-,70 / 1 Pfd.	-	9,- / 1 kg	(0,5 Pfd. / Monat)
Schwein	-	22,- / 1 Pfd.	-	keine
Huhn	-,70 / 1 Pfd.	-	3,30 / 1 kg	(0,5 Pfd. / Monat)
Hammel	-	22,- / 1 Pfd.	-	keine
Fisch	-,35 / 1 Pfd.	8-15,00/1 Pfd.	9,50 / 1 kg	(2 Pfd. / Monat)
Languste	-	45,- / 1 Pfd.	15,- / 1 kg	keine
Garnelen	-	20,- / 1 Pfd.	8,50 / 1 kg	keine
Kartoffeln	-,40 / 1 Pfd.	-	1,15 / 1 kg	(3 Pfd. / Monat)
Kochbananen	-,30 / 1 Pfd.	3,- / 1 Pfd.	-	(1 Pfd. / Monat)
Tomaten	-,3o / 1 Pfd.	3,- / 1 Pfd.	-	(1 Pfd. / Monat)
Öl	-,40 / 1 Pfd.	-	2,10 / 1 l	(0,5 Pfd. / Monat)
Zucker	-,08 - -,15 / 1 Pfd.	-	1,80 / 1 kg	(3 + 3 Pfd. / Monat)
Kaffee	-,12 für 56 gr	-	13,10 / 1 kg	(112 gr / Monat)
Rum	20,- / 0,75 l	-	3,- / 0,75 l	(0,75 l pro Monat)
Körperseife	-,25 / Stück	6,- /Stück	-,40 / Stück	(1 St. alle 2 Monate)
Waschseife	-,20 / Stück	5,- /Stück	-,45 / Stück	(1 St. alle 2 Monate)
Reinigungsm.	3,60 / 1 l	-	2,- / 1 l	(1 l alle 4 Monate)
Benzin	-	-	-,75 - -,90/1 l	keine
Schuhe	-	130,-	ab 12,-	keine
Hosen	-	200,-	ab 14,-	keine

Ein Rentner in Santiago de Cuba bietet gebrauchtes Werkzeug an

Halbgott in Grün

Mitbürger, ich stelle Ihnen Fidel Castro vor, den Unvergleichlichen, den Unbezähmbaren!
PERCIVAL PATTERSON, MINISTERPRÄSIDENT VON JAMAIKA

Fidel trifft Napoleon im Jenseits. Als er ihn erkennt, sagt er mit erhobenem Zeigefinger: »Mein Kaiser, wie konnten Sie nur all diese Dummheiten in Waterloo begehen?« Napoleon hebt eine Augenbraue: »Wissen Sie, Comandante, hätte ich damals eine Presse wie Sie gehabt, die Leute hätten nicht einmal bemerkt, daß ich verloren habe.«
WITZ

Am 26. Juli 1998, Schießplatz der »Moncada-Kaserne« in Santiago de Cuba: Die cubanische Revolution feiert den 45. Jahrestag des von Fidel Castro ausgeheckten und angeführten Überfalls auf eben diese Kaserne. Der *Comandante en jefe* spricht vor 10 000 ausgewählten Zuhörern, darunter die soeben siegreich vom Weltcup zurückgekehrte Volleyball-Nationalmannschaft und das diplomatische Korps. Castro berichtet über den USA-Terror gegen Cuba und die Mordanschläge auf seine Person. »Nicht einmal in den Steppen Afrikas werden mehr Jagden organisiert als die, die man gegen mich organisiert, wenn ich reisen muß, um einer unabdingbaren internationalen Verpflichtung nachzukommen. Aber deswegen werde ich noch lange nicht aufhören zu reisen! Deshalb werde ich noch lange nicht aufhören, den Verpflichtungen nachzukommen, denen ich nachzukommen habe! Nur, daß sie das wissen! Ja, nur, daß sie das wissen!«

Die Furchtlosigkeit des Übervaters löst einen Beifallssturm aus, also haut er weiter in die gleiche Kerbe: »In ein paar Tagen gedenke ich, Jamaika zu besuchen, meine jamaikanischen Brüder, die uns eingeladen haben und die darauf bestanden haben, daß wir nach Jamaika kommen. Am 29. werde ich dort sein, und das sage ich schon im voraus den Organisatoren von Attentaten und terroristischen Anschlägen!«

Die Bekanntgabe des Reiseplanes steigert den Beifall noch. Castro teilt außerdem mit, daß er anschließend nach Barbados und danach nach Grenada reisen wird. Man kann sich vorstellen, daß es vielen unter den Millionen Cubanern vor den Radios und Fernsehern – alle Kanäle senden Castros Rede – wohlig-schaurig den Rücken hinunterläuft. »Das ist unser Comandante«, sagen sie. »Mit dem kann es niemand aufnehmen.«

13. August 1926, Zuckerplantage »Las Manacas« (Die Palmen) in der Nähe des Dorfes Birán im

21. Januar 1998: Fidel Castro begrüßt Papst Johannes Paul II. auf dem Flughafen »José Martí« in Havanna

Die *finca* der Familie Castro in der Nähe des Dorfes Birán in der östlich gelegenen Provinz Holguin

Fidel Castro als Angeklagter im Prozeß um den gescheiterten Moncada-Überfall

Osten Cubas. Lina Ruz Gonzáles und ihr Mann Angel Castro bekommen ihren zweiten Sohn Fidel. Der Galizier Angel Castro ist im spanisch-nordamerikanischen Krieg nach Cuba gekommen und hat hier sein Glück gemacht. Seine Farm ist rund 12000 Hektar groß, und er beschäftigt 500 Leute. Der Pfahlbau des Herrenhauses steht unter ehrwürdigen alten indischen Lorbeerbäumen. Die Holzhütten der haitianischen Arbeiter, ein paar Meter weiter, sind dagegen ohne Fußboden auf die nackte Erde gesetzt. Nicht weit von hier stoßen die Zuckerrohrfelder der Ebene an die Ausläufer der Sierra del Cristal. Der Gegensatz verleiht der Landschaft einen herben Reiz. Die fruchtbare Zone reicht im Norden bis zur Bucht von Nipe und im Süden bis zu den Vorbergen der Sierra Maestra. Sie ist – von einigen wenigen *colonos* wie Angel Castro abgesehen – fest in der Hand der US-amerikanischen »United Fruit Company«, seit im Jahre 1901 die Antilla-Bahn gebaut worden ist. Die United Fruit ist ein Staat im Staate und verfügt über eine eigene bewaffnete Ordnungstruppe. Das Wort der Amerikaner ist Gesetz. In der »toten Zeit« zwischen den *zafras* geht der Hunger um. Die meisten Kinder kommen barfuß in die Dorfschule. Man kennt das vom Rest der Insel, aber Birán liegt zudem im »wilden Osten«, nirgendwo sonst auf der Insel ist die Zahl der Ärzte und Lehrer im Verhältnis zur Bevölkerung so gering. Was keinen Profit bringt, spielt keine Rolle. Angel Castro muß mit harten Methoden und ohne Skrupel vorgegangen sein, daß er es als mittelloser Einwanderer unter diesen Umständen zu Land und Wohlstand gebracht hat. Tatsächlich gilt er als verschlossen, gewalttätig und hart – ein Goldgräber, von grünem Rohr umgeben.

In dieser Umgebung wächst Fidel Castro auf. Er hat eine Menge Geschwister. Angel Castros erste Frau hat ihm Pedro Emilio und Lidia geboren, Lina Ruz bringt Ramón und, nach Fidel, Juana, Emma und Raúl zur Welt. »Sie fischten, jagten, schossen, immer umgeben von einer Meute

Hunde«, schreibt der Castro-Biograph Hugh Thomas. Man darf annehmen, daß sie auch geritten sind und - vor allem - sich geprügelt haben, falls sich ihnen ein Kind der durchweg ärmeren Nachbarn in den Weg stellte.

Fidel Castro 1998

Der Vater schickt Linas drei Söhne nach Santiago de Cuba, wo die Mönche des Ordens der Marianischen Brüder das Kolleg »La Salle« betreiben. Raúl schreibt über seinen Bruder: »Ihm gelang alles, im Sport wie im Unterricht. Und jeden Tag kämpfte er. Er hatte ein sehr explosives Temperament. Er forderte die Mächtigsten und Stärksten heraus, und wenn er verlor, begann er am nächsten Tag von vorne. Er gab nie auf.«

Mit dreizehn dann versucht Fidel, die Arbeiter des Vaters zum Streik zu bewegen. Dem und den Marianern wird es zu viel: Sie schieben den jungen Aufrührer an die Jesuitenschule »Belén« in der Hauptstadt ab. Dort liest er José Antonio de Rivera, Perón, Mussolini, Hitler und Lenin. Ganz nebenbei gewinnt er einen Preis als Cubas bester Allround-Sportler. 1945 schreibt er sich an der Juristischen Fakultät der Universität Havanna ein. Wie das Land steckt auch die Universität in der Krise. Mehr oder weniger politisch beeinflußte Banden bekämpfen sich bis aufs Blut. Die Uni lehrt die Macht der Gewalt. Castro lernt die Lektion und ist immer dabei, wo es irgendwas auszufechten gibt. Schließlich erhält er Hausverbot, aber einer wie er kann sich dem Diktat nicht fügen. In der Alma mater warten seine versammelten Feinde. Er betritt das Universitätsgebäude trotzdem - mit der Waffe in der Hand, und niemand greift ihn an.

In der Dominikanischen Republik herrscht der Diktator Trujillo. Die Studenten in Havanna versuchen zusammen mit dominikanischen Emigranten im Sommer 1947 eine Invasion, um ihn zu stürzen. Als das Unternehmen scheitert, lassen sich die meisten Teilnehmer festnehmen. Castro stürzt sich in die Bucht von Nipe, schwimmt an Land und erreicht die väterliche Plantage. Es heißt, die Bucht sei von Haien verseucht gewesen.

Bereits ein halbes Jahr später taucht der unruhige Jurastudent in Bogotá auf. Dort findet eine panamerikanische Konferenz statt, und Castro und seine Freunde verteilen Flugblätter gegen den Kolonialismus und Imperialismus der USA. Tage später wird der populäre Politiker Jorge Eliécer Gaitán von einem Geisteskranken ermordet. Bogotá steht in Flammen, es gibt 3 000 Tote. Die Schuld an dem Aufruhr fällt auf die Kommunisten und Fidel Castro, der angeblich ein sowjetischer Agent sein soll. Die cubanische Botschaft gewährt ihm Asyl und läßt ihn ausfliegen.

1948 heiratet Fidel Castro die Millionärstochter Mirta Díaz Balart, die ihm einen Sohn gebiert und deren Familie ihm heute noch von Miami aus das Leben schwer macht. 1955 wird die Ehe wieder geschieden. 1950 hatte der Jurist seinen Doktor gemacht und war in die Anwaltskanzlei Azpiazu, Castro und Resende eingestiegen, in der es allerdings nicht viel zu verdienen gab. Hugh Thomas schreibt, daß »er oft für seinen Sohn keine Milch kaufen konnte, die Elektrizitätsgesellschaft ihm den Strom abstellte, er kaum eine Wohnung fand, die er sich leisten konnte, und daß er immer beim Krämer oder Metzger anschreiben lassen mußte« - trotz der väterlichen Zuschüsse, die er bedenkenlos annimmt.

Der junge Vater wird Gefolgsmann von Eddy Chibás und dessen »Orthodoxer Cubanischer Volkspartei«. Chibás kämpft gegen die Korruption in der Regierung des Präsidenten Prío. Er hat eine eigene Sendezeit im Radio und erschießt sich schließlich an einem Augustsonntag des Jahres 1951 vor dem - leider bereits abgeschalteten - Mikrophon in der Hoffnung, sein Tod werde zur Fackel des Aufstands. Ganz ähnlich war später auch Castros Überlegung, als er von einer Signalwirkung ausging, die sein Überfall auf die »Moncada-Kaserne« haben sollte.

Am 10. März 1952 übernimmt Fulgencio Batista im Staatsstreich zum zweiten Mal die Macht in Cuba. Castro klagt beim Verfassungsgericht und bekommt keine Antwort. Die oppositionellen Kräfte streiten über Strategie und Taktik. Castro hofft auf einen Führer, der sie zusammenschmiedet. Doch als keiner »zeigte, daß er die Fähigkeit, die Entschlossenheit, den ernsten Willen oder die Mittel besaß, Batista zu stürzen, entschloß ich mich schließlich, meine eigene Strategie zu entwickeln«.

Was folgt, sind die Gründung einer Untergrundbewegung, der Moncada-Überfall, Gefängnis, mexikanisches Exil, die Rückkehr nach Cuba

Revolutionsfeiertag 26. 7. 1998 in der Moncada-Kaserne am 45. Jahrestag des Überfalls

und der Beginn des Bürgerkriegs von der Sierra Maestra aus.

Als Fidel Castro am 8. Januar 1959 mit seiner revolutionären Gefolgschaft in Havanna einzieht, hat er einen Gutteil seiner Visionen in die Tat umgesetzt, wie sein Charakter und seine biographische Herkunft es ihm nahelegten.

Popularität nutzt sich noch schneller ab, als Macht sich verschleißt. Trotzdem sitzt Fidel Castro heute, 40 Jahre nach seinem siegreichen Einzug in Havanna, vielleicht fester im Sattel als eh und je - trotz aller Wirtschaftspleiten, trotz totaler Gleichschaltung, trotz des *período especial*. Wenn etwas dieses Volk zusammenhält, dann ist es die wuchtige Person des Führers, der Vater und Magier zugleich ist, Held und ein Bobby Fisher am Schachbrett der Weltpolitik, der dem Imperium im Norden die Stirn bietet, der nicht krank wird und den keine Kugel erreicht, den sogar der Papst besuchen kommt und der Freunde hat wie Gabriel García Marquez oder Muhammad Ali oder Nelson Mandela. Der größte Cubaner aller Zeiten. Er kann einem auf die Nerven gehen, er kann einem das Leben schwer machen, er kann einen zwingen, den Mund zu halten, den Gürtel enger zu schnallen, im Dunkeln zu sitzen - die Mehrheit der Cubaner verzeiht es ihm. Er mag sich als *Caudillo* aufspielen oder als Tribun, die Massen jubeln ihm zu. Daß er tatsächlich sein Leben für das cubanische Volk riskiert hat, daß er tatsächlich ein Gutteil seiner Versprechungen wahr gemacht hat, daß er tatsächlich bisher noch jede Krise gemeistert hat, dies alles mögen Gründe sein, aber es ist keine Erklärung für so viel Rückhalt in der Bevölkerung. Eine Erklärung liefern die Magie seiner persönlichen Ausstrahlung und die Macht seiner Sprache.

Wenn Fidel Castro ans Rednerpult tritt, verzaubert er seine Zuhörer wie eine Fee, die mit dem Stab berührt. Er kann sagen, was er will, das Auditorium hängt an seinen Lippen, als spucke er Goldstücke in die Menge. Wenn er schließt - und das kann auch schon mal erst nach mehr als sieben Stunden sein -, bleibt das Gefühl, die Welt sei genau so und kein bißchen anders, als der große Mann sie beschreibt und erklärt. In einer Art Rausch gehen die Menschen nach Hause. Der Katzenjammer folgt dann im Alltag.

Ein Redner, der so mitreißend überzeugen will, braucht eine Technik, und Castro selbst hat einen Teil der seinen beschrieben:

»Wenn man versucht, seinen Gedanken eine feste Gestalt zu geben, eine vorgefertigte Form, so beraubt man sich, sobald man zu sprechen beginnt, eines der subtilsten Einflüsse, die das Publikum auf den Redner ausüben: Es überträgt seine glühende Begeisterung, seine Kraft, seine Inspiration. Meine Reden sind oft Gespräche mit dem Publikum.«

Und so provoziert er Reaktionen in der Menge, Zwischenrufe, spontane Äußerungen. Auf die antwortet er genauso, ein Dialog entsteht, die Rede nimmt eine neue, überraschende Wendung, bewegt sich in eine andere Richtung, und die Menschen fühlen sich ernstgenommen, einbezogen, beteiligt. Wenn es Castro zu ruhig wird im Publikum, nennt er zum Beispiel eine Zahl und fragt einen seiner Minister, ob sie stimme: »650 000, Osmany, liege ich da richtig?« - »676 000«, antwortet Osmany Cienfuegos, der Minister für Tourismus, wie aus der Pistole geschossen, und der Chef kommentiert: »Besser mehr als weniger, stimmt's?« und hat die Lacher auf seiner Seite. Dann setzt er nahtlos da wieder ein, wo er unterbrochen hat, ohne Manuskript und ohne jemals den Faden zu verlieren oder die grammatikalische Konstruktion zu verfehlen - und die Zuhörer, aufgeweckt durch das kleine Zwischenspiel, folgen seinen Argumenten vollkommen gebannt.

Immer spricht er zu jemandem, der an seiner

Fidel Castro im Gespräch über Jagd und Waffen in der Residenz des italienischen Botschafters

Seite sitzt, zu einem am Vorstandstisch, oder zu einem in der ersten Reihe eines Publikums von mehreren hunderttausend, spricht ihn an, bedroht ihn mit dem erhobenen Zeigefinger, macht ihm nachdrücklich klar, wie das gemeint ist, was er da sagt, indem er die Augenbrauen hebt, mit den Händen fuchtelt, den Finger an den Mund legt, Pausen einschiebt, lange Pausen, Pausen, die bis zu 30 Sekunden lang sind und den Eindruck vermitteln, als denke er nach. In Wirklichkeit gibt er den Zuhörern Zeit zum Nachdenken, denn er selbst ist eine Daten- und Argumentenbank, und auch damit beeindruckt er sein Volk: Er scheint alles zu wissen, die kleinste Kleinigkeit vom »Untergewicht« der Frühstücksbrötchen bis zur Zusammensetzung der Mortadella, vom Herstellungspreis einer Flasche Bier bis zum Einkommen der Vermittler auf dem Bauernmarkt, von den Tarifen illegaler Taxifahrer bis zu denen illegaler Vermieter. Und wer so viel über alle Einzelheiten im eigenen Land weiß, dem glaubt man natürlich auch, was er über das Ausland, die Welt und den Kosmos sagt. Wiederholungen gehören zum Repertoire. »Dieses heroische Volk, das sich nicht unterkriegen läßt, dieses heroische Volk, das seine Ehre und seine Würde nicht in den Schmutz ziehen läßt, dieses heroische Volk, das sein Leben hingeben würde für das Vaterland, dieses heroische Volk verdient es, von der Welt bewundert zu werden«, könnte er sagen, und vielleicht hat er es ja auch gesagt. Es geht den Menschen runter wie Honig, die

Formulierung bleibt mit Widerhaken gesichert im Hirn, und wenn der *Comandante* schließlich nach Stunden zum Schluß kommt – »Sozialismus oder Tod! Vaterland oder Tod! Wir werden siegen!« –, dann folgt die Ovation, und Raúl umarmt den Bruder, und Carlos Lage, der inoffizielle zweite Mann im Staate, schüttelt ihm die Hand, und alle fühlen sich geläutert und stellen fest: »Er hat es mal wieder gesagt. Man kann nicht anders, man muß ihm recht geben.«

Aber gute Reden allein erhalten ebenfalls nicht die Macht, mögen sie noch so demagogisch sein. Auch für Fidel Castro bildet der Rückhalt im Volk nur ein politisches Werkzeug. Wer ganz oben bleiben will, muß dieses Werkzeug auch einzusetzen wissen. Und genau darin ist der Revolutionsführer ein Meister. Bewiesen hat er das schon am Tag seines triumphalen Einzugs in der Hauptstadt, und die Episode gehört eigentlich in jedes Lehrbuch über politische Strategie.

8. Januar 1959, Havanna, Fernsehstudio. Fidel Castro tritt live in der Sendung »Vor der Presse« auf. Während er sich Havanna genähert hat, hat er erfahren, daß sich Mitglieder des »Studentendirektoriums« in den Waffenkammern der geschlagenen Luftwaffe des Diktators Batista bedient haben. Die Führer des Direktoriums haben sich mit 500 Gewehren, sechs Maschinengewehren und 80 000 Schuß Munition in die Universität zurückgezogen. Die cubanische Revolution ist eine bunte Mischung aus verschiedenen Organisationen gewesen. Arbeiter und Bauern, Studenten und Gewerkschafter, Liberale und Kommunisten haben zusammengearbeitet. Die Hauptlast des Krieges in der Sierra hat Castros »Gruppe 26. Juli« gemeinsam mit den *campesinos* getragen. Im Untergrundkampf in der Hauptstadt waren eher die Arbeiter und Studenten aktiv. Jetzt fordern sie ihren Anteil an der Macht ein, aber mit einem wie Fidel Castro geht das nicht. Der Vollblutpolitiker Castro zögert keinen Augenblick, die Situation auf machiavellistische Weise zu lösen. Vor laufenden Kameras wendet er sich an die Mütter der revolutionären Kämpfer: »Die größte Befriedigung, die wir alle empfinden, wenn wir die Witwen sehen, wenn wir die Waisen sehen, das gesündeste und trostreichste Wort, das wir haben, ist, ihnen zu sagen: Es war nicht umsonst. Und das ist der Trost der Mütter, und das ist der Trost von jedem, der einen geliebten Menschen verloren hat, der einen Freund verloren hat ...« Wenig später kommt der Moderator mit einer Notiz: »Cubanische Mütter rufen an und bitten darum, Fidel Castro zu sagen, er solle falls es notwendig werde, nicht die Jungs zur Universität schicken, um von dort die gestohlenen Waffen herauszuholen. Die Söhne hätten bereits genug getan. Die Mütter selbst würden den Dieben die Gewehre entreißen, wo immer es auch sei.« Die Studenten sind schachmatt gesetzt.

Der Überraschungsgast Fidel Castro bekommt auf einer Tagung von Reiseveranstaltern eine Rasta-Mütze geschenkt

Einen Tag später geben sie die Waffen bedingungslos heraus. Castro hat den ersten Nachkriegssieg errungen. Einige Monate später liefert er ein weiteres Beispiel für seine Genialität. Über die Frage der Rolle der Kommunisten für die Zukunft Cubas kommt es zu einem Zerwürfnis mit dem Interimspräsidenten Manuel Urrutia. Castro, zu dieser Zeit Ministerpräsident und der starke Mann im Land, könnte Urrutia im Stil lateinamerikanischer *Caudillos* absetzen, und niemand würde sich darüber wundern. Aber der Revolutionär will mehr als nur einen neuen Mann. Er will einen Sieg auf breiter Front. Um ihn zu erreichen, tritt er am 17. Juli zurück. Sofort besetzen die Studenten die Universität und die Arbeiter die Fabriken. Das Angebot eines Generals, Urrutia mit einer Schwadron Soldaten aus dem Präsidentenpalast zu holen, lehnt der *Comandante* ab: »Das Volk selbst muß die Krise lösen.« Castro bedient sich erneut des Fernsehens, um eben dieses Volk über die Schandtaten seines Präsidenten aufzuklären. »Ich möchte, daß man mir sagt, ob ich in meiner Eigenschaft als Ministerpräsident hätte hierher kommen und diese Erklärungen abgeben können, ohne vorher zurückzutreten; ob ich nach den Angstzuständen, die das Land durchlebt hat, und nach den Verleumdungskampagnen, die das Land durchlebt hat, eine offizielle Anklage hätte vorbringen können, die die Absetzung des Herrn Präsidenten zur Folge hat, und ob man mich nicht vor der Weltöffentlichkeit als den klassischen Caudillo präsentiert hätte, der Präsidenten ein- und absetzt. Man sage mir, ob es eine andere Vorgehensweise gab als die des Rücktritts, um diesen Zusammenhang dem Volk erklären zu können ...«

Fidel Castro bei der Parade am 1. Mai 1998 auf dem »Platz der Revolution« in Havanna

Nach dem Fernsehauftritt sammelt sich vor dem Präsidentenpalast eine wütende Menschenmenge. Urrutia tritt, zum vierten Mal seit Januar, aber diesmal endgültig, zurück. Castro aber denkt noch nicht daran, sein Amt als Ministerpräsident wieder aufzunehmen.

Die Gewerkschaften führen Warnstreiks zu seiner Unterstützung durch. 10 000 Reiter kommen mit dem *Comandante* Camilo Cienfuegos an der Spitze in die Stadt geritten, aber erst die Massenkundgebung zum Moncada-Tag am 26. Juli sieht den Revolutionsführer dem Willen des Volkes nachgeben und sein Amt wieder übernehmen. Der neue Präsident Osvaldo Dorticós stellt die Gewissensfrage:

»Wollt ihr oder wollt ihr nicht, daß Fidel Castro an der Spitze der Regierung weitermacht?« Die Zustimmung ist eindeutig.

Für das Geschick Castros, die Massen einzuspannen, gibt es viele Beispiele. Und wenn sich in diesen Massen einmal Unmut angestaut hat, entledigt er sich der Zornigsten, indem er zum Beispiel die Grenzen öffnet – so geschehen während der »Balsero-Krise« 1994 auf dem Höhepunkt des Wirtschaftsdesasters, als der Dollar 140 Pesos kostet und es außer Dollars nichts

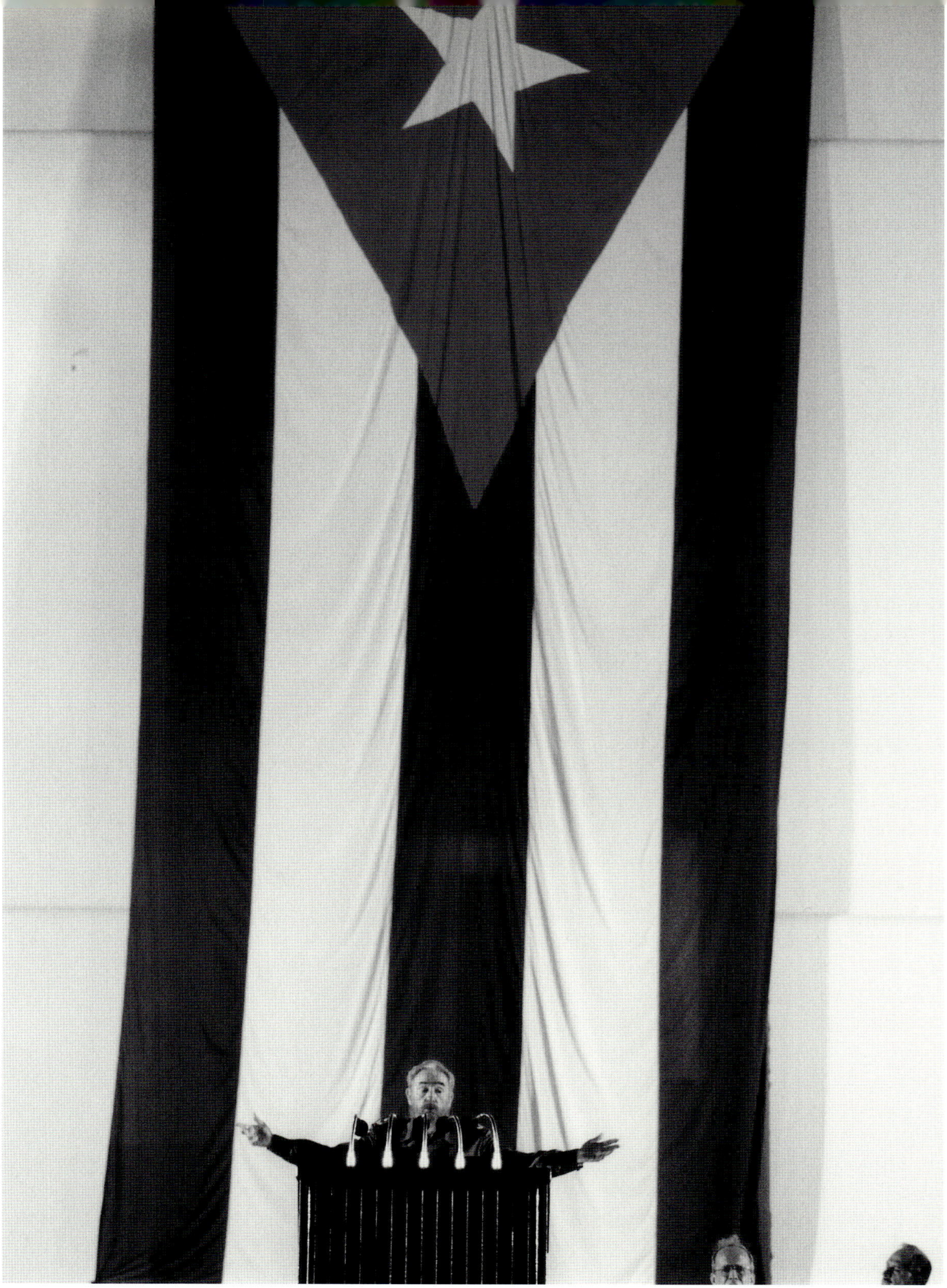

Revolutionsfeiertag 26. 7. 1998

mehr zu kaufen gibt für cubanisches Geld, als kein Bus mehr fährt und die *apagones*, die Stromausfälle, immer länger werden und die Cubaner am 5. August auf dem »Malecón« von Havanna erstmals seit 1959 massiv protestieren. Als die Krawalle auszuufern drohen, erscheint der Chef persönlich auf der Szene. Sein Auftritt bedeutet das vorläufige Ende jeden Protests. Wenig später beginnt der Exodus übers Meer. Mehr als 30 000 nutzen das offene Ventil. Das Regime kann durchatmen und verbucht ganz nebenbei einen außenpolitischen Erfolg: Hatten die USA cubanische Flüchtlinge bisher als »Freiheitshelden« mit offenen Armen empfangen und automatisch mit einer Aufenthalts- und Arbeitsgenehmigung ausgestattet, so sehen sie sich jetzt gezwungen, mit Cuba ein Abkommen zu treffen, das die Wanderungsbewegung in einen rechtlichen Rahmen bringt. Seither schickt der Nachbar im Norden Cubaner, die die Insel illegal verlassen haben, postwendend zurück.

Einmal allerdings trugen die Mächtigen der Welt das Spielbrett an einen anderen Tisch und spielten alleine. Die Oktoberkrise von 1962 lösten Kennedy und Chruschtschow über Castros Kopf hinweg, ohne ihn auch nur zu fragen, ob ihm die Lösung recht sei. Hugh Thomas schreibt glaubwürdig, der cubanische Staatschef habe gegen die Wände getreten und einen Spiegel zertrümmert, als er von der Einigung erfuhr, die der Menschheit einen Atomkrieg ersparte.

Verletzt war wohl auch die Eitelkeit eines Mannes, der gewohnt ist, im Mittelpunkt zu stehen, wo immer er erscheint. Ausländische Cuba-Besucher, wie etwa den deutschen Politiker Gerhard Schröder, läßt Castro bis zur letzten Minute im Ungewissen, ob er ihnen nun eine »Audienz« gewährt oder nicht. So gegen Mitternacht der letzten Nacht vor dem Rückflug läßt er Schröder dann bitten. Häufig dauern diese nächtlichen Gespräche dann viele Stunden.

Als das mit ausschließlich cubanischem Geld erbaute Hotel »Melía Cohiba« eingeweiht werden sollte, erschien der Staatschef erst um zwei Uhr morgens. Andererseits taucht er aus heiterem Himmel auf der Geburtstagsfeier eines bekannten Sportlers auf. In Havanna geht das Gerücht um, täglich werde an 45 verschiedenen Orten für ihn gekocht und niemand wisse – aus Sicherheitsgründen –, wohin er denn nun wirklich zum Essen gehe.

»Die Massen müssen spüren, daß die Grundlage für Wunder existiert«, hat er einmal gesagt. Seit er an der Macht ist, hat er sich an diesen Satz gehalten und den Cubanern dieses Gefühl vermittelt. Über die Journalisten, die auf Pressekonferenzen versuchen, die Haare seines Bartes zu zählen, um Rückschlüsse auf seine Gesundheit zu ziehen, lacht er. Der Daueroptimist setzt wie immer auf die Wissenschaft. Die, so hat er scherzhaft hören lassen, könne ihm 120 Lebensjahre ermöglichen. Was immer das für Cuba bedeuten würde.

Die Blockade

Die restriktiven wirtschaftlichen Maßnahmen, die (Cuba) von außen auferlegt werden, sind ungerecht und ethisch unannehmbar.
PAPST JOHANNES PAUL II.

38 Jahre Krieg der USA gegen die Cubaner

Der Chirurg kam kurz nach dem Tod des Patienten und schnitt ihm aus der Brust, was das Leben eines anderen Kranken verlängern sollte: den Herzschrittmacher. Desinfiziert und sterilisiert regelte das Gerät fortan den Herzschlag des zweiten Besitzers. Den Ärzten war keine Wahl geblieben. Das schwedische Unternehmen »Siemens Elemac«, Hauptlieferant des lebenswichtigen Apparates, hatte seine Herzschrittmacherabteilung an die »St. Jude Medical Inc.« in St. Paul, USA, verkauft und die Lieferungen an Cuba eingestellt. Die englische Firma »JBIW« hatte den Verkauf schon Ende 1993 aus dem gleichen Grund beendet, und die australische »Tetratonics« hatte sich ebenfalls dem Druck aus Washington beugen müssen, da ihre Schrittmacher Teile enthielten, die in den USA hergestellt waren.

Im Oktober 1994 standen die cubanischen Ärzte mit leeren Händen vor ihren Herzpatienten. Zu Todesfällen kam es nicht – dank der Wiederverwendungstechnik.

Schließlich sprang dann die deutsche Firma »Biotronik« in die Bresche. Die Strategie der USA, die Cubaner mit Hilfe der weltweiten Verweigerung lebenswichtiger Güter in die Knie zu zwingen, war zumindest für den Bereich der Herzschrittmacher wieder einmal gescheitert.

Washingtons mörderischer Warenkrieg beginnt im Dezember 1960 mit der Weigerung, weiterhin cubanischen Zucker zu kaufen. Zu diesem Zeitpunkt gehen rund zwei Drittel der Exporte der Insel in die USA, 80 Prozent davon in Form von Zucker. Unter dem Druck des mächtigen Nachbarn im Norden beschreitet Castro den einzigen Weg, der ihm, abgesehen von der völligen Kapitulation, bleibt: den Weg nach Moskau. Daraufhin bricht im Januar 1961 Washington die diplomatischen Beziehungen ab und kauft ab sofort überhaupt nichts mehr, was aus Cuba kommt. Der Überfall in der Schweinebucht macht deutlich, daß Cuba die neuen Verbündeten im Osten bitter nötig hat. Niemand weiß das besser als Fidel Castro, der flugs die Revolution zur sozialistischen erklärt. In der Oktoberkrise um die sowjetischen Raketen kommt es zur Konfrontation, aber die beiden Weltmächte einigen sich in letzter Minute über Castros Kopf hinweg.

Die Invasionsträume sind fürs erste ausgeträumt, aber was bleibt, ist jenes Phänomen, das hierzulande Blockade heißt, und von den Verbündeten der USA verharmlosend als Embargo bezeichnet wird. Keiner der beiden Begriffe trifft den Sachverhalt. Cuba ist nicht geographisch isoliert, denn schließlich kann man hinfliegen oder mit einer Jacht hinsegeln. Was die US-Regierung den Cubanern allerdings aufbürdet, geht weit über ein Embargo hinaus. Es ist ein Krieg. Diesen Krieg führt Washington auf allen Ebenen außer auf der militärischen. Wie allen Regierungen wird man auch der cubanischen Regierung nicht alles glauben können, was sie sagt, aber in letzter Zeit tauchen in Washington immer häufiger bisher geheime Dokumente auf, die beweisen, daß auch übertrieben wirkende Anschuldigungen aus Cuba auf Wahrheit beruhen. Immerhin wird man der NEW YORK TIMES wohl kaum ernstgemeinte Sympathien für den Sozialismus unterstellen können. Dort wurde nämlich am 12. und 13. Juli 1998 ein Interview mit dem Exilcubaner Luis Posada Carriles veröffentlicht, aus dem hervorgeht,

daß 1. Posada mit dem Geld einer in Miami ansässigen reaktionären Vereinigung von Exilcubanern der »Fundación Nacional Cubana Americana«, deren verstorbener Chef Jorge Mas Canosa von verschiedenen US-Präsidenten und vom derzeitigen spanischen Regierungschef Aznar in Ehren empfangen wurde, 1976 in Barbados das Attentat auf ein Flugzeug der cubanischen Gesellschaft »Cubana« organisiert hat, bei dem 73 Personen ums Leben kamen, darunter die gesamte cubanische Fecht-Jugend-Nationalmannschaft,

daß 2. derselbe Mann mit derselben finanziellen Unterstützung die Bombenattentate des Sommers 1997 in Hotels von Havanna organisiert hat, bei denen ein italienischer Tourist starb, wozu Posada lediglich der zynische Kommentar einfiel, daß der Mann »zur falschen Zeit am falschen Ort« war,

und daß 3. eben jener Posada, der in Venezuela

»Es lebe das freie Cuba«

angeklagt und von der CIA aus dem Gefängnis befreit wurde, wann immer es ihm beliebt, in die USA einreisen, Kontakt zur CIA und zum FBI aufnehmen und dann wieder ausreisen kann.

Es gab dazu kein Dementi von Seiten der Washingtoner Regierung.

Dies aber ist nur die Spitze des Eisbergs. Im letzten Frühjahr sahen zwei Piloten von »Cubana« ein auf das US-Außenministerium eingetragenes Flugzeug, das eine weißliche Flüssigkeit über der Insel versprühte. Wenige Tage später brach eine Pflanzenseuche aus, die der ohnehin angeschlagenen cubanischen Landwirtschaft schwerste Schäden zufügte und die angespannte Ernährungslage im Land noch weiter verschärfte. Auch eine Dengue-Epidemie, eine malariaähnliche Krankheit, an der in den achtziger Jahren Hunderttausende erkrankten und die über hundert Kinder ins Grab brachte, könnte ursprünglich aus den USA gekommen sein. Immerhin bei dem bisher Geschilderten eine nicht ganz abwegige Vermutung, denn offensichtlich ist man in Washington zu vielem fähig, wenn es um das verhaßte Cuba geht.

Aber so richtig »Spaß« macht den Washingtonern der Krieg gegen Cuba erst wieder, seitdem sich die Sowjetunion aufgelöst hat. Um der angeschlagenen Insel den Todesstoß zu versetzen, ließ der Canosa-Freund George Bush 1992 das »Torricelli-Gesetz« in Kraft treten, das, in seiner Konsequenz, Cuba nicht nur mit Hunger, sondern auch gleich noch mit Krankheiten überziehen will, weil neben der Versorgung mit Lebensmitteln auch die mit Medikamenten und medizinischem Gerät weitgehend unterbunden wird. Clinton ließ sich nicht lumpen und unterschrieb vier Jahre später das Gesetz der Herren Helms und Burton, das nicht nur die ganze Welt auf amerikanisches Recht festlegen will, sondern den Cubanern darüber hinaus noch eine Zukunft verspricht, die genauso aussieht wie die Vergangenheit, gegen die sie ihre Revolution gemacht haben. Regiert von einer aus »freien« Wahlen hervorgegangenen Regierung, der keiner der Castro-Brüder angehören darf, sollen sie ihr soziales, juristisches und politisches System so gestalten, wie es vor dem Sieg der Revolution ausgesehen hat. Nur ein Phänomen aus der Gegenwart soll ihnen auch nach dem in diesem Gesetz geforderten Umsturz noch eine Weile erhalten bleiben: die Blockade. Die soll weitergehen, bis die neue Regierung bewiesen hat, daß sie tatsächlich dem Sozialismus abgeschworen und der Marktwirtschaft dauerhaft Tür und Tor geöffnet hat. Alles andere aber, zum Beispiel ihr Gesundheitssystem und ihr Erziehungssystem, ihre Kultur und ihren Sport sollen sie verlieren, denn das alles ist in Häusern untergebracht, deren Besitzer entweder davongelaufen sind oder die verstaatlicht wurden: die Kindergärten, die Forschungsinstitute, die Kliniken. Und nach dem Willen des Gesetzes hat das Recht der früherern Besitzer dieser Gebäude absoluten Vorrang vor irgendwelchen Ansprüchen dieser Einrichtungen.

Kein Wunder, daß die cubanische Regierung neuerdings nicht mehr so laut vom Sozialismus, dafür aber umso häufiger von dessen Errungenschaften, deren Erhaltung und vom Vaterland spricht. Kein Wunder auch, daß die Cubaner diese Sprache verstehen und zusammenrücken.

Das »Helms-Burton-Gesetz« will Investoren davon abhalten, mit oder auf Cuba Geschäfte zu machen. Dabei bedient es sich eines juristischen Kunstgriffs und erklärt alle nach dem 1. Januar 1959 durchgeführten Verstaatlichungen auf der Insel für illegal. Tatsache aber ist, daß Cuba alle ausländischen Vorbesitzer verstaatlichter Betriebe, Häuser und Ländereien ausgezahlt hat. Nur Nordamerikaner erhielten nichts, und das aus dem einfachen Grund, daß die Washingtoner Regierung nicht bereit war und ist, sich an den Verhandlungstisch zu setzen. Hätte sie einen cubanischen Vorschlag vom Anfang der sechziger Jahre angenommen, wären die Abfindungen bereits im Jahr 1980 ausgelaufen, und jeder hätte sein Geld.

Die Blockade hat Cuba nach eigenen Berechnungen bisher 60 Milliarden Dollar gekostet, rund fünfeinhalbtausend pro Kopf der Bevölkerung oder auch das Dreifache des jährlichen Bruttosozialproduktes der Insel. Die ausländischen Unternehmer allerdings haben sich nicht ganz abschrecken lassen. Waren es vor der Ära Helms-Burton noch 212, so zählt Investitionsminister Ferradaz inzwischen 340 Investoren, die gemeinsame Unternehmen mit dem cubanischen Staat gegründet haben. Wenn die Firmen allerdings in einem Gebäude sitzen, das vor der Revolution einem Nordamerikaner oder auch einem Cubaner gehört hat, der später erst US-Bürger geworden ist, riskieren sie, in den USA vor Gericht gestellt zu werden. Andere werden bestraft, indem ihnen und sogar ihren nächsten Verwandten die Einreise in das Land der Träume verweigert wird, wie es beispielsweise Managern der mexikanischen »Domos-Gruppe« und der kanadischen »Sherrit International« geschah.

Aus dem Hauptquartier der Menschenrechte

Auszüge aus dem Zentralbericht des ersten Parteitags der Kommunistischen Partei Cubas 1975

Vor diesem Kongreß ist die Kopie eines Berichts nach Cuba gelangt, den die US-Senatskommission veröffentlicht hat, die den Plänen der CIA zur Ermordung von Politikern anderer Länder nachgegangen ist. Der Bericht besteht aus Hunderten von Seiten, und ein beträchtlicher Teil ist den Aktivitäten und Plänen zur Ermordung der Führer der cubanischen Revolution gewidmet. Es ist schwer, den haarsträubenden Fakten zu glauben, die hier erzählt werden.

In diesem Bericht kann man wörtlich lesen:

»Wir haben konkrete Beweise für mindestens acht Verschwörungen zur Ermordung Fidel Castros zwischen 1960 und 1965 gefunden, in die die CIA verwickelt war. Auch wenn diese Mordanschläge nicht über das Stadium der Planung und Vorbereitung hinausgekommen sind, kam man in einem Fall immerhin so weit, mit Hilfe der Unterwelt Giftpillen nach Cuba zu schicken und Gruppen zur Durchführung des Plans zu entsenden. Eine andere dieser Verschwörungen hatte mit der Lieferung von Waffen und anderen Objekten für den Mordanschlag durch einen cubanischen Dissidenten zu tun. Das vorgeschlagene Arsenal zur Durchführung der Mordanschläge reichte von Gewehren mit langer Reichweite bis zu Giftpillen, vergifteten Kugelschreibern, Pulver mit tödlichen Bakterien und anderen Dingen, die ein erhebliches Maß an Vorstellungskraft verlangen.«

Weiter steht in dem Bericht:

»In der Zeit von März bis August 1960 während der letzten Amtszeit von Präsident Eisenhower überlegte die CIA Wege und Möglichkeiten, Castros charismatische Reden zu verhindern. Nach dem Bericht des Generalinspektors der CIA erinnerte sich ein Funktionär vom Technischen Dienst an einen Plan, wonach Castros Fernsehstudio mit einem chemischen Stoff eingesprüht werden sollte, der ähnliche Effekte wie LSD hervorruft, daß dieser Plan aber verworfen wurde, da der Stoff nicht zuverlässig war. Ebenfalls zu dieser Zeit imprägnierte die Abteilung Technische Dienste eine Kiste Zigarren mit einer chemischen Substanz, die vorrübergehende Desorientierung hervorruft, in der Hoffnung, daß Castro vor seiner Rede eine solche Zigarre rauchen würde. Der Generalinspektor informierte außerdem über einen Plan, Castros Image als »der Bärtige« zu zerstören, indem man seine Schuhe mit Thalliumsalz einstäubte, einem starken Enthaarungsmittel, das den Bart ausfallen lassen sollte. Dieses Enthaarungsmittel sollte bei einer Auslandsreise eingesetzt werden. Die Abteilung Technische Dienste hatte das Mittel und erprobte es an Tieren, ließ aber den Plan fallen, da Castro die Reise von seinem Programm strich.«

Auf den folgenden Seiten kann man über Vorgänge wie diesen lesen:

»Vergiftete Zigarren. Eine Note in den Akten der Operationsabteilung der Medizinischen Dienste der CIA gibt an, daß am 16. August 1960 eine Kiste mit Castros Lieblingszigarren einem Funktionär mit der Anweisung übergeben wurde, sie mit einem tödlichen Gift zu behandeln. Die Zigarren wurden mit einer so starken Dosis des Giftes Botulin imprägniert, daß jeder Mensch gestorben wäre, der auch nur eine davon in den Mund gesteckt hätte. Der Funktionär informierte am 7. Oktober 1960, daß die Zigarren bereitstünden. Die Notizen des DST zeigen, daß sie am 13. Februar 1961 einer nicht identifizierten Person übergeben wurden.

Ein Gift wird vorbereitet und nach Cuba gebracht. Der Bericht des Generalinspektors beschreibt Gespräche zwischen Bissell, Edwards und dem Chef der Abteilung Technische Dienste (DST), die sich auf die wirksamste Methode bezogen, Castro zu vergiften. Es gibt Beweise dafür, daß Giancana oder Rosselli auf die Idee kamen, eine Kapsel mit Gift in ein Getränk Castros zu geben.

Edwards lehnte die ersten Pillen ab, da sie sich nicht in Wasser auflösten. Die nächsten mit Botulin entsprachen den Anforderungen und wurden an Affen getestet. Der Operationschef erhielt die Tabletten des DST wahrscheinlich im Februar 1961 mit der Zusicherung, daß sie tödlich wirkten, und übergab sie an Rosselli. Die Archive zeigen klar, daß die Tabletten an einen Cubaner übergeben, und einige Zeit vor der Invasion in der Schweinebucht, April 1961, nach Cuba eingeschleust wurden. Der Operationschef erklärte, Oberst J. C. King, Chef der Division Westliche Hemisphäre, habe ihm im Büro von Bissell 50 000 Dollar ausgehändigt, damit er den Cubaner bezahle, falls der Mordplan Erfolg habe.

Anfang 1963 arbeitete die Spezialeinheit W, für geheime Operationen auf Cuba zuständig, an zwei Plänen, um Castro zu ermorden. Desmond Fitzgerald, Chef der Spezialeinheit, forderte seinen Assistenten auf zu klären, ob man in der Meereszone, wo Castro auf Unterwasserjagd ging, eine exotische Muschel verankern könne, die eine Explosion auslöse.

Ein zweiter Plan sah vor, daß James Donovan (der mit Castro über die Freilassung der bei der Operation Schweinebucht Gefangenen verhandelte) Castro einen verseuchten Taucheranzug schenken sollte. Die Leitung des Technischen Dienstes kaufte einen Taucheranzug und infizierte ihn mit einem Pilz, der eine chronische Hautkrankheit auslöst. Das Atmungsgerät wurde mit einem Tuberkulose-Bazillus behandelt.«

»Sozialismus oder Tod« – Leitsatz Fidel Castros über dem Eingang zu einer Stahlfabrik in Havanna

Die Auswirkungen des Embargos der USA auf Gesundheit und Ernährung in Cuba

Bericht der »Amerikanischen Vereinigung für Weltgesundheit« (American Association for World Health, 1997)

Nach einer einjährigen Untersuchung ist die AAWH zu der Feststellung gekommen, daß das Embargo der USA gegen Cuba die Gesundheit und die Ernährungslage einer großen Zahl cubanischer Bürger dramatisch geschädigt hat. Wie in diesem Bericht dokumentiert wird, sind wir zu dem Schluß gekommen, daß das Embargo der USA das Leiden auf Cuba bedeutend verstärkt hat. Über Jahrzehnte hat das Embargo der USA das nationale Gesundheitssystem Cubas schwer belastet. Seit 1992 ist die Unterversorgung mit Medikamenten und medizinischem Gerät drastisch angestiegen: Wir beobachteten Patienten, die ein wichtiges Medikament nicht erhalten können, und wir sprachen mit Ärzten, die sich gezwungen sehen, Eingriffe ohne die geeignete Ausrüstung vorzunehmen. Diese Tendenz steht in direktem Zusammenhang mit der Tatsache, daß 1992 das Handelsembargo der USA - eines der strengsten Embargos seiner Art, das den Verkauf von Lebensmitteln verbietet und den Verkauf von Medikamenten und medizinischer Ausrüstung stark einschränkt - durch die »Cuban Democracy Act« (CDA), das »Torricelli-Gesetz«, noch weiter verschärft wurde. Eine menschliche Katastrophe ist nur durch die Entscheidung der cubanischen Regierung vermieden worden, ein nationales Gesundheitssystem durch hohe Staatsausgaben aufrechtzuerhalten, das der gesamten Bevölkerung die medizinische Grundversorgung und Vorbeugung weiter garantiert. Denn immerhin ist die Kindersterblichkeit auf Cuba nur halb so hoch wie die, die die Stadt Washington D.C. meldet. Trotzdem hat das US-Embargo auf Lebensmittel und das De-Facto-Embargo auf medizinische Güter größte Schäden im Bereich der medizinischen Grundversorgung der Insel angerichtet. Die Krise wurde durch den generellen Mangel an ökonomischen Ressourcen und den Wegfall des Handels mit den sozialistischen Ländern des Ostblocks noch verstärkt. In der letzten Zeit haben vier neue Maßnahmen dieses 37 Jahre alten Embargos die Auswirkungen auf die Menschen auf bedrohliche Weise verschlimmert. Alle Maßnahmen entsprechen Richtlinien der CDA von 1992, die der Kongreß der USA verabschiedet hat:

1. Handelsverbot für Tochtergesellschaften
Auch Töchtern US-amerikanischer Firmen wird ein Handelsverbot mit Cuba auferlegt. Dieses Verbot hat die Möglichkeiten Cubas, Medikamente und medizinisches Gerät über Lieferanten in Drittländern zu importieren, stark eingeschränkt. Außerdem haben die kürzlich stattgefundenen Fusionen und gegenseitigen Aufkäufe zwischen bedeutenden pharmazeutischen Unternehmen der USA und Europas die Zahl der Firmen, denen es erlaubt ist, mit Cuba Geschäfte zu machen, noch weiter eingeschränkt.

2. Lizenzen
Zwar ist es dem Schatzamt der USA prinzipiell erlaubt, aus humanitären Gründen Einzellizenzen zum Verkauf von Medikamenten und medizinischem Gerät zu gewähren, um die Auswirkungen des Embargos auf die medizinische Versorgung zu mildern. In der Praxis, so sagen Manager von US-Unternehmen, sind die Anforderungen für solche Lizenzen jedoch so schwer zu erfüllen, daß das Gegenteil erreicht wird. Regeln nehmen dem medizinischen Handel jeglichen Anreiz. Die Zahl gewährter oder seit 1992 beantragter Lizenzen ist daher minimal. Damit nicht genug, Lizenzen für medizinisches Gerät und Medikamente sind darüberhinaus auch deshalb verweigert worden, weil diese Exporte »den Interessen der Außenpolitik der USA schaden«.

3. Seetransport und Frachtkosten
Seit 1992 verbietet das Embargo Schiffen aus jedwedem Land für die Dauer von 180 Tagen, in Häfen

der USA Waren zu laden oder zu entladen, wenn sie zuvor einen cubanischen Hafen angelaufen haben. Diese Bestimmung hat eine große Zahl von Reedereien davon abgebracht, medizinisches Gerät nach Cuba zu bringen. Folglich sind die Frachtkosten erheblich gestiegen und haben den Fluß von Lebensmitteln, Medikamenten, medizinischem Gerät und sogar Benzin für die Ambulanzen noch weiter eingeschränkt. Von 1993 bis 1996 hatten die cubanischen Unternehmen 8,7 Millionen Dollar mehr für den Transport medizinischen Geräts ausgegeben, weil sie gezwungen waren, es aus Asien, Europa und Südamerika zu holen statt wie bisher aus den nahegelegenen USA.

4. Humanitäre Hilfe
Diese Hilfe ist ungeeignet, die Lücken zu schließen, die der fehlende freie Handel mit Medikamenten, medizinischem Gerät und Lebensmitteln verursacht. Die Schenkungen von seiten unabhängiger Organisationen der USA und internationalen Einrichtungen können die Schwierigkeiten nicht ausgleichen, die für das cubanische Gesundheitssystem durch das Embargo entstehen. In jedem Fall bewirken die Verzögerungen auf dem Dienstweg für die Ausstellung der Lizenzen und andere Restriktionen in der Tendenz eine Verringerung der humanitären Hilfe aus den USA.

Schwere Spannungen im Gesundheitssystem Cubas sind die aktuellen Folgen dieser Maßnahmen. Die geringe Verfügbarkeit von Lebensmitteln, Medikamenten und grundlegendem medizinischem Gerät - wie Ersatzteile für Röntgenapparate - hat hohe humanitäre Kosten. Das Embargo hat viele Wege verschlossen, so daß es den cubanischen Ärzten in einigen Situationen unmöglich war, von wo auch immer und gleich unter welchen Umständen ein dringend benötigtes Medikament zu erhalten, um damit ein Menschenleben zu retten - mit den entsprechenden Konsequenzen. Generell wird ein umfassendes und hoch entwickeltes Gesundheitssystem systematisch seiner wesentlichen Arbeitsbedingungen beraubt. Hochtechnisierte Säle für Kardiologie und Neurologie sind besonders betroffen, aber ebenso die Grundlagen des nationalen Gesundheitssystems wie die

Bei einem *medico de la familia* (Hausarzt)

Qualität des Wassers und die Gewährleistung einer ausreichenden und ausgewogenen Ernährung.

Unser Team von neun medizinischen Experten der AAWH hat die folgenden Probleme als vom Embargo verursacht diagnostiziert:

1. Unterernährung. Das totale Verbot des Verkaufs nordamerikanischer Lebensmittel hat zu ernsten Ernährungsmängeln geführt. Betroffen sind vor allem schwangere Frauen, die zunehmende Anzahl von Neugeborenen mit Untergewicht war die Folge hiervon. Außerdem stand mit dem Mangel an Nahrungsmitteln eine verheerende Neuropathie-Epidemie in Zusammenhang, von der 50 000 Personen erfaßt wurden. Nach Schätzungen hat sich der Tagesverbrauch an Kalorien von 1989 bis 1993 um 33 Prozent reduziert.

2. Wasserqualität. Das Embargo schränkt den Zugang Cubas zu chemischen Produkten und Ersatzteilen streng ein, die für die Wasserversorgung der Insel notwendig sind. Das hat zu ernsten Defiziten in

der Verfügbarkeit von Trinkwasser geführt und zu einer Erhöhung des Anteils von Erkrankungen und Todesfällen bei durch Wasser übertragbaren Krankheiten.

3. Medikamente und Ausrüstungen. Von den 1 297 Medikamenten, die in Cuba 1991 zur Verfügung standen, haben die Ärzte zur Zeit nur noch auf 889 Zugriff - zu vielen davon auch nur zeitweilig. Die wichtigsten modernen Arzneien werden in ihrer Mehrheit von Pharmaunternehmen in den USA entwickelt; daher haben die cubanischen Ärzte zu den neuen, auf dem Weltmarkt vorhandenen Medikamenten, zu nur weniger als 50 Prozent Zugriff. Wegen der direkten und indirekten Auswirkungen des Embargos sind selbst medizinische Grundausrüstungen knapp oder fehlen in einigen Krankenhäusern ganz.

4. Medizinische Information. Obwohl Informationsmaterialien seit 1988 aus dem Handelsembargo der USA ausgeschlossen sind, wird der Informationsfluß zwischen beiden Ländern in der Praxis stark behindert. Wissenschaftler und Bürger beider Länder sind hiervon betroffen. Nordamerikanische Bürger sind insofern selbst Opfer des Embargos, als ihnen der Zugang zu den letzten Erfolgen der medizinischen Forschung in Cuba verweigert ist, einschließlich Produkten wie dem Impfstoff gegen die Meningitis, dem Interferon und der Streptokinase, die mit geringem Kostenaufwand hergestellt werden, und außerdem einem Impfstoff gegen Aids, der gegenwärtig an Freiwilligen klinisch getestet wird.

Abschließend möchte die AAWH die ungewöhnliche Härte des Embargos, das gegen Cuba gerichtet ist, hervorheben. Wenige Embargos in der jüngeren Geschichte - einschließlich der gegen Iran, Libyen, Südafrika, Rhodesien, Chile oder Irak - haben ein totales Verbot des Verkaufs von Lebensmitteln beinhaltet. Wenige andere Embargos haben den Handel mit medizinischen Produkten so weit eingeschränkt, einfachen Bürgern den Zugang zu lebensrettenden Medikamenten zu verweigern.

Es ist offensichtlich, daß ein solches Embargo die grundlegendsten internationalen Abmachungen und Übereinkünfte verletzt, die die Konvention der Menschenrechte festlegt, einschließlich der Charta der Vereinten Nationen, der Charta der Organisation Amerikanischer Staaten und jener Artikel der Genfer Konvention, die die Behandlung von Zivilpersonen in Kriegszeiten regeln.

Armenviertel in Santiago de Cuba

Die Insel der trotzigen Sieger

Wir müssen darauf hinweisen, daß der Auftritt unserer Sportler als heroisch betrachtet werden muß, charakteristisch für Menschen mit dem Geist von Kriegern, für wirkliche Patrioten ...
José Luis Salmerón

Cubas Sportler boxen sich durch

Zwölf Jahre lang hatte man sie nicht gesehen, die cubanischen Sportler, seit Moskau 1980. Erst 1992 in Barcelona gingen sie wieder an den Start und wurden zur Sensation der Olympischen Spiele. Mit 14 Gold-, 6 Silber- und 11 Bronzemedaillen belegten sie Platz fünf in der Nationenwertung. Das Wort vom cubanischen Sportwunder machte die Runde, aber dieses Wort ist falsch. Die Erfolge der cubanischen Athleten sind nicht zufällig, sie sind gewollt. Sie beruhen auf harter Arbeit von Trainern, Technikern, Ärzten und Psychologen, und sie folgen aus dem intelligenten und effizienten Einsatz von Wissenschaft und Technik.

Daß der Staatschef selbst der größte Fan seiner Sportler ist, daß er schon 1961 Sportler absandte, die in der damaligen Sowjetunion und im sozialistischen Europa trainieren und lernen sollten, sind nur zwei von vielen Faktoren, die einen Prozeß einleiteten, der bei den olympischen Spielen 1992 in Barcelona seinen vorläufigen Höhepunkt fand.

Als Fidel Castro am 1. Januar 1959 die Macht übernahm, fand er 250 Sporteinrichtungen und 800 Sportlehrer vor, die meisten davon arbeitslos. Heute arbeiten auf der Insel 28 000 Sportlehrer, Trainer, Sportpsychologen und Sportmediziner, denen für ihre Arbeit rund 11 500 Stadien, Turn- und Schwimmhallen und andere Einrichtungen zur Verfügung stehen. Ein System von Spezialschulen bis hinauf zur Sportuniversität sorgt dafür, daß kein Talent übersehen wird, und für jeden der 2 000 Hochleistungssportler steht neben seinem Trainer ein Psychologe, ein Sportarzt mit zwölfjähriger Ausbildung und ein Physiotherapeut bereit. Und auch ihre Zukunft wird betreut: Jeder von den »Staatsamateuren« erlernt an der Universität einen Beruf und braucht später nicht allein vom verblichenen Ruhm zu leben.

Daß der Sport in der großen Krise des Landes nicht einfach untergegangen ist, liegt an der neuen Politik der Selbstfinanzierung des Leistungssports, die inzwischen ihre Früchte trägt.

Bis 1991 flossen auf Cuba jährlich im Schnitt 3,7 Millionen Dollar in den Leistungssport. 2,3 Millionen kamen aus der Sowjetunion und Osteuropa. Als die sozialistischen Freunde das Handtuch warfen, verordnete der Staat die Selbstfinanzierung. Das Sportministerium rief die Firma »Cubadeportes« ins Leben, und die Insel entwickelte sich rasch zum Weltexporteur Nummer eins von Trainern, Technikern, Sportmedizinern und Sportpsychologen. In den vergangenen Jahren arbeiteten über 4 600 von ihnen in mehr als 50 Ländern und 60 Sportarten. Im Schnitt schaufelten die Exportierten jährlich 2,5 Millionen Dollar in die Kassen von »Cubadeportes«. Ihre Gehälter liegen zwischen 650 und 10 000 Dollar im Monat. Der Erfolgreichste unter ihnen war bis jetzt der Volleyballtrainer Jorge Herreira, der zuerst die Spanier auf den sechsten Platz der Spiele von Barcelona hievte und danach Griechenland unter die zwölf Besten der Welt führte.

Allein bei den Olympischen Spielen von Atlanta halfen 41 cubanische Trainer und Techniker Sportlern von 14 Teilnehmerstaaten. Der Export von Spezialisten und neuerdings auch von Leistungssportlern – Baseballspieler in Japan und Italien, Leichtathleten im spanischen Verein Lariios, Volleyballspieler in Italien und Japan, Ruderer in Brasilien – macht gut die Hälfte der Einnahmen von »Cubadeportes« aus. Den Rest steuert die heimische Industrie für Sportgeräte bei. Dazu kommen Beiträge von Sponsoren wie »adidas«, »Holsten«, »Castrol«, »Heineken« oder die japanische »Yaohan« und die Gewinne aus internationalen Veranstaltungen im Land. Die Gesamteinnahmen bleiben dennoch mager, und der Rückfall auf Platz neun in der Nationenwertung in Atlanta ist wohl auch eine Folge der Krise, selbst wenn er immer noch ein Riesenergebnis darstellt.

Daß Cubas Spitzensportler und Spitzentrainer immer wieder in die Heimat zurückkehren und dort alle erdenklichen Schwierigkeiten und bescheidene Einkommen in Kauf nehmen, hat der legendäre Boxer Teófilo Stevenson einst für sich auf den Punkt gebracht. Als der US-Boxpromoter Angelo Dundee dem Cubaner einen Millionenvertrag anbot, um ihn unter die Profis zu locken, antwortete Stevenson stolz und trotzig: »Zehn Millionen applaudierende Hände auf meiner Insel sind mir lieber als alle deine Dollars zusammen.«

Boxtraining im traditionsreichen Hinterhof-Boxring »Rafael Trejo« in der Altstadt von Havanna

Der Gigant aus Guantánamo – Felix Savón

Mein erster Kampf? Da war ich dreizehn. Der andere blieb eine gute Viertelstunde liegen. Ich bin erschrocken.
FELIX SAVÓN

Immer sind es die Boxer. Bei Olympischen Spielen, bei Good-Will-Games oder regionalen Großveranstaltungen des amerikanischen Kontinents – die cubanischen Boxer räumen ab und füllen den Medaillenkorb der Insel. Professor Alcides Sagarra, der Cheftrainer, träumt öffentlich davon, einmal in allen zwölf Gewichtsklassen die Titel zu gewinnen. Auf elf hat er es schon gebracht – in Ponce 1993. »Ich glaube daran, und das sage ich den Burschen jeden Tag, daß sie die körperlichen Qualitäten und die notwendigen Mittel haben, um die besten Amateurboxer der Welt zu besiegen. Die Grundlage der cubanischen Schule wurzelt in der Anwendung wissenschaftlicher Methoden bei der Vorbereitung, was einen klaren Vorteil gegenüber jedem Gegner ausmacht«, sagt der erfolgreichste Amateurboxtrainer der Welt.

Und er hat gute Karten in der Hand. Die Cubaner sind bei den Sowjets und den Ostdeutschen in die Schule gegangen, sie haben von den US-Boxern gelernt, und dann haben sie diesen Cocktail mit einer eigenen Zutat erst so richtig explosiv gemacht: mit dem angeborenen Rhythmus des Antillenbewohners dunkler Hautfarbe, dem es gelingt, selbst ein Finale um die Goldmedaille im Schwergewicht noch in einen Tanz zu verwandeln. Im Profiboxen hat in den anderthalb Jahrhunderten seines Bestehens nur ein einziger Mann diese Fähigkeit besessen: Muhammad Ali.

Er hat auf Cuba, auch wenn die beiden Sportarten fast nicht miteinander zu vergleichen sind, einen Nachfolger gefunden. Felix Savón heißt

Der sechsfache Amateur-Boxweltmeister und zweifache Olympiasieger Felix Savón beim Nachwuchstraining im Boxring »Rafael Trejo«

sie, die Helden, und man kann sie begrüßen und anfassen, vor und nach dem Kampf sitzen sie im Publikum, und immer geraten diese Nächte zur Familienfeier.

1988 trat Felix Savón gegen Juan Carlos Delis Cauce an, den einzigen Cubaner, der ihn jemals k. o. schlagen sollte, und ein knappes Jahrzehnt nach diesem Ausrutscher wird er erneut gegen ihn ausgezählt. Das Publikum ist so überrascht, daß es den Beifall für den Sieger vergißt. In wenigen Monaten finden in Budapest die Weltmeisterschaften statt, und jetzt ist Savón aufgrund dieses K.O.s erst einmal für 90 Tage gesperrt, wie bei den Amateurboxern üblich. Das Trainingsdefizit könnte sich bemerkbar machen da drüben auf dem alten Kontinent. Andererseits ist Savón schließlich Savón, er wird schon damit fertig werden.

Den Endkampf erreicht der Zwei-Meter-Mann in Budapest noch spielend. Da steht ihm der Usbeke Ruslan Chagaev gegenüber, ein unbeschriebenes Blatt. Savón steigt als letzter Cubaner in den Ring – er spürt seine Verantwortung: Mit seinem Sieg würde die Mannschaft ihren Weltmeistertitel erfolgreich verteidigen. Seine Niederlage wäre der Sieg der Russen. Der Ringrichter, ein Türke, gibt den Ring frei zur ersten Runde. Zwanzig Sekunden später steckt Felix Savón die erste Ermahnung wegen Schlagens mit der offenen Hand ein. Eine Minute später folgt eine zweite Ermahnung wegen Haltens. Der Cubaner ist irritiert, kann seinen Rhythmus nicht finden. Er ist fünffacher Weltmeister und jetzt will ihm ein unbekannter Ringrichter aus der Türkei sagen, wie man boxt. Und der läßt nicht locker. In der zweiten Runde spricht er gegen den Cubaner eine Verwarnung aus, die

er, auf der Insel der »Gigant von Guantánamo« genannt, Doppelolympiasieger und sechsfacher Weltmeister in der Klasse bis 91 Kilogramm, ein Seriensieger, der auch schon mal mehr als 100 Kämpfe ohne Niederlage hintereinander liefert, ein Modellathlet, stark wie ein Bär, ein Kind der Revolution, das keine Zweifel plagen, die Gallionsfigur des cubanischen Boxsports.

Mit dreizehn wechselt Felix in eine Spezialschule für Sportler in seiner Heimatstadt im äußersten Osten der Insel, aus dem Lager der Ruderer in das der Boxer, und von da an geht es nur noch aufwärts. Abgesehen von diesem einen Zwischenfall ...

Manchmal kommt das 24köpfige Nationalkader aus seinem Trainingsquartier, einer *finca* draußen auf dem Land, in die Hauptstadt und kämpft in der legendären Mehrzweckhalle »Kid Chocolate«, benannt nach dem ersten cubanischen Boxweltmeister. Die Hitze darin ist selbst für die Tropen unerträglich, der Schweiß fließt nicht nur im Kampfring, trotzdem füllt sich die Halle stets bis auf den letzten Platz, denn da sind

mit dem Abzug eines Punktes einhergeht. In der dritten Runde gibt es eine weitere Verwarnung. Der Gigant aus Guantánamo ist jetzt völlig aus dem Tritt. Er weiß, noch eine Verwarnung und er ist disqualifiziert. Er verliert die Konzentration und wagt es nicht mehr, seine Rechte, den Dampfhammer, einzusetzen. Der Usbeke hat Oberwasser, die letzten zwei Runden gewinnt er klar. Felix Savón und die cubanische Nationalmannschaft sind ihre Titel los.

Savón erlebt die wohl bittersten Stunden seiner Laufbahn: Er, der Kapitän, hat seine Mannschaft um die Weltmeisterschaft gebracht. »Der Ringrichter hat mich nervös gemacht«, sagt er später, »und in der Halle ist hoch gespielt worden.« Von Betrug spricht er nicht, aber es kostet ihn sichtlich Überwindung, über das Thema zu sprechen, obwohl er schließlich diesen sechsten Titel doch noch gewonnen hat, ebenso wie die Mannschaft den ihren. Irgend jemand fand heraus, daß Chagaev vor der Weltmeisterschaft in den USA gegen Geld geboxt hatte. Das wurde ihm zum Verhängnis. Im August 1998 nahm Felix Savón in der Halle »Kid Chocolate« vor seinen Fans die am schwersten erkämpfte Goldene seiner Laufbahn entgegen. Für diese Gelegenheit hatte sich der Riese einen beigen Maßanzug schneidern lassen, und ausnahmsweise zauberte er sogar einmal ein Lächeln auf sein Gesicht.

Als Nachtrag: Bei der vorletzten Abstimmung über den cubanischen Antrag, die US-Blockade zu verurteilen, stimmte ein einziges Land zusammen mit den USA und Israel mit »nein« – Usbekistan.

Medaillenspiegel für das cubanische Olympiateam

	Gold	Silber	Bronze
Paris 1900	1	–	–
St. Louis 1904	8	1	2
London 1948	–	2	–
Tokio 1964	–	1	–
Mexico 1972	3	1	4
Montreal 1976	6	4	3
Moskau 1980	8	7	5
Barcelona 1992	14	6	11
Atlanta 1996	9	8	8

Die Macht der wundersamen Heilungen

Der Mensch kann keine Ware sein, und auch die menschliche Gesundheit kann keine Ware sein, denn Gesundheit zu verkaufen, mit ihr zu handeln und von ihr zu profitieren, ist wie Sklaven zu verkaufen, mit ihnen zu handeln und von ihnen zu profitieren.
FIDEL CASTRO

Ana Fidelia Quirot – Phönix der Aschenbahnen

Es stand nicht gut um die berühmte Patientin, sie schwebte in Lebensgefahr. Fast 40 Prozent ihrer Haut waren verbrannt, der Bauch, die Arme, der Hals, das Gesicht. Zudem war sie im siebten Monat schwanger. Ihr Kind starb, sie selbst aber kam durch und machte wie mit einem Paukenschlag die Welt aufmerksam auf zwei der erstaunlichsten Leistungen der cubanischen Revolution: das Gesundheitssystem und der ständig wachsende Output an Spitzensportlern. Der Name der Verbrannten: Ana Fidelia Quirot, der »Sturm der Karibik«, wie die Medien sie nennen, seit sie 1989 zur weltbesten Leichtathletin des Jahres gekürt worden war – eine Ausnahmesportlerin, und, wie sich bald zeigen sollte, auch ein außergewöhnlicher Mensch.

Zu dem »Paukenschlag« kam es nur zehn Monate nach der Katastrophe in der puertoricanischen Stadt Ponce an der Südküste der Insel. Anlaß waren die 17. Spiele Mittelamerikas und der Karibik, ein der Olympiade ähnliches Sportfest der Region, das seit 1926 regelmäßig stattfindet. Dort gewann die Athletin, die noch so kurze Zeit vorher dem Tod nahe gewesen war, hinter der Surinamesin Letitia Vriesde die Silbermedaille im 800-Meter-Lauf »nur mit den Beinen«, wie sie selbst sagt. Tatsächlich ähnelte ihr Lauf dem eines Roboters, denn sie konnte den Oberkörper kaum und einen Arm überhaupt nicht bewegen. Seither gilt Ana Fidelia in Cuba als Inbegriff von Willenskraft und als narbenübersäter, aber lebender Beweis dafür, daß alle Probleme im Leben überwindbar sind. Die damals 30jährige Frau, längst weltbekannt und von ihren Landsleuten innig geliebt, wurde endgültig zur Volksheldin.

Als Ana Fidelia am 22. Januar 1993 in das Krankenhaus »Hermanos Almeijeiras« eingeliefert wird, setzt sich eine gewaltige und selbst in der Krise noch halbwegs gut geölte Maschinerie in Bewegung – das revolutionäre Gesundheitssystem. Allein dieses fast 60 Meter hohe Gebäude, von dem man über den »Malecón« von Havanna hinweg auf das Meer hinausblickt, kann Eindruck machen. In der Klinik, die 1983 eingeweiht wurde, gibt es neben zahllosen anderen Spezialabteilungen auch eine Station zur Behandlung von Verbrennungen und für plastische Chirurgie. Dr. Rafael Rodriguez rettet der Sportlerin auf dem Operationstisch das Leben. Die Implantation von künstlicher Haut und eine vom cubanischen Zentrum für Biotechnologie und Gentechnik kurze Zeit zuvor entwickelte Creme, die einen Hautwachstumsfaktor enthält, spielen dabei eine wesentliche Rolle. Der Chirurg stellt sofort ein Team verschiedener Fachärzte zusammen. Spezialisten aus anderen Krankenhäusern werden hinzugezogen, ein Gynäkologe kommt, ein Psychiater, ein Psychologe.

Bereits fünf Stunden nach Ana Fidelias Einlieferung betritt ein seltener Gast das Krankenhaus: Fidel Castro. Wie es seine Art ist, läßt er sich über jedes Detail unterrichten. Dann setzt er sich zu der Patientin und spricht ihr Mut zu.

Trotz der Schwere der Verbrennungen und des Schmerzes über den Verlust ihres Kindes kalkulieren die Ärzte vom ersten Augenblick an die Möglichkeit mit ein, Ana Fidelia könne wieder *die* Ana Fidelia werden, denn in Cuba glaubt man lieber an Wunder als an Niederlagen. Die Haut, die sie zusätzlich zu der künstlichen brauchen, nehmen die Ärzte vom Rücken der Patientin. Ihre Beine lassen sie unangetastet, denn Ana Fidelias Leben ist das Laufen, das durch nichts gefährdet werden darf. »Erst war das nur so eine Idee, aber dann haben wir ganz bewußt auf die Möglichkeit hingearbeitet, daß sie in den Hochleistungssport zurückkehrt«, sagt Dr. Rodriguez. Nach einem Monat hat Ana Fidelia die kritische Phase hinter sich, und Dr. José Cairos, der Leiter der Abteilung für plastische Chirugie, arbeitet jetzt mit der Patientin. Ana Fidelia bewegt ihre Beine, damit sie nicht schwach werden. Auch sie selbst hat vom ersten Augenblick an als Ziel das Comeback, die Rückkehr in die Weltspitze. Daß es dazu eines Wunders bedurfte, hat ihren Willen eher bestärkt. Ihr Körper ist von Narben übersät, ihre Seele nicht weniger. Ana Fidelia wird deswegen von einem Psychologen betreut. Das sportliche Training übernehmen wieder wie früher Trainer Leandro Civil und der Sportmediziner Professor Dr. Mario Granda, heute Leiter des Instituts für Sportmedizin. Ana Fidelia beginnt mit ersten Übungen. Das Krankenhaus hat ihr eigens dazu einen Raum eingerichtet. Dort macht sie Krafttraining, fährt Fahrrad, rudert trocken. Dann rennt sie die Treppen hinauf zu ihrem Bett. Sie macht schnell Fortschritte, denn sie ist eine Athletin. Sie macht Bewegungen, die die Narben elastisch halten. Der Schmerz läßt sie weinen, doch ihr starker Wille gibt ihr Kraft.

Ende April, keine 100 Tage nach der Katastrophe, betritt Ana Fidelia Quirot zum ersten Mal wieder ein Stadion, das der Universität von Havanna. Von sechs bis neun Uhr abends dreht sie dort mühsam ihre Runden. Vorher darf sie nicht ins Freie, denn das Sonnenlicht würde die neue Haut verbrennen.

Ein halbes Jahr später steht der »Sturm der Karibik« in Ponce wieder auf dem Treppchen, um den Hals jene Silbermedaille, die nach ihren eigenen Worten »heller glänzt als alle meine goldenen«. 1995 in Göteborg wird sie Weltmeisterin, zwei Jahre später in Athen wiederholt sie den Triumph. In der Zwischenzeit hat sie 28 Operationen hinter sich gebracht, die ersten, um ihre Bewegungsfähigkeit wiederherzustellen und das Wachstum der Narben zu stoppen, die letzten, um wieder schön zu werden, so schön, wie sie vor dem 22. Januar 1993 gewesen ist. Es wird niemand überraschen, daß sie auch dieses Ziel erreicht hat. Ihr vorerst letztes Rennen bei den Spielen Mittelamerikas und der Karibik hat sie verloren, weil eine alte Verletzung sich bemerkbar machte. Die Siegerin hieß wie schon in

Ana Fidelia Quirot fünf Jahre nach ihrem Brandunfall

Ponce Letitia Vriesde. Ana Fidelia Quirot macht nun erst einmal Pause, um sich den Traum zu erfüllen, der vor fünf Jahren auf so grauenhafte Weise zerstört wurde: Sie möchte Mutter werden.

Neuer Rekord der menschlichen Solidarität

»Insgesamt 569 981 Blutspenden haben die ›Komitees zur Verteidigung der Revolution‹ (Comite por la Defensa de la Revolucion, CDR) bis gestern erhalten, womit ein neuer Rekord der menschlichen Solidarität erreicht ist.

Die genannte Zahl liegt um 9 865 Spenden über der für dieses Jahr vorgegebenen, und wenn es bereits 1997 gelungen ist, pro 20 Einwohner eine Blutspende zu erhalten – ein Ziel, das die Weltgesundheitsorganisation für die entwickelten Länder für das Jahr 2000 vorgibt –, so liegt das Verhältnis bei uns schon heute bei 1 zu 19,3. Wie Victor Dominguez, Mitglied des Nationalen Koordinierungsausschusses der CDR Granma mitteilte, ist mit dem diesjährigen Beitrag der Blutspender seit 1962, als die Blutspenden erstmals in dieser breit organisierten Form durchgeführt wurden, eine Gesamtzahl an Blutspenden von 8 806 284 erreicht worden.

Zu betonen ist, das diese selbstlosen Spenden seit dem letzten Kongreß der CDR im Jahr 1994 bereits eine Gesamtzahl von 2 619 587 erreicht haben, was allein fast 30 Prozent der in den letzten 36 Jahren insgesamt erreichten, über 8 Millionen Spenden ausmacht. Mehr als die absolute Zahl versetzt dieser Prozentanteil in Erstaunen, da er für einen Fünfjahreszeitraum gilt, der mitten in den *período especial* fiel, was aber ganz offensichtlich kein Grund dafür war, daß die Spenden des lebenswichtigen Stoffes zurückgegangen wären. Das Gegenteil trat ein. Schwierige Zeiten sind in Cuba immer Zeiten großer Menschlichkeit gewesen. Jeder Cubaner, der freiwillig sein Blut spendet, gibt mehr als die Vene seines Armes.

Jeder rote Tropfen, der fließt, trägt den Namen der Solidarität, der Sensibilität und der Revolution, denn es sind diese 40 Jahre, die uns diese Werte anerzogen, die uns schließlich menschlicher gemacht haben.

Dr. Louis Córdova, stellvertretender Gesundheitsminister, erklärte unserer Zeitung, wie sich die Spenden in konkrete Hilfe umsetzen. Vergangenes Jahr gab es 500 000 Bluttransfusionen, dieses Jahr wird mit 600 000 gerechnet. Sie werden vor allem in der Chirurgie eingesetzt. Insgesamt wurden 1997 870 000 Operationen durchgeführt, bei etwa der Hälfte waren Transfusionen nötig. Nur als Beispiel sei darauf hingewiesen, daß bei jeder Operation am offenen Herzen ungefähr 20 Blutspenden verwertet werden, d. h. etwa zehn Liter Blut. Jährlich werden etwa 1 000 dieser schweren Eingriffe vorgenommen.

Der Vizeminister wies in diesem Zusammenhang auf die Neuregelung hin, daß in diesem Jahr die Altersgrenze für Spender von 60 auf 65 Jahre angehoben worden ist, in Anbetracht der gestiegenen Lebenserwartung und -qualität der Cubaner – Folgen vor allem der ärztlichen Betreuung und unserer Gesundheitsdienste.

Die Qualität des gespendeten Blutes ist nicht nur garantiert durch die statistisch bestätigte, positive gesundheitliche Entwicklung in unserem Volk und durch den Beitrag der Familienärzte und -schwestern. Hinzu kommt eine strenge Analysenreihe, der die rote Flüssigkeit unterzogen wird, um Syphilis, Aids und andere Krankheiten auszuschließen. Die Reagenzien für diese Tests produziert und verteilt das »Zentrum für Immunversuche«, das wöchentlich die Qualität der Labors, die das Blut freigeben, kontrolliert.

Ebenso reguliert das staatliche Zentrum für die Kontrolle der Qualität von Medikamenten alle Vorgänge, die mit den Normen der Blutbanken und der Spenden zusammenhängen.

Die Sicherheitsgarantie in dem Gesamtablauf, der von der Bank bis zur Herstellung von Blutderivaten führt, ist so hoch, daß unser Land von der Weltgesundheitsorganisation gebeten wurde, anderen Ländern der Dritten Welt in diesem Bereich Beistand zu leisten, erklärte Dr. Basanta, der ebenfalls an dem Gespräch beteiligt war.«

GRANMA 17. 9. 1998

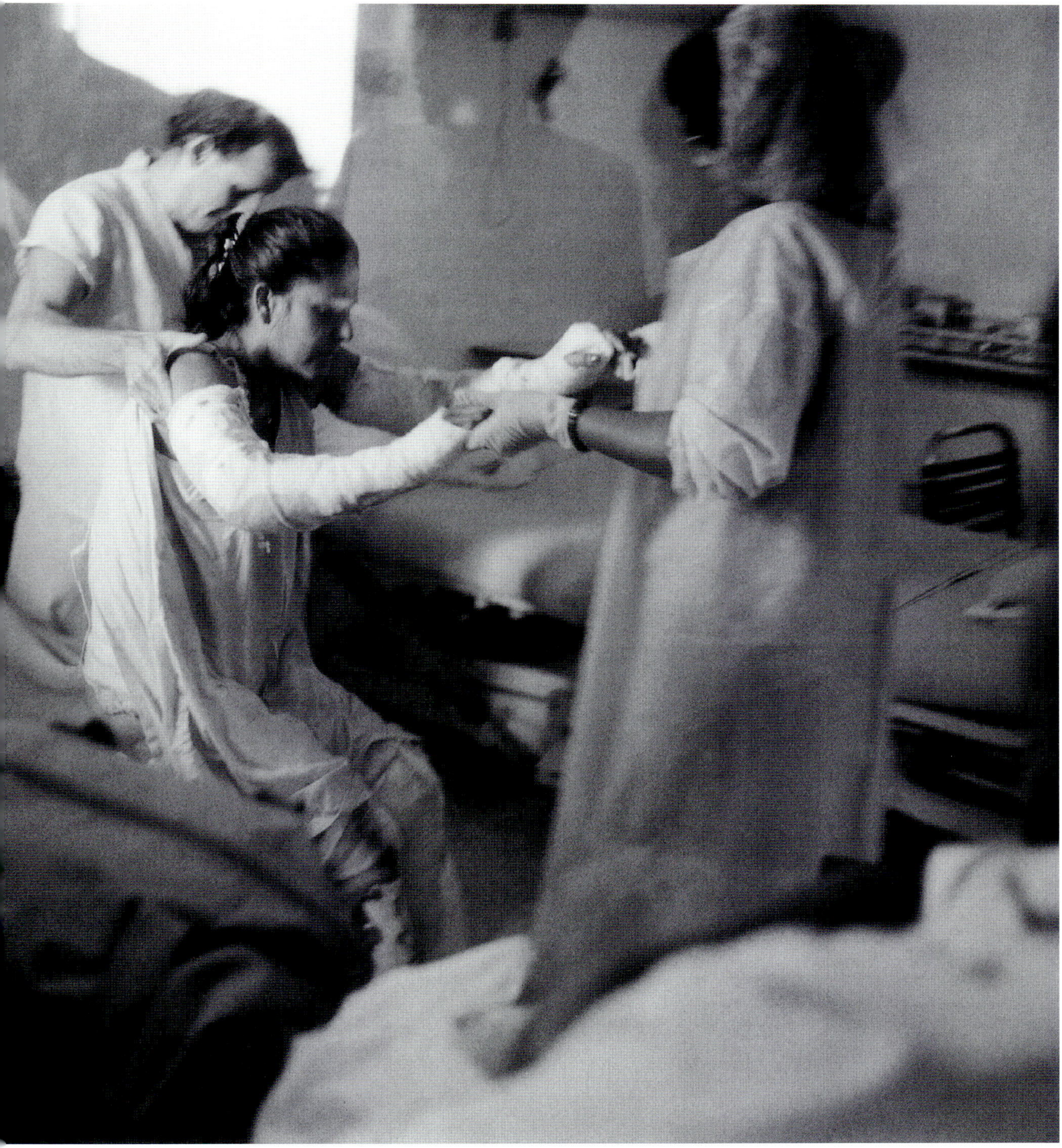

Eine Patientin auf der Spezialstation für Verbrennungen im Krankenhaus »Hermanos Ameijeiras« Havanna

Das cubanische Gesundheitssystem

Die breite Grundlage des Gesundheitssystems in Cuba bilden die Familienärzte, die jeweils rund 500 Personen betreuen. Dazu kommen Ärzte in größeren Praxen in den Stadtteilen und solche, die außerdem in Schulen, Betrieben oder Hotels arbeiten. Zudem steht ein Netz von Polikliniken zur Verfügung. Schwierige Fälle und Operationen werden in die Krankenhäuser der jeweiligen Provinz oder in die verschiedenen Spezialkliniken überwiesen. Sämtliche Behandlungen sind kostenlos. Erste Priorität des Systems hat die Prophylaxe.

Die gesamte ärztliche Versorgung ist kostenlos. Für Medikamente wird ein symbolischer Preis erhoben. Manche Medikamente sind wegen der US-Blockade nicht erhältlich. Im Gegenzug hat Cuba den Sektor der Naturheilmittel enorm ausgeweitet.

Erfolge der cubanischen Revolution auf dem Gesundheitssektor in Zahlen

	1958	**1991**	**1997**
Ärzte	6 286[1]	42 634	64 624
Hausärzte[2]	-	16 000	28 855
Einwohner/Arzt	1 076	251	176
Pflegepersonal	1 304	71 388	81 333
Polikliniken	161	421	440
Krankenhäuser	337[3]	267	283
Betten	32 501	78 828	81 016
Blutbanken	1	24	26
Haushaltsmittel in Mio. Pesos	20,6	1 038,5	1 383
Ausgaben pro Kopf in Pesos	3,04	97,11	125,31
Kindersterblichkeit auf 1 000 Geburten	60	10,7	7,2
Müttersterblichkeit auf 100 000 Geb.	115,5	36,2	21,6
durchschnittliche Lebenserwartung	60	74,7	74,7
Med. Fakultäten	3	22	24

1 Davon gingen etwa 3 000 in die USA
2 Ärzte, die in nächster Nähe der Patienten praktizieren
3 Die meisten privat

Von der entfesselten Phantasie eines Volkes

Die Zukunft unseres Vaterlandes muß notwendigerweise eine Zukunft der Wissenschaftler sein. Die soziale Revolution haben wir gemacht, um eine andere Revolution vorzubereiten: die technische.
FIDEL CASTRO 1960

Ein Händedruck für einen Impfstoff

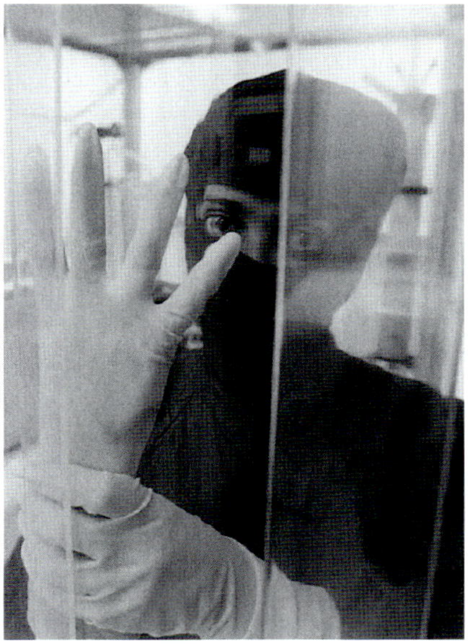

Fidel Castro hat angekündigt, daß Cuba im nächsten Jahr in der Lage sein wird, ein Kaninchen zu klonen. Allerdings handelt es sich bei dem Überbringer der frohen Botschaft nicht um den cubanischen Staatschef Fidel Castro Ruz, sondern um Fidel Ovidio Castro Reboredo. So nämlich lautet der volle Name des Leiters der Abteilung Transgenetik im »Zentrum für Biotechnologie und Gentechnik« in Havanna. Trotzdem wäre ohne den einen Castro die Ankündigung des anderen wohl niemals möglich gewesen.

Doch zurück in das Jahr 1981, das wohl dereinst in goldenen Lettern im Geschichtsbuch der cubanischen Revolution vermerkt sein wird. Erstmals standen in diesem Jahr hochqualifizierte Ärzte, Ingenieure, Techniker und Naturwissenschaftler für die wissenschaftliche und technische Forschung zu Tausenden zur Verfügung. Die Universitäten des Landes hatten etwas produziert, was heute als »die kritische Masse« bezeichnet wird. Der Umschlag von Qualität auch in Quantität war fällig, der Sprung.

Der Cuba-Besuch des US-Wissenschaftlers Randol Lee Clark, Leiter des »Anderson Hospital and Tumor Institute« in Houston, Texas, hatte den Stein ins Rollen gebracht. Fidel Castro hatte den Wissenschaftler eingeladen. Man unterhielt sich über dessen Untersuchungen auf dem Gebiet der Krebstherapie, speziell über seine Forschungsarbeit an Interferon, einen Abwehrstoff, den die weißen Blutkörperchen erzeugen. Dieses Gespräch hatte zur Folge, daß im Januar 1981 der cubanische Arzt und Spezialist für Blutkrebs, Dr. Manuel Limonta, zusammen mit einer Kollegin in Houston seine Versuche auf diesem Gebiet aufnehmen konnte. Ein Problem bestand darin, daß Interferon in größeren

Mengen nur schwer zu bekommen war. Allerdings hatte ein Wissenschaftler aus Finnland, Dr. Kari Cantell, bereits eine Technik entwickelt, den Stoff synthetisch in größeren Mengen zu erzeugen. Nachdem auch Cantell sich bereit erklärt hatte, mit den Cubanern zusammenzuarbeiten, schickte Fidel Castro gleich sechs junge Wissenschaftler in den kalten europäischen Norden. Nach nur neun Tagen kamen sie zurück und bezogen ein kleines Haus im Stadtteil Cubanacán, das in ein »Forschungszentrum« umgewandelt worden war. Keine zwei Monate später hatten die Cubaner ihr eigenes Interferon entwickelt. Häufigster Gast im Labor war in dieser Zeit Fidel Castro, der Mann, der schon immer davon überzeugt war, daß die Zukunft seines Landes auf dem Gebiet der Wissenschaft liegt.

Es zeigte sich allerdings bald, daß auch die mit der Cantell-Technik aus den Blutbanken gewinnbaren Mengen des Stoffes für den Bedarf auf der Insel nicht ausreichten. Da kam aus Europa die Nachricht, daß dem Interferon-Mangel mit Hilfe der Gentechnik abzuhelfen wäre. »Was die anderen können, das können wir auch, haben wir uns gesagt«, erzählt Dr. Angel Aguilera, einer der sechs Mediziner, die mit Cantell gearbeitet hatten. Also stürzten sich die Cubaner auf die Gentechnik. 1986 waren die Forschungen zur Herstellung von genetisch erzeugtem Interferon abgeschlossen. Heute produziert Cuba mehr davon als ganz Lateinamerika zusammen.

Schon vor dieser Zeit war auf 4000 Quadratmetern das »Zentrum für Biotechnologie und Gentechnik« entstanden, in dem heute in Forschung, Lehre, Produktion und Verkauf über 1000 Menschen arbeiten, allein 700 davon als hochqualifizierte Wissenschaftler. Die cubanische Biotechnologie hatte das Licht der Welt ohne Geburtswehen erblickt.

Seither haben die Cubaner nicht aufgehört, die Welt mit ihren Erfolgen auf diesem Gebiet zu verblüffen und bis in den fernen Osten zum Kauf zu bewegen. Sie produzieren monoklonale Antikörper zur Diagnose und Streptokinase zur Vorbeugung von Infarkten und Embolien, und sie haben einen genetisch erzeugten Stoff, der verbrannte Haut nachwachsen läßt. Zu ihren spektakulärsten Produkten gehören zwei Impfstoffe, der eine und zur Zeit der einzige auf der Welt gegen Hirnhautentzündung, der andere gegen Hepatitis B. Fast schon kurios wirkt eines ihrer letzten Erzeugnisse: ein Impfstoff gegen die Rinderzecken. Er basiert auf einem Protein, das die Darmzellen der Zecke erzeugen. Das Mittel wird dem Tier gespritzt, das entwickelt Antikörper, und wenn eine Zecke sein Blut trinkt, vergeht ihr so gründlich der Appetit, daß sie verhungert.

Inzwischen gibt es auf Cuba 225 Forschungszentren – vor der Revolution waren es zwölf –, und auf 1000 Einwohner kommen 1,8 Wissenschaftler und Ingenieure, ebenso viele wie in Italien oder Spanien. Hunderttausende Cubaner sind ausgebildete Techniker, und die Universitäten produzieren jährlich neue. Spitzenreiter im – wettbewerbslosen – Rennen um die bedeutendsten Ergebnisse sind die Genetiker. Sie basteln Pflanzen zusammen, die das heimische Klima besser vertragen und nicht krank werden. Sie entwickeln Fische, die doppelt so schnell wachsen wie ihre natürlichen Artgenossen. Sie suchen Impfstoffe gegen Cholera, Krebs und Aids, und sie haben sich zu ernstzunehmenden Konkurrenten für die Giganten der Branche gemausert. Frisch, jung und voller Ideen stützen sie sich auf ihre Infrastruktur und auf die Phantasie der Cubaner, für die es kein Problem ohne Lösung gibt. Der Erfindungsgeist auf der größten Antilleninsel kennt offenbar keine Grenzen, vor allem, seitdem er in Zeiten der Krise überlebenswichtig geworden ist. Beispielsweise wurde ein neuer Verbandsgips entwickelt, den man nicht für teure Devisen im Ausland kaufen muß, sondern im eigenen Land herstellen kann.

Oder sie haben »das Kamel« gebaut, ein Bus für 270 Personen, der helfen soll, das Nahverkehrsproblem zu lösen. Mikroorganismen haben sie gefunden, die Erdöl spalten - ein Beitrag zum Umweltschutz. Eine Prothese für das müde Glied des älteren Mannes entstand, aber auch die Soja-Milch und der Soja-Joghurt und eine Anlage, die das Gießwasser für die Pflanzen durch ein Magnetfeld leitet und so bessere Ernten erzielt. Pilze, Hefen und Ratten wurden zur Erzeugung von Impfstoffen verwendet, und die Akupunktur zur örtlichen Betäubung eingesetzt. Aber auch eine neue Operationstechnik zur Behandlung der Nachtblindheit haben sie entwickelt. Und eben dieser Erfindungsgeist schenkte der Welt auch Rumba, Son und Salsa.

Aus der phantastischen Begabung vieler einzelner ist inzwischen nichts weniger als eine Volksbewegung geworden. Ebenfalls im Jahr 1981, dem Geburtsjahr der cubanischen Biotechnologie, entstand die Organisation »Forum für Wissenschaft und Technik«. Auf dieser Bühne stellen die innovativen Cubaner jedes Jahr vor, was ihnen in den letzten zwölf Monaten eingefallen ist - vom kleinen Verbesserungsvorschlag in der Fahrradfabrik bis hin zum Impfstoff oder einem computerisierten Diagnosekasten für Kliniken. Mit der Gründung dieses Forums folgte man einem Gedanken des noch immer allgegenwärtigen Che Guevara. Der hatte früh erkannt, daß die Insel sich mit der Anbindung an das sozialistische Lager und die Sowjetunion, ein Ersatzteilproblem einhandeln würde, denn die gesamte Technologie basierte bis dahin auf nordamerikanischen Erzeugnissen. Heute basiert die Technologie auf Erzeugnissen aus der Sowjetunion, die aber gibt es nicht mehr. Offenbar ist das Problem der Abhängigkeit ein cubanisches Schicksal. Che jedenfalls forderte schon Anfang der sechziger Jahre dazu auf, nach Lösungen zu suchen und Ersatzteile selbst anzufertigen. Dieses Programm schuf den Kern dessen, was einmal das Forum werden sollte. Der letzte Anstoß kam dann von Fidel Castro selbst, das Forum entstand auf seinen ausdrücklichen Wunsch. Auf der ersten Tagung standen 828 Erfindungen und Lösungsvorschläge zur Debatte. 120 davon wurden umgesetzt. Insgesamt 1000 Cubaner hatten sich beteiligt. Das war im Jahr 1982. Nur 15 Jahre später nahmen bereits 412 135 Menschen an diesem Denkwettbewerb teil und schlugen 662 443 Lösungen vor - ein Weltrekord. Heute ist die Armee ebenso Teilnehmer des Forums wie die Universitäten, die Fabriken, die Krankenhäuser, die Schulen und Jugendorganisationen, Hausfrauen, Bauern und Pensionäre. Cuba hat sich auf den Weg ins Reich der Erfindungen gemacht und begonnen, die Phantasie seiner Menschen bis zum letzten Quentchen auszureizen. Das System arbeitet zur allgemeinen Zufriedenheit und dies, obwohl selbst wichtige Arbeiten wie die Entwicklung eines neuen Impfstoffes bestenfalls mit einem vom Staat zur Verfügung gestellten Auto belohnt werden. Dazu kommt vielleicht noch ein Händedruck des *Comandante en jefe*, aber darüber hinaus gibt es keine Anerkennung, schon gar keine finanzielle.

Weltweit wird der Umsatz allein für genetisch veränderte Samen und Pflanzen für das Jahr 2001 auf 20 bis 30 Milliarden Dollar geschätzt. Cuba läßt keinen Zweifel daran, daß es bei der Verteilung dabei sein möchte und zwar mit an vorderster Stelle. Mehr als 6 000 hochqualifizierte Wissenschaftler stehen bereit, diesen Plan zu verwirklichen.

»Die reichen Länder haben uns Mittelamerikanern unser Gold und unser Silber gestohlen«, sagt Dr. Aguilera. »Im Austausch hätten sie uns eine wissenschaftliche Entwicklung schenken können, aber das haben sie nicht getan - im Gegenteil. Wir Cubaner haben uns gewehrt, und wir werden uns weiter wehren. Anderen gab Gott Bodenschätze. Uns hat er Intelligenz gegeben.«

CIUDAD DE LA HABANA, MARTES 23 DE JUNIO DE 1998
AÑO DEL ANIVERSARIO 40 DE LAS BATALLAS DECISIVAS DE LA GUERRA DE LIBERACION

AÑO 34 / NUMERO 124
CIERRE: 12:30 A.M. / 20 CTVS.

Granma

ORGANO OFICIAL DEL COMITE CENTRAL DEL PARTIDO COMUNISTA DE CUBA

JUVENAL BALAN

Discurso del Comandante en Jefe Fidel Castro en la clausura del II Encuentro Mundial de Educación Especial en las páginas de la 2 a la 6

La Revolución no solo ha hecho una obra en lo material, ha hecho una obra en la conciencia, en el alma de la gente, preparando al ser humano, que debe ser el ser humano del mañana

Visitará a Cuba el Presidente de Colombia, Ernesto Samper

Invitado por el Presidente de los Consejos de Estado y de Ministros, Dr. Fidel Castro Ruz, del 24 al 27 de junio visitará a Cuba el Presidente de Colombia, Dr. Ernesto Samper Pizano.

El distinguido visitante inaugurará la Reunión de ministros de Salud del Movimiento de Países No Alineados, que se celebrará en La Habana los días 25 y 26 próximos, en su condición de Presidente de NOAL y cumplirá una visita oficial a nuestro país entre el mismo 26 y el 27 de junio.

Durante su estancia en nuestro país, el Presidente Samper atenderá un amplio programa de actividades, que incluye conversaciones oficiales con el Comandante en Jefe, entrevistas con dirigentes cubanos y recorridos por lugares de interés. El mandatario colombiano visitará además la Ciudad Heroica de Santiago de Cuba, donde participará en la feria Expocaribe que allí se realiza.

El Presidente Samper será acompañado por una delegación integrada por varios ministros de Estado y otras altas personalidades del gobierno de su país.

Adquiridos 150 ómnibus para el transporte urbano de la capital

Son Renault de segunda mano que se sumarán a una flota de 75 equipos similares en explotación hace algún tiempo. Firmados varios acuerdos y cartas de intención relacionadas con los ferrocarriles, el Túnel de La Habana y faros de ayuda a la navegación

ISMAEL FRANCISCO

Carlos Lage, el coronel Alvaro Pérez y Jean Claude Gayssot, ministro francés de Equipamiento, Transportes y Alojamiento, participaron en el acto de entrega oficial de una locomotora de 800 caballos de fuerza adquirida en Francia por la Unión de Ferrocarriles de Cuba.

■ Emilio del Barrio Menéndez

La adquisición de un lote de 150 ómnibus para el servicio urbano de pasajeros en la capital fue concretada ayer mediante la firma de un contrato de compra-venta ante la presencia del coronel Alvaro Pérez, ministro del Transporte de Cuba, y Jean Claude Gayssot, ministro de Equipamiento, Transportes y Alojamiento de la República de Francia.

Tal equipamiento, de segunda mano y en perfecto estado técnico, se incorporará al servicio en el transcurso del año y se sumará a un parque de 75 equipos similares que desde hace algún tiempo prestan servicios desde la terminal de Animao.

Gayssot se encuentra en nuestro país desde el dómingo al frente de una delegación de su país compuesta por parlamentarios y hombres de negocios. La visita ha resultado ocasión propicia para concertar acuerdos y transacciones de beneficio para los dos países en materias vinculadas a varias especialidades del transporte.

Además de la compra de los ómnibus Renault, ayer se rubricaron actas de intención para concluir el plan de trabajo que dé inicio a la rehabilitación del Túnel de la bahía de La Habana, así como para formalizar los intereses de compra-venta de importantes cantidades de material y equipamientos ferroviarios.

Temas objetos de atención y que reportaron firmas de acuerdos de diferentes tipos, fueron la rehabilitación de varios grandes faros de ayuda a la navegación y las vías de financiamiento de los montos que cubrirán los contratos de compras de equipos nuevos y de segunda mano para el ferrocarril cubano y para la rehabilitación del Túnel de la bahía.

Posteriormente los ministros cubano y francés destacaron los lazos de cooperación que existen entre ambas instituciones y las posibilidades para seguir desarrollándolos en beneficio de los dos países.

En la mañana de ayer el Ministro francés visitó la Estación Central de Ferrocarriles, donde junto a Carlos Lage, secretario del Comité Ejecutivo del Consejo de Ministros, y del coronel Alvaro Pérez, participó en el acto de entrega oficial de una locomotora de segunda mano con potencial de 800 caballos de fuerza, adquirida en Francia por la Unión de Ferrocarriles de Cuba.

»Die Revolution hat nicht nur auf der materiellen Ebene ein Werk geschaffen, sie hat dieses Werk auch im Bewußtsein und in der Seele der Menschen geschaffen, indem sie den Menschen darauf vorbereitet hat, wie der Mensch von morgen sein muß.«

Alles, was wir brauchen, haben wir ...

Interview mit Dr. Manuel Limonta, Leiter des Zentrums für Biotechnologie und Gentechnik

Eher früher als später wird die Wirklichkeit der Phantasie Recht geben müssen.
GABRIEL GARCÍA MARQUEZ

Dr. Limonta, beim Beginn des período especial hat Cuba eine Wette auf die Zukunft abgeschlossen und der wissenschaftlich-technischen Entwicklung, darunter der Biotechnologie, absoluten Vorrang eingeräumt. Den Forschungsinstituten hat es trotz der Krise an kaum etwas gefehlt, und es sind mit hohem Kostenaufwand neue dazu gekommen. Gewinnt Cuba diese Wette?
Ich denke, die Wette begann schon vor dem Beginn des *período especial*: Es hat sich dabei um eine strategische Entscheidung gehandelt, die dann auch in der Krise aufrechterhalten wurde. Ich spreche zum Beispiel vom Jahr 1981. Wir haben damals für unsere biologischen Forschungen ein Zentrum gebraucht, und das wurde dann innerhalb von nur sechs Monaten gebaut. Das zeigt, daß die Wette bereits abgeschlossen war. Als der *período especial* kam, haben die Zentren sich trotzdem weiterentwickelt, die Biotechnologie sogar stärker. Klar, wir hatten schon vorher eine Infrastruktur, und die hat sich noch erweitert.

Wie hoch war die Wette? Wieviel Geld hat der cubanische Staat auf diesem Gebiet investiert?
Nach meiner Schätzung hat Cuba in den letzten zehn, zwölf Jahren im Bereich der Biotechnologie zwischen einer und anderthalb Milliarden Dollar investiert.

Es wird behauptet, Cuba rechne für dieses Jahr mit Einnahmen von 290 Millionen Dollar auf diesem Sektor. Können Sie diese Zahl bestätigen?
Ich bin nur der Leiter eines von vielen Zentren. Ich kann das weder bestätigen, noch dementieren.

Wie verhält sich der Weltmarkt, wie verhalten sich die multinationalen Unternehmen, wenn da plötzlich ein neuer Konkurrent auftaucht, der dazu noch Cuba heißt?
Die multinationalen Unternehmen haben ihre eigene Psychologie, ihre eigenen Normen, und das schon seit vielen Jahren. Ich denke, daran hat sich nichts geändert. Auch uns gegenüber haben sie ihre Strategien eingesetzt, und als sie uns im Hinblick auf einige Produkte als Konkurrenten erkannten, haben sie natürlich reagiert. Wir haben einige Produkte, die wichtige Märkte erobert haben, die traditionell von den multinationalen Unternehmen beherrscht wurden. Dies ist zum Beispiel der Fall bei dem Impfstoff gegen die Hepatitis B, einem genetischen Produkt, das wir entwickelt haben, einem Produkt von höchster Qualität. Der Impfstoff wurde auf einigen Märkten Lateinamerikas und in anderen Länder verkauft und wurde auch eingesetzt, und es zeigte sich, daß er höchsten Anforderungen genügt. Dort hat man es dann vorgezogen, unser Produkt dauerhaft zu kaufen.

War das tatsächlich so einfach, wie es jetzt klingt?
Tatsache ist, daß wir alle Qualitätsanforderungen erfüllt haben: in der Herstellung, in der Anwen-

dung, in den klinischen Tests, und das hat uns internationale Unterstützung eingebracht. In manchen Ländern wurde unser Mittel als echte Alternative zu den herkömmlichen Produkten der Länder der ersten Welt betrachtet. Immerhin kommt der erste genetische Impfstoff gegen die Hepatitis B aus Cuba, einem der sogenannten Entwicklungsländer. Das war eine neue Option für Brasilianer, Uruguayer, Columbianer und Argentinier zum Beispiel.

Bieten Sie Preisvorteile?
Auf verschiedenen Märkten ja. Trotz der hohen Qualität haben wir den besseren Preis. Unsere Preise sind gewöhnlich annehmbar.

Kommen wir zum Thema Aids! Es wird behauptet, Cuba sei in spätestens zwei Jahren mit einem eigenen Anti-Aids-Impfstoff auf dem Markt. Stimmt das?
Wir gehören zu der kleinen Gruppe von vier, fünf Ländern, denen es gelungen ist, das herzustellen, was man einen Impfungskandidaten nennt. Das heißt nichts anderes, als daß ein Impfstoff vorgeschlagen wird zur Erprobung am Menschen, um zu sehen, ob der »Kandidat« am Ende tatsächlich als vorbeugende Impfung, in diesem Fall gegen Aids, taugt. Diesen Stoff haben wir, alle seine Bestandteile sind durch die Tests gegangen, seine physikalisch-chemischen Eigenschaften sind klar. Wir haben ihn entsprechend den internationalen Normen an Versuchstieren getestet und haben die Unterstützung der Weltgesundheitsorganisation, die unsere Ergebnisse anerkennt. Wir haben einen Kandidaten zur Erprobung an Menschen. Wir wissen, daß in den USA Studien gemacht werden, daß Frankreich einen Kandidaten hat, England ebenfalls, und daß Kanada mit dem französischen Produkt arbeitet.

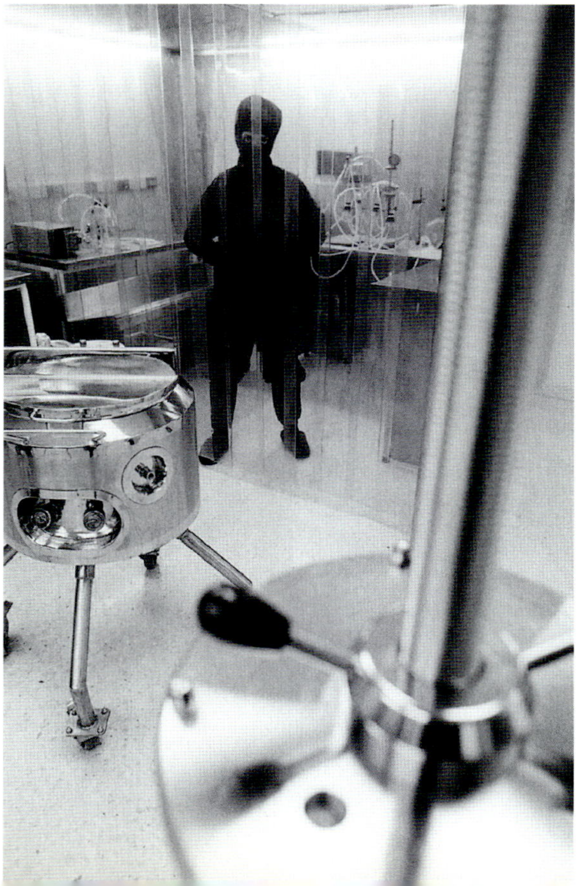

Gibt es hier irgendeine Form der Zusammenarbeit?
Wir arbeiten mit der ganzen Welt zusammen. Seit den ersten Jahren hat es unsererseits immer Zusammenarbeit gegeben. Wir sind völlig offen. Allerdings haben wir keinen Austausch von Forschern oder Arbeitsgruppen auf der Basis eines Abkommens. In dieser Art gibt es keine Zusammenarbeit, aber wir sind jederzeit dazu bereit.

Heißt das, daß jedes Land das weltweite Problem Aids innerhalb seiner eigenen Grenzen lösen will?
Wir versuchen, das Problem zu lösen, aber nicht unbedingt innerhalb unserer Grenzen. Wir sind, ich wiederhole es, zu jeder Art von Zusammenarbeit bereit. Wir lehnen keinen Vorschlag ab, im Gegenteil, er spornt uns an.

Sind Sie bereits beim Versuch am Menschen angekommen?
Die Tests haben drei Phasen. In der ersten Pha-

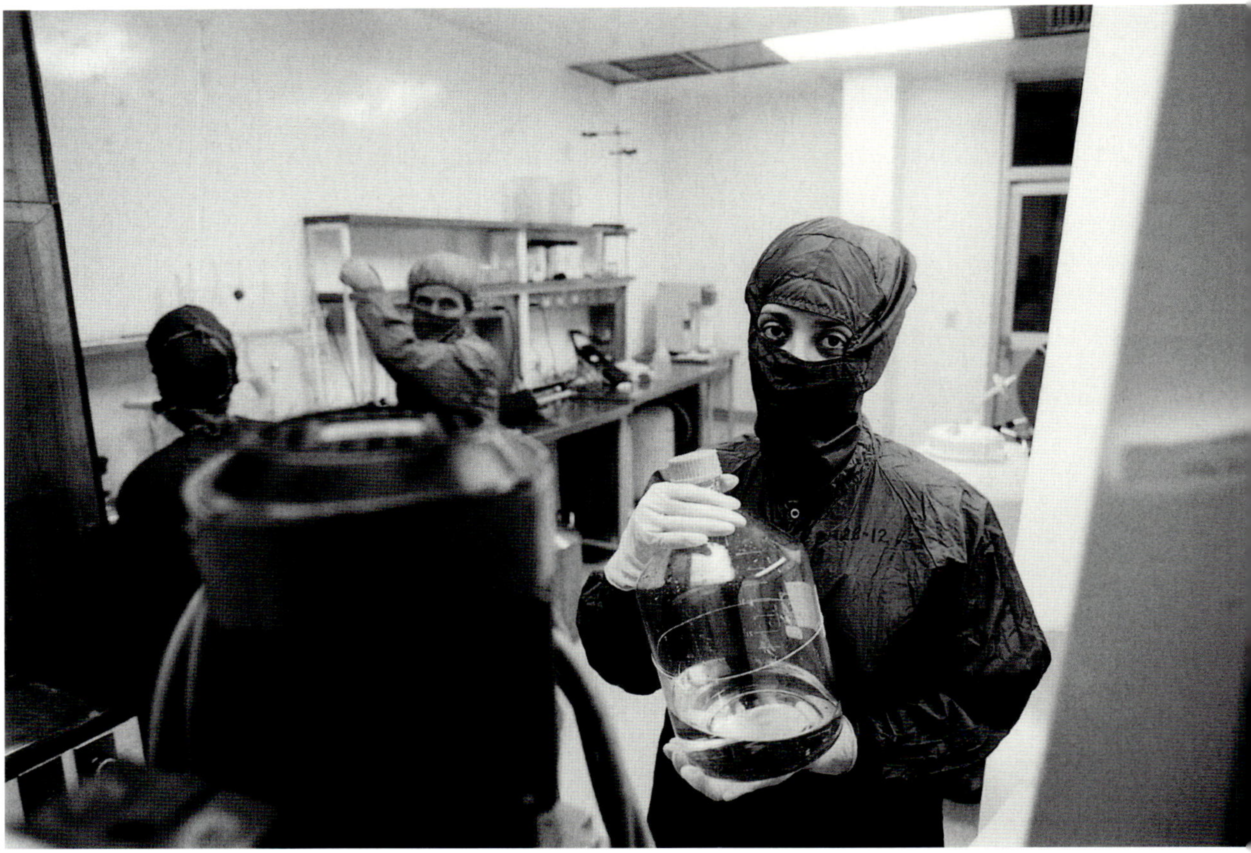

se, in der wir uns im Augenblick befinden, wird der Stoff Menschen gespritzt, um zu sehen, ob er irgendeine unnormale Reaktion hervorruft. In der zweiten Phase wird die Immunreaktion untersucht: Hat der Impfstoff die Fähigkeit, im Körper eine Abwehr aufzubauen? In unserem Fall handelt es sich um ein genetisch hergestelltes, künstliches Produkt, das dieselbe Struktur hat wie der Virus, sozusagen eine Kopie, die aber kein Virus ist, sondern eine chemische Struktur. Man kann sich nicht damit anstecken.

Eine tote Struktur?
Ja. Das einzige, was der Stoff erreicht, ist eine Immunreaktion, genau so, als wäre es der wirkliche Virus.

Eine Täuschung?
Eine Täuschung des Körpers. Und der Körper produziert Antikörper. Das ist Phase zwei. Phase drei geht von der Fiktion aus, daß eine ganze Bevölkerung geimpft werden muß, die möglicherweise mit dem Aids-Virus in Kontakt kommen kann. Anhand der Statistiken kann man dann sehen, ob der Impfstoff wirksam ist. Man muß das mit Menschen machen, denn im Fall von Aids gibt es keine Tiere, die die Krankheit wiederholen könnten. Im Fall der Hepatitis zum Beispiel können Sie einen Schimpansen nehmen, ihm den Impfstoff spritzen, und das Tier produziert Antikörper. Anschließend spritzen Sie den Virus, und so stellen Sie fest, ob das Tier geschützt ist oder nicht. Aber der Aids-Virus

des Menschen steckt kein Tier an, auch keinen Schimpansen. Würde er das tun, wäre Phase drei wesentlich einfacher. Zumindest würden wir klarer sehen, was wir eigentlich in dieser Phase suchen.

An welchem Punkt der Tests steht Cuba?
Wir haben Phase eins beendet und wiederholen sie. Unser Interesse ist, mit einem möglichst perfekten Impfstoff in Phase drei zu gehen, um am Ende ein effektives und sicheres Produkt zu erzielen.

Sind Sie selbst Versuchsperson?
Nein. 24 Freiwillige wurden ausgewählt und machen den Test. Mich haben sie nicht genommen, weil ich über vierzig bin.

Und allen Testpersonen geht es gut?
Allen geht es gut. Sie haben eine Dosis des Stoffes erhalten, und wir haben ihre Reaktionen untersucht. Dann haben wir diese Untersuchung vorläufig eingestellt, denn in einigen Fällen kam es zu starken Reaktionen, die wir noch genauer untersuchen wollen. Außerdem möchten wir andere Hilfssubstanzen benutzen. Vom immunologischen Standpunkt aus waren die Ergebnisse sehr gut. Wir haben den Freiwilligen Blut abgenommen und konnten sehen, daß diejenigen, die mit dem Antigen, also der genetischen Kopie des Virus, geimpft waren, allesamt Antikörper produzierten. Die Hälfte erzielte eine neutralisierende Wirkung, und das ist sehr wichtig. Aber wir arbeiten auch an anderen Varianten eines möglichen Impfstoffs, auch an einer vorbeugenden Variante.

Und werden Sie tatsächlich damit in zwei Jahren auf dem Markt sein?
Dr. José Sparsa hat uns hier besucht, der Direktor des Welt-Aids-Programms der Weltgesundheitsorganisation. Er rechnet damit, daß eines der vier Länder - USA, Frankreich, England oder Cuba -, die beim Test am menschlichen Körper angekommen sind, etwa in den Jahren 2003, 2004 einen wirkungsvollen Impfstoff haben wird. Klar, auch Wissenschaftler sind Menschen. Es gibt Optimisten und Pessimisten unter ihnen.

Schauen wir noch etwas weiter in die Zukunft: Wird die Zeit kommen, in der die Biotechnologie ein Pfeiler der cubanischen Wirtschaft ist, wie heute bereits der Tourismus und der Zucker?
Ja, und dieser Zeitpunkt ist nicht mehr weit entfernt. Ich sehe ihn mittelfristig kommen. Alles, was wir dazu brauchen, haben wir.

100 % Cubano

Miguel Barnet
Es gibt Leute

Es gibt Leute wie dich
die das Leben liebend oder fluchend
verbringen
dabei Grimassen schneiden oder in dunklen
Gärten alleine reden
die ein Taxi nehmen
sich beschweren, Früchte essen
oder trockene Vögel
die sagen, daß das Leben etwas Schreckliches
oder etwas Wunderbares ist
die nie ein Gedicht lesen
aber ihre Haare und ihre Lenden streicheln
Leute, die die Bibel verschlingen und
nichtsdestoweniger das Kommunistische
Manifest
und die eines Tages aufstehen
mit ihrem üblichen Getöse
der Tür einen Tritt versetzen
aus den Eingeweiden heraus oder mit ein
bißchen Zärtlichkeit
und sterben
damit die Revolution kein Haufen Papier sei
und von neuem beginne.

1. Mai 1997 auf dem »Platz der Revolution« in Havanna

Von Macht und Ohnmacht der Ideologie

Die schönste politische und soziale Idee ist die, die dem Volk
seine Freiheiten erhält und seine Bedürfnisse befriedigt.
FIDEL CASTRO

Auf der Suche nach dem Meisterkoch

Vierzig Jahre nach ihrem Sieg über den Diktator Fulgencio Batista und das amerikanische Kapital kann die cubanische Revolution eine Bilanz ziehen.

Einerseits hat sie:
- die politische Unabhängigkeit der Insel erreicht und bewahrt und diese Unabhängigkeit nach dem Zerfall der Sowjetunion auch auf den wirtschaftlichen Bereich ausgedehnt;
- die Bevölkerung zur gesündesten der Dritten Welt gemacht;
- den Analphabetismus überwunden und das höchste Bildungsniveau der Dritten Welt erreicht;
- die kulturelle Vielfalt gesteigert;
- die Insel auf dem Gebiet des Sports an die Weltspitze geführt;
- die Gleichberechtigung der Frauen vorangetrieben;
- eine bis vor kurzem weitgehend egalitäre und gerechte Gesellschaft etabliert;
- den Rassismus wesentlich eingedämmt;
- das Gefälle zwischen den Provinzen und der Hauptstadt beseitigt;
- einen noch immer weitgehenden gesellschaftlichen Konsens geschaffen und aufrechterhalten;
- einen, wenn auch umstrittenen, Versuch unternommen, zu einer eigenen Form von Demokratie zu gelangen.

Andererseits hat sie:
- die Bürgerrechte und die demokratischen Freiheiten eingeschränkt;
- persönliche Initiative und Zivilcourage abgewürgt;
- keine wirtschaftliche Effizienz erreicht;
- das Ernährungsproblem nicht in den Griff bekommen;
- die Abhängigkeit von der Monokultur Zucker nicht aufgehoben;
- die bedrohliche Feindschaft der USA nicht mildern können oder wollen.

So einfach ist das also. Das Positive und das Negative. Aber was ist in den Köpfen der Menschen geschehen und was in ihren Herzen? Was denkt und fühlt einer, dem die Ärzte der Revolution eine Niere eingepflanzt haben, ohne einen

Peso dafür zu verlangen? Was denkt und fühlt der Sohn eines *campesinos*, der es dank der Revolution zum Universitätsprofessor gebracht hat und heute mit einem Bein im Gefängnis steht, weil sein Gehalt nicht reicht und er deshalb illegal Taxi fährt oder illegal Zimmer vermietet? Was denkt der, der seine Arbeit verloren hat, weil er kein Sozialist sein wollte? Was fühlt ein pechschwarzer Junge, den die Revolution zum Boxweltmeister gemacht hat? Und was haben sie alle letzten Endes zu sagen? Kommt es überhaupt darauf an, was sie denken und fühlen, wenn schon die Herren Marx, Lenin, Martí und Castro längst erklärt haben, wie alles ist, zu sein hat und werden wird? Wer bestimmt die Zukunft auf dem Traumschiff Cuba: die Leute, die Partei, Fidel Castro? Oder etwa doch nur die berühmten Sachzwänge?

Pedro stiehlt Würste aus der Fabrik, in der er arbeitet. Solange er das als einziger tut, lebt er gefährlich. Wenn aber alle in dieser Fabrik die Würste stehlen, kann der Staat sie nicht mehr einsperren, es wären zu viele. Der Staat muß nachgeben, und außerdem kommt es billiger, jedem Arbeiter jeden Monat eine Wurst zu schenken, als sich zwei stehlen zu lassen.

Der umgekehrte Fall: Pablo hat sich immer vorbildlich verhalten. Dafür ist er belohnt worden. Was aber, wenn alle sich immer vorbildlich verhalten? Wo soll man da noch die Belohnungen hernehmen? In diesem Fall wird Pablos Verhalten auf »normal« zurückgestuft, und es gibt keine Belohnung mehr dafür. Pablo steht für den allergrößten Teil der einfachen Leute im sozialistischen System, so dürfen sie mitbestimmen.

Wenn 30 000 Cubaner auf Flößen nach Miami flüchten, wie 1994 geschehen, eröffnet der Staat die Bauernmärkte, nach denen das Volk vorher vergeblich laut gerufen hat. Wenn Tausende heimlich Essen verkaufen, um ihre Existenz zu sichern, erlaubt der Staat kleine Privatrestaurants. Erst wenn die Zahl der illegalen Taxifahrer überhand nimmt, gibt der Staat die Möglichkeit, dieses Geschäft zu legalisieren, setzt aber kurz darauf die Steuerschraube an, und zerstört es damit gleich wieder.

Es ist ein dauerndes Hin und Her, ein Tauziehen. Und währenddessen wird Cuba zu einer ideologischen Zentrifuge. Als vorherrschende Ideologie gilt seit fast 40 Jahren: »Wir sind alle gleich, also müssen wir auch ungefähr das gleiche verdienen.« Ein edler, aber doch merkwürdiger Gedanke, denn schließlich sind wir – zum Glück – nicht alle gleich, sondern höchst verschieden. Solange es noch genug zu verteilen gab, konnte das irrige Prinzip der Gleichheit halbwegs aufrecht erhalten werden. In Zeiten der Not erweist es sich als das, was es ist: ein ideologischer Fallstrick. Die Chinesen haben das schon vor einiger Zeit begriffen, und es geht ihnen gut. Die Cubaner (Außenminister Robaina: »Unsere wunderbar unvollkommene Gesellschaft«) mußten sich erst einmal durch die Krise hungern, bevor sich die Führung zu ein wenig Realismus durchringen konnte.

»Man hat an neuen Formen der Bezahlung gearbeitet, wobei die Löhne an die produktiven Resultate gebunden wurden.« So heißt es schlicht in der »Ökonomischen Resolution« des V. Kongresses der immerhin 700 000 Mitglieder starken »Kommunistischen Partei Cubas«. Wenn aber die Löhne an die Ergebnisse der Arbeit gebunden sind, verdienen auch nicht mehr alle dasselbe. Leistungslohn und Prämiensystem waren noch nie taugliche Mittel, um die Unterschiede zwischen den Menschen zu verwischen. Und wenn die Prämien dann auch noch in Dollar ausbezahlt werden, dann wachsen die Unterschiede erheblich.

1963 hatte Ernesto Che Guevara erklärt: »Wir legen Wert auf die moralischen Prämien der sozialistischen Gesellschaft und gehen davon aus, daß die materiellen Prämien abnehmen, bis sie in der klassenlosen Gesellschaft ganz verschwinden.« Nach dieser Maxime wurde in Havanna regiert. 35 Jahre hat es gedauert, bis der Wind sich drehte. »Effizienz ist das zentrale Ziel«, sagt Fidel Castro heute, sagt die Partei, »auch wenn die wachsenden Zugangsmöglichkeiten zu Devisen immer ernsthaftere ideologische Probleme schaffen, vor allem wegen der sozialen Ungerechtigkeit und der maßlosen Gier, die dadurch erzeugt werden.«

Das liest sich, als beschimpfe jemand die Realität, weil sie sich nicht der Theorie anpaßt. Dabei ist keiner auf Cuba mehr hinter den grünen Scheinen her als der Staat selbst. Nach der Dollarfreigabe spannte er ein Netz von Läden über das Land, in denen es gegen Dollars alles zu kaufen gibt, was die Bevölkerung jahrelang nicht mehr gesehen hat. Daß es dabei nicht darum geht, dem Volk die Möglichkeit zu bieten, sich seine Wünsche zu erfüllen, zeigt allein der Name der Geschäfte: »Läden zur Eintreibung von Devisen« heißen sie, und viele Cubaner könnte man inzwischen als »Personen zur Eintreibung von Devisen« bezeichnen. Eigentlich sollte der selbstlose »neue Mensch« Che Guevaras sich nach 40 Jahren Revolution schon ziemlich weit entwickelt haben. Das allerdings ist nicht der Fall, doch daß die Partei die Bereitschaft signalisiert hat, dies zur Kenntnis zu nehmen und darauf zu reagieren, kann für das Land nur von Vorteil sein.

Die CCP sieht die Lage vergleichsweise nüchterner, auch wenn sie die Fahne des Sozialismus weiter hoch halten muß:

»Wir haben Sozialismus, und wir werden Sozialismus haben, aber der einzige heute auf Cuba mögliche Sozialismus erfordert in wachsendem Ausmaß, schwer zu handhabende Mechanismen zu übernehmen, wie etwa Geld-Handels-Beziehungen und noch gewisse andere kapitalistische Elemente.«

Davon gibt es bisher nur wenige: Joint-ventures, das malträtierte Kleingewerbe, Freihandelszonen, Bauernmärkte und die mit Höchststeuern belegte Möglichkeit, ein Zimmer zu vermieten. Immerhin fährt das Parteidokument ganz sachlich fort: »Es ist die Aufgabe des sozialistischen Staates, die den Marktmechanismen innewohnenden Verzerrungen zu korrigieren, um negative Auswirkungen zu verringern, und vor allem in Rechnung zu stellen, daß die unvermeidliche Gegenwärtigkeit dieser Mechanismen Herausforderungen und Gefahren mit sich bringt, die zu bekämpfen in der Wirtschaft, der Politik, der Ideologie und auf dem sozialen Sektor unerläßlich ist.«

Das aber sollte sich eigentlich jeder Staat zur Aufgabe machen. Die soziale Ungleichheit ist nicht nur seit dem Parteikongreß von oben abgesegnet, sie existiert bereits, und nur deshalb hat sie diesen Segen auch bekommen. Sie mit mehr als Worten zu bekämpfen, wäre ziemlich sinnlos. Am Ende kann die zähneknirschende Abkehr vom Prinzip der sozialen Gleichheit ja auch dazu führen, daß die überwiegende Mehrheit haben wird, was sie braucht – vor allem in einem Land, dessen Bewohner eher bescheiden sind. Den Weg zu diesem Ziel kennt die Partei: »Wir müssen mehr und besser arbeiten.« Eine Erkenntnis, zu der die Politk auch ohne hellseherische Gaben schon vor Jahren hätten gelangen können, hätte ihnen Che Guevaras sozialistische Utopie nicht den Blick verstellt.

Wer dazu bereit ist, mehr und besser zu arbeiten, wird es noch eine ganze Weile schwer haben, falls er selbständig sein will. Die Partei hat beim vorsichtigen wirtschaftspolitischen Umdenken nicht unbedingt die im Blick, die sich mit *paladaren*, Cafeterias, Buchhandlungen, Handwerksbetrieben, Taxis oder was auch immer am eigenen Schopf aus dem Sumpf der Krise ziehen wollen. Sie gelten weiterhin als notwendiges Übel und sehen sich entmutigenden Steuern, Abgaben und Einschränkungen gegenüber, und das bei der ständigen Angst davor, daß ihr Kleingeschäft morgen schon wieder verboten wird. Denn das ist der Teufelskreis: Sollten die Prämien, der Leistungslohn und die allgemeine Dollarisierung tatsächlich eine Verbesserung der Gesamtlage bewirken, dann besteht im Falle des anhaltenden Aufschwungs jederzeit die Möglichkeit, daß sie auch wieder abgeschafft werden, denn nur die Krise hat sie ermöglicht, nicht etwa Einsicht oder Überzeugung.

Der Blick in die Zukunft ist von einem Dinosaurier versperrt: Fidel Castro. Die Existenz Cubas ist seit vierzig Jahren undenkbar ohne den *Comandante en jefe*, den Helden, den Vater, den Vordenker, den Stellvertreter der Götter auf Erden. Gäbe es einen »Kronprinzen«, man könnte vielleicht Spekulationen anstellen über das Cuba einer unfidelen Zukunft. Es gibt keinen. Wie es aussieht, kann Fidel Castro durch niemanden ersetzt werden.

Im neunten Jahr des *período especial* ist in Anbetracht von cubanischen Aktiengesellschaften und Joint-ventures, *jineteras* und gesperrten Stränden auch die Jugend nachdenklich geworden, denn zwischen dem Fernsehprogramm und dem Inhalt der öffentlichen Reden einerseits und den Problemen des täglichen Lebens andererseits klaffen Welten. »Werden die Söhne den gleichen revolutionären Elan haben wie die Väter?« fragt JUVENTUD REBELDE, die Zeitung der Parteijugend. Die Frage klingt bang. Die von den Vätern erkämpften Errungenschaften sind für die Söhne zur Selbstverständlichkeit geworden, und heute ist das Terrain vermint: »Niemals war die ideologische Konfrontation so stark und so kompliziert wie heute. Zu diesen Auseinandersetzungen sind die Mangelerscheinungen gekommen, die sozialen Unterschiede, die Dollarläden. Eine schwierige Zeit. Die Konzepte verändern sich. Auch die Gefühle. Der Individualismus könnte siegen.«

Das aber wäre im offiziellen Cuba eine ideologische Katastrophe, denn der sozialistische Katechismus setzt Individualismus ziemlich bedenkenlos mit Egoismus gleich. Cuba ist aufgrund der Abwesenheit der amerikanischen Kulturzerstörungsmaschinerie trotz Sozialismus eine Insel der Individualisten geblieben, die beileibe nicht alle Egoisten sind. Der Staatschef selbst, den sogar seine Todfeinde für eine außergewöhnlich starke Persönlichkeit halten, ist der lebendige Beweis für diese These.

Während die Gegenwart mit all ihren Widersprüchen sich dem Verständnis beharrlich entzieht und die Zukunft vielleicht schon 1990, vielleicht aber auch noch gar nicht begonnen hat, hebt die Vergangenheit hier und dort wieder das Haupt. Die afrocubanischen Religionen haben ihren Einfluß auch im Straßenbild zurückerobert, und mit dem Papstbesuch ist auch die katholische Kirche wieder hoffähig geworden. Die Cubaner riskieren ihr Geld wieder in der Lotterie, auch wenn die Treffer in Venezuela gezogen werden und die frohe Kunde die Gewinner per Radio erreicht. Frauen bestehen wieder darauf, in Weiß

zu heiraten und für die Hochzeit ein 48er Oldsmobile Cabriolet anzumieten. Und Niki Lauda macht in der deutschen Ausgabe von GRANMA INTERNATIONAL darauf aufmerksam, wieviel Geld Cuba verdienen könnte, wenn es nur einen Lauf der Formel 1 ausrichten würde. Die schwarzweiß karierte Flagge aber, die das Ende des Rennens um die sozialistische Gesellschaft anzeigt, ist noch lange nicht in Sicht.

Der *ajiaco* kocht weiter. Vier Jahrzehnte hat ihm das Salz des Wettbewerbs gefehlt, und er hat ein wenig fad geschmeckt. Die Zukunft wird zeigen, ob er schmackhafter oder bald ungenießbar wird. Ein Königreich für einen guten Koch!

Harley-Davidson-Treffen am »Malecón« in Havanna

Hochzeit in Weiß und mit Oldtimer

Demokratie auf Cubanisch

Es gibt im politischen System der Republik Cuba drei Entscheidungsebenen mit ihren jeweiligen Parlamenten: die Gemeinde, die Provinz und den Staat. Die Abgeordneten für die Gemeindeparlamente stehen alle zweieinhalb Jahre zur Wahl. In jedem Wahlkreis nominieren die Wähler zwischen zwei und acht Kandidaten. Die Wahl ist frei, geheim und direkt. Gewählt ist, wer über die Hälfte der gültigen Stimmen erhält. Ein zweiter Wahlgang ist möglich.

Die Abgeordneten der 14 Provinzparlamente und die 601 Mitglieder der Nationalversammlung stehen alle fünf Jahre zur Wahl. Die Kandidaten werden von einer Kommission vorgeschlagen, die sich aus Vertretern der Massenorganisationen (Gewerkschaftsbund, Frauenverband, Studentenvereinigung, Komitees zur Verteidigung der Revolution usw.) zusammensetzt. Die Hälfte der Kandidaten soll aus den Gemeindeparlamenten kommen. Die Provinzparlamente stimmen den Vorschlägen der Kandidatenkommission mehrheitlich zu. Die so ernannten Kandidaten werden dem Wähler auf der jeweiligen örtlichen Einheitsliste präsentiert. Der Wähler kann sie ebenfalls in freier, geheimer und direkter Wahl alle wählen. Er kann sich aber auch für nur einen oder gar keinen entscheiden. Bei den Wahlen von 1998 betrug die Wahlbeteiligung 98,35 Prozent, 7 Prozent der Wähler enthielten sich der Stimme bzw. machten ihre Stimmzettel ungültig.

Die Nationalversammlung, die zweimal jährlich tagt, wählt den Staatspräsidenten, der zugleich Regierungschef und Vorsitzender des Staatsrats ist. Dieser 31köpfige Staatsrat stellt die Legislative dar und agiert über Dekrete. Er ist eine Körperschaft, die die Cubaner angesichts der Bedrohung durch die USA ins Leben gerufen haben, um zu schnellen Entscheidungen in der Lage zu sein. Er wird ebenfalls von der Nationalversammlung gewählt.

Alle Abgeordneten können von den Wählern abgewählt werden, falls ihre Arbeit nicht überzeugt. Sie müssen ein- bis zweimal jährlich in ihrem Wahlkreis Rechenschaft ablegen. Sie arbeiten ohne Bezahlung.

Balseros

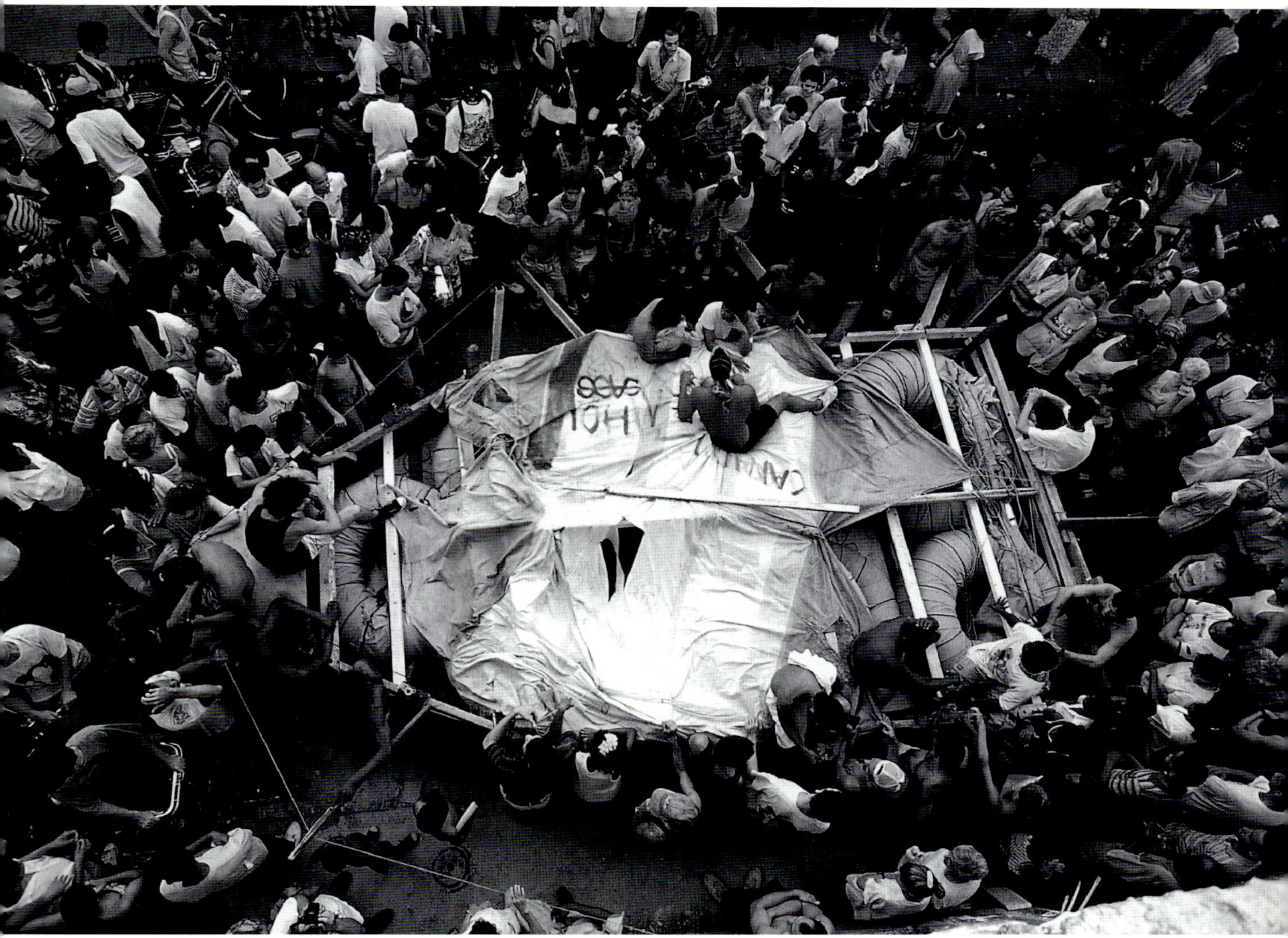

1994: Tausende Cubaner wagen auf Booten, Flößen, LKW-Reifen die Flucht nach Florida

Aus dem cubanischen Strafgesetzbuch

Artikel 72 (Zustand der Gefährlichkeit)

Als Zustand der Gefährlichkeit wird die spezielle Neigung einer Person betrachtet, Verbrechen zu begehen. Diese Haltung wird durch ein Verhalten demonstriert, das in offenem Gegensatz zur sozialistischen Moral steht.

Artikel 73

1. Der Zustand der Gefährlichkeit wird erkennbar, wenn sich in einem Subjekt einer der folgenden Hinweise auf Gefährlichkeit manifestiert:
a) Gewohnheitstrinken und Trinksucht,
b) Drogensucht,
c) antisoziales Verhalten.

2. Als im Zustand der Gefährlichkeit wegen antisozialen Verhaltens befindlich wird betrachtet, wer gewohnheitsmäßig die Regeln des sozialen Zusammenlebens durch Gewaltakte oder andere provokatorische Akte bricht, die Rechte der anderen verletzt oder durch sein allgemeines Verhalten die Regeln des Zusammenlebens schädigt oder die Ordnung der Gemeinschaft stört oder, wie ein sozialer Parasit, von der Arbeit anderer lebt, ausbeutet oder sozial verwerfliche Laster praktiziert.

Artikel 75

Wer, ohne die in Artikel 73 genannten Zustände der Gefährlichkeit aufzuweisen, wegen seiner Beziehungen oder Verbindungen zu für die Gesellschaft, andere Personen oder die soziale, wirtschaftliche und politische Ordnung des sozialistischen Staates gefährlichen Personen als dem Verbrechen zuneigend erscheint, erhält von der zuständigen polizeilichen Stelle eine Warnung, um zu verhindern, daß er sozial gefährliche oder verbrecherische Aktivitäten unternimmt.

Artikel 103 (Feindpropaganda)

1. Eine Freiheitsstrafe von einem bis zu acht Jahren erhält, wer
a) gegen die soziale Ordnung, die internationale Solidarität oder den sozialistischen Staat mit Hilfe von mündlicher oder schriftlicher Propaganda oder in irgendeiner anderen Form hetzt
b) Propaganda des unter a) erwähnten Charakters herstellt, vertreibt oder besitzt

2. Wer falsche Nachrichten oder böswillige Voraussagen verbreitet, die Unruhe oder Unzufriedenheit in der Bevölkerung oder Störungen der öffentlichen Ordnung auslösen können, wird mit Freiheitsentzug von einem bis zu vier Jahren bestraft.

3. Wenn zur Ausführung der in den vorherigen Absätzen beschriebenen Taten Mittel der Massenkommunikation benutzt werden, ist die Strafe Freiheitsentzug von sieben bis zu fünfzehn Jahren.

Artikel 144 (Mißachtung)

1. Wer einen Vertreter der Obrigkeit, seinen Beauftragten oder Agenten, in der Ausübung seiner Funktionen ... bedroht, verleumdet, diffamiert, beschimpft, beleidigt ... oder in seiner Würde oder Ehre verletzt, wird mit Freiheitsentzug von drei Monaten bis zu einem Jahr und/oder einer Geldstrafe bestraft.

2. Sollte der im vorherigen Absatz geschilderte Tatbestand gegen den Präsidenten des Staatsrats, den Präsidenten der Nationalversammlung, die Mitglieder des Staatsrats, die Mitglieder des Ministerrats oder einen Abgeordneten der Nationalversammlung gerichtet sein, ist die Strafe Freiheitsentzug von einem bis zu drei Jahren.

Anfänge einer Versteinerung

... weil ich zu denen gehöre, die ernsthaft an die Freiheiten glauben, zu denen, die glauben, daß jedermann das Recht haben muß, zu sagen, was er denkt.
FIDEL CASTRO

»Sientese!« knurrt sie. Sie muß etwa 60 Jahre alt sein, ist sehr blond und sich ihrer Macht durchaus bewußt. Niemand betritt das Institut ohne ihre Zustimmung, niemand! Ausländer schon gar nicht und ausländische Journalisten noch viel weniger. »Vielen Dank, ich bleibe lieber stehen«, sage ich. Sie macht ein Gesicht, als hätte ich sie beleidigt. Als Pförtnerin ist sie eine Amtsperson, und einer Amtsperson widerspricht man nicht auf Cuba. Wer diese Regel verletzt, kann auch schon mal wegen »Mangel an Respekt« bestraft werden. Sie hebt beide Augenbrauen und wiederholt mit deutlich lauterer Stimme: »Setzen Sie sich!!!«

Ich setze mich. Ich habe meine Erfahrungen. Auf der Polizeiwache haben sie kürzlich gedroht, mich wegen Widerstands gegen die Staatsgewalt einzulochen, wenn ich mich nicht setze. Schon länger habe ich den Eindruck, daß sitzende Cubaner eine Phobie gegen stehende Ausländer entwickeln. Also setze ich mich und sehe, wie sie sich sofort entspannt. Zweifellos hatte sie bereits daran gedacht, meines Ungehorsams wegen die Polizei zu rufen.

40 Jahre nach ihrem Sieg ist die cubanische Revolution ergraut und verkrustet, und auch die stereotype Wiederholung von Wörtern wie »glorreich« oder »heldenhaft« kann die verlorengegangene Dynamik nicht ersetzen. Aus revolutionärem Elan ist konservativer Formalismus geworden – ein Stil, der gerade den Cubanern eigentlich überhaupt nicht liegt. Wo früher Bewegung war, herrscht heute Stillstand. Die Aufrührer von einst sind zur staatserhaltenden Kraft von heute geworden, und wie in jedem anderen Land haben die Regierenden den Drang, alles zu regeln, den Status quo mit Verboten abzusichern und jede Art von Spontaneität zu verpönen.

Kaum setzt sich einer auf ein Mäuerchen nur in Blickweite zu den internationalen Hotels, erscheint sofort die Polizei und jagt ihn fort. Nicht weit von meiner Wohnung steht in einem öffentlichen Park die Jacht »Granma«, mit der die Revolutionäre einst von Mexiko aus übersetzten, es ist aber verboten, stehenzubleiben und sie anzuschauen. Die wilden Mähnen der Rebellen sind der neuen cubanischen Einheitsfrisur gewichen: kurz, ordentlich, soldatisch, auf Fasson geschnitten. Wer versucht, ein Ministerium bei 36 Grad im Schatten in kurzen Hosen zu betreten, der fliegt raus. Für Männer ist es ungehörig, Sandalen zu tragen. Das Betreten eines Touristenhotels im T-Shirt ist verboten, es sei denn, der Eindringling ist zahlender Gast. Meine Frau schmissen die Sicherheitsleute aus dem Hotel »Melía Cohiba«, weil ihr Bauchnabel zu sehen war. Bei jedem zweiten Versuch, mein Auto zu parken, kommt ein Cubaner angelaufen und sagt »Hier nicht!« denn seit die Macht allen gehört, spielen auch gern alle Polizei. Eine Freundin mußte auf die Polizeiwache und erhielt eine Geldbuße von 150 Pesos – weil sie mich gegrüßt hatte.

Das Spießertum blüht im sozialistischen Cuba. Wohlverhalten ist angesagt, nur ja nicht auffällig werden. In den Kneipen erklingt heiße Musik, und es ist erlaubt, sich im Sitzen rhythmisch zu bewegen. Sich im Stehen rhythmisch zu bewegen, aber ist verboten, denn solcher Übermut brächte die öffentliche Ordnung ernsthaft in Gefahr. Die aber ist des Staates höchstes Gut.

In eigener Sache

»Während des Berichtsjahres appellierte »amnesty international« an die cubanischen Behörden, sämtliche gewaltlosen politischen Gefangenen freizulassen und all jenen, die sich wegen politisch motivierter Straftaten vor Gericht verantworten müssen, umfassende rechtliche Garantien zu gewähren. Die Organisation forderte, die Anwendung von Straf- und Zwangsmaßnahmen einzustellen, darunter auch die Praxis, Personen, die ihre Rechte auf freie Meinungsäußerung sowie Vereinigungs- und Versammlungsfreiheit in friedlicher Weise wahrnehmen, ins Exil zu zwingen oder anderen Schikanen auszusetzen. »Amnesty international« rief die Behörden auf, allen Gefangenen den gleichen Zugang zu Nahrung, medizinischer Versorgung und Hygiene zu gewähren wie dem Rest der Bevölkerung, und verlangte unabhängige und unparteiische Untersuchungen sämtlicher bekanntgewordenen Folter- und Mißhandlungsvorwürfe.«

Jahresbericht 1997 von »amnesty international«

Ich gebe es zu: Fast hätte ich das Thema weggelassen, vergessen, verdrängt. Wer sägt schon gerne an dem Ast, auf dem er sitzt? Da ist eine Frau, und in ihrem Bauch ist ein Kind. Da ist eine gewisse Leichtigkeit des Seins, die ich woanders nicht finden kann. Eine Sympathie für alles das, was diese Revolution unbestreitbar gut gemeint, wenn auch nicht immer gut gemacht hat. Bewunderung für David, der sich gegen den größten Goliath aller Zeiten wehrt. Verständnis dafür, daß eine außergewöhnliche Bedrohung von außen zur Einschränkung der Freiheiten im Innern führt. Jede Menge guter Gründe also, die Angelegenheit schweigend zu übergehen.

Aber dann kommen junge Leute zu mir, erzählen mir Cuba-Witze für dieses Buch und sagen: »Aber laß bloß niemand wissen, wer dir den erzählt hat!« Die Zeiten stehen schlecht, wenn einer beim Erzählen eines Witzes Angst hat, ins Gefängnis zu kommen. Wenn man die Wahrheit nicht sagen darf, weil dies als Verbreitung von

Fidel-Castro-Propaganda an einer Autobahnraststätte

Bushaltestelle mit Che-Plakat, 1996

Feindpropaganda ausgelegt wird. Wenn Kritik oder Widerspruch mit »Mißachtung« des Gesetzes gleichgesetzt werden können. Wenn ein Arzt ins Gefängnis muß, weil er die Behörden auffordert, die Wahrheit über eine Epidemie zu sagen. So wenigstens steht es im letzten Bericht von »amnesty international«. Die Richtigkeit dieses Berichts kann ich allerdings ebensowenig nachprüfen wie die regelmäßigen Versicherungen der Regierung, daß die Menschenrechte gewahrt werden. Was ich dagegen mit Händen greifen kann, ist diese ängstliche Vorsicht, sich bei der Äußerung einer »falschen« Meinung nicht erwischen zu lassen. Kritik zu äußern, scheint hierzulande tatsächlich mit einem hohen persönlichen Risiko verbunden zu sein.

Diese Revolution ist unter anderem angetreten, den Egoismus zu überwinden. Das Gegenteil hat sie erreicht: Die Cubaner heute machen den Eindruck, daß sie erst einmal an sich denken, und das fast ausschließlich.

Daß es so weit gekommen ist, gehört zu den unbestreitbaren »Erfolgen« Washingtons. Die Verteidiger der Freiheit haben selbst die Voraussetzungen geschaffen, um die innercubanische Diskussion im Keim zu ersticken – mit dem Überfall in der Schweinebucht, mit Mordanschlägen und Bomben in Hotels, mit ihrer Blockadepolitik.

Gott schickt einen Engel nach Cuba, um herauszufinden, was da läuft. Während der Kundschafter noch am Recherchieren ist, stirbt Castro und kommt in den Himmel. Der Sendbote kommt zurück.

»Herr, Herr …«

»Nix Herr«, sagt Gott. »Genosse heißt das jetzt, und um sieben ist Betriebsversammlung!«

Fidel läßt herausfinden, was die Cubaner am 1. Januar 2000 essen werden.

Ein Funktionär bringt das Ergebnis:

»Scheiße.«

»Und was hälst du davon?«

»Es wird nicht genügend da sein.«

Ein Volk macht Front

Sämtliche Güter und Aktivitäten des Landes, unabhängig von ihrer Beschaffenheit,
können von der Regierung der Republik dazu eingesetzt werden, während außerordentlicher Situationen
die Notwendigkeiten der nationalen Verteidigung zu befriedigen.
GESETZ ÜBER DIE NATIONALE VERTEIDIGUNG

Katastrophenschutz der sozialistischen Art

Zugegeben – man kann über die Stärken und die Schwächen des cubanischen Staats- und Regierungssystems verschiedener Meinung sein, aber zumindest im Katastrophenfall verstummen alle Kritiker vor seiner verblüffenden Effizienz. Die Karibik ist ein böses Meer, die Orkane fressen Häuser, Pflanzen, Tiere und Menschenleben. Sie stürmen auf verarmte Völker zu, die sich nicht zu wehren wissen, und entreißen ihnen das letzte bißchen Hab und Gut. Die meisten Regierungen legen die Hände in den Schoß und senden hin und wieder ein Gebet gen Himmel oder aber versuchen, die Gefahr herunterzuspielen, um höhere Staatsausgaben zu vermeiden. So auch im letzten September, als der Orkan »Georges« über die Dominikanische Republik und Haiti herfiel, und kurze Zeit später, als »Mitch« Mittelamerika in einen Trümmerhaufen verwandelte und mindestens 25 000 Menschen umbrachte. Die genaue Zahl wird man nie erfahren.

»Georges« stürmte über die hohen Berge von Haiti – wo er gründlich verwüstet hatte – auf Cuba zu, aber hier erwartete ihn ein ganzes Volk. Hier war man kampfbereit, hier hatte man Vorsorge getroffen, hier wollte man überleben. Das Fernsehen und die Radiosender informierten die Bevölkerung rund um die Uhr über jede Bewegung des Orkans, über seine Stärke, den vermutlichen Weg, den er nehmen würde. Staatschef Fidel Castro hielt sich mehr Zeit im »Meteorologischen Institut« als im Regierungsgebäude auf und ließ sich von dem Mann informieren, der plötzlich so wichtig geworden war wie er. Dr. José Rubiera, der Leiter des »Meteorologischen Instituts«, gab mit von Schlaflosigkeit geröteten Augen Auskunft, tagelang, nächtelang. Raúl Castro hetzte von einer östlichen Provinz zur nächsten, um den bedrohten Menschen dort Mut zu machen. Rund 800 000 Personen waren evakuiert und in sichere Behausungen gebracht worden, wo sie verpflegt und medizinisch versorgt wurden. Die

Pläne jedes einzelnen Unternehmens und jeder einzelnen Fabrik für den Katastrophenfall waren akribisch genau ausgeführt. Das Land stand Gewehr bei Fuß. Selbst 700 000 Stück Vieh waren in Sicherheit gebracht.

»Georges« warf Millionen von Bananenstauden um, richtete in den Kaffeepflanzungen, beim Kakao, im Reis und im Zuckerrohr erheblichen Schaden an, verwüstete Straßen und zerstörte 14 000 Häuser, riß Brücken ein und vernichtete, was er konnte, aber die Menschen waren in Sicherheit. Als der Orkan von der Insel abließ, gab es sechs Tote. Vier von ihnen waren beim Kampf gegen den Sturm von herabfallenden Stromkabeln getroffen worden, zwei waren ertrunken. Einen Tag später begann der Wiederaufbau. Fünf Tage, nachdem »Georges« dagewesen war, erreichte der elektrische Strom bereits wieder mehr als 90 Prozent der Häuser in den verwüsteten Ost- und Zentralprovinzen. Der gebeutelte Staat stellte einige Entwicklungsprojekte zurück und kaufte zusätzliche Lebensmittel auf dem Weltmarkt. Das Leben ging wie gewohnt weiter.

Für manche Beobachter grenzt das alles an ein Wunder, aber auch dieses cubanische Wunder hat eine Erklärung, denn vom Kindergarten bis zum Universitätsabschluß und dem Eintritt ins Berufsleben begleitet die Cubaner seit 36 Jahren die »Defensa Civil«, der Zivilschutz. Was im Katastrophenfall zu tun und zu lassen ist, gehört zum Lehrplan auf jeder Ausbildungsstufe und wird regelmäßig geübt. Ende Mai, kurz vor Beginn der Orkansaison, die vom 1. Juni bis zum 30. November dauert, hält der Zivilschutz ein landesweites Manöver ab und bringt die Pläne

Solarzellen in einem Dorf in der Sierra Maestra

auf den neuesten Stand. Tritt die Katastrophe schließlich ein, weiß jeder, wo er hingehört und was er zu tun hat, um sich selbst, seine Habe, seinen Arbeitsplatz, seine Fabrik, sein Vieh oder sein Land zu schützen. Hinter ihm steht ein allmächtiger Staat mit vertikaler Befehlsstruktur, der sämtliche Hebel in Bewegung setzt, um sein Volk zu schützen, zu informieren, zu betreuen und den Schaden zu begrenzen.

Schon 72 Stunden vor dem vermutlichen Eintreffen eines Orkans beginnt die »informative Phase«. Die Kommunikationsmittel gehen in die Hände des Zivilschutzes über, deren Kommandoposten werden aktiviert. Einen Tag später tritt die »Phase der Vorwarnung« in Kraft, und die Evakuierungen aus gefährdeten Gebieten beginnen. Es folgt die »Alarmphase«, wenn der Orkan schließlich die Insel erreicht hat. Kaum ist der Orkan vorbei, beginnt die »Phase des Wiederaufbaus«. Jeder Betriebsleiter, jeder Arzt, jeder Soldat kennt seine gesetzlich festgelegten Verpflichtungen in diesen Tagen, das Volk rückt zusammen, jeder hilft jedem. Sollte »Georges« ein denkendes Wesen sein - manchmal erwecken die Zyklone diesen Eindruck -, dann ist er frustriert weitergezogen: Auf Cuba ist er gegen eine Mauer aus Organisation, Erfahrung und menschlichem Willen getroffen, die zu dick für ihn war.

Arnoldo Alemán entkommt aufgebrachter Menge

»Managua, 3. November - Der Präsident Nicaraguas, Arnoldo Alemán, ist den Angriffen aufgebrachter Opfer des Orkans »Mitch« entkommen, während er an der Spitze einer offiziellen Kommission Besichtigungen durchführte, berichten Pressorgane in Managua.

Nach einer Meldung der Zeitung El Nuevo Diario ereignete sich der Vorfall in dem Ort Ciudad Darío etwa 89 Kilometer nördlich der Hauptstadt. Alemán wurde von einer großen Gruppe aufgebrachter Personen bedrängt, die das Rathaus von Darío umzingelten und den Präsidenten ausbuhten und mit Rufen beleidigten. Die Menge forderte dringende Maßnahmen der Regierung für die rund 420 000 Geschädigten, die der Orkan im ganzen Land zurückgelassen hat.

Angesichts der wütenden Reaktion der Menge mußten die Leibwächter den Präsidenten abschirmen und mit Gewalt zu seinem Auto bringen, das sich mit Höchstgeschwindigkeit einen Weg durch die Menge bahnte und nach Managua zurückfuhr, berichtete DPA.

Der Zwischenfall wiederholte sich in der westlich gelegenen Stadt León, wo die Menge Beutel mit schmutzigem Wasser warf. Dahinter steht die wachsende Kritik an der Regierung von zahlreichen Institutionen und Politikern, die Alemán vorwerfen, er habe angesichts der Katastrophe nicht alle erforderlichen Schritte unternommen und habe auch jetzt keine Antwort auf die Forderungen der Geschädigten.

Die Regierung wurde außerdem kritisiert, weil sie den Nationalen Notstand nicht ausgerufen hatte, nach Meinung der Wirtschaftsexperten aus Angst vor der drohenden Übernahme der Bankschulden von unzähligen Landwirten, die ihre Ernte und ihr Einkommen bei der Naturkatastrophe verloren hatten.«

Granma, 4. 11. 1998

Warten auf Lilly

Lilly ist atypisch«, sagte Carl. Der Schwarze trank seinen Mojito aus und hob fragend die Augenbrauen.

»Wieso? Los, erklär's mir schon, du akademisches Arschloch!«

»Erst hat sie gute 180 Kilometer entfernt von hier Merengue getanzt, und das drei Tage lang. Dann ist sie einfach stehengeblieben und hat sich nicht mehr von der Stelle gerührt – nochmal drei Tage lang. Und jetzt kommt sie geradewegs auf die Stadt zu, auf unsere Kneipe, auf dich und auf mich. Sie ist atypisch.«

»Dann sind wir ja bald in bester Gesellschaft. Herr Ober, bitte noch zwei Mojitos!«

Draußen tobte das Gewitter, und es goß in Strömen. Nach jedem Donnerschlag ließ der Regen für zwei, drei Sekunden nach, dann setzte er verstärkt wieder ein.

»Es ist, als hätte ihr jemand gesagt: Ab nach Havanna mit dir, nirgends kannst du mehr kaputtmachen als da! Sie hat diese drei Tage gebraucht, um sich zu entscheiden, und jetzt kommt sie.«

»Danke, Herr Ober, vielen Dank!«

Auf seinen Reisen versuchte der Schwarze, das Bild zu verbessern, das der typische deutsche Tourist im Ausland hinterläßt. Er behandelte jedermann mit ausgesuchter Höflichkeit.

»Atypisch ist sie, ich sag's dir, atypisch.«

»Und du, wie bist du?«

»Besoffen und auch atypisch. Genau wie du.«

»Stimmt. Sag ich doch. Gleich sind wir in bester Gesellschaft. Prost!«

Der Wind blies den Regen durch die nur von Holzgittern besetzten Fensterhöhlen. Am Nebentisch saß ein Spanier und küßte seine Mulattin. Die Kellner hatten sich hinter der Bar verschanzt. Vor dem Eingang zum Klo saß ein Italiener und küßte seine Mulattin. Die anderen Nachtschwärmer waren nach Hause gegangen. Die Musiker machten, daß sie da raus kamen. Der Klowächter starrte mürrisch auf den Boden. Es war halb zwei Uhr morgens. Gewöhnlich kochte das Café »San Francisco« um diese Zeit, aber heute Nacht kam Lilly.

»Und Piet?« fragte Carl. »Piet, der Oberzocker?«

»Der alte Verbrecher? Dealt mit Koks.«

»Man kann die Leute nicht alleine lassen. Der ist doch auch schon an die sechzig, oder?«

»Zweiundsechzig. Zweiundsechzig Jahre und jeden Tag nur Scheiße gebaut.«

Die Mulattinnen gingen aufs Klo und tauschten Informationen aus. Die Kellner zogen sich in die Küche zurück. Der Fernseher lief noch. Die Evakuierungen waren abgeschlossen, die Fenster verklebt. Die Häuser der Altstadt konnten jetzt in sich zusammenstürzen, ohne Menschenleben zu gefährden.

Das Café »San Francisco« war ein friedlicher Treff für Nachtschwärmer. Männer, meist reiferen Alters, pflegten aus Europa anzureisen. Frauen, meist jünger und einheimisch, wünschten sich nichts sehnlicher als eine Europareise. Die Mischung führte unweigerlich zu Lustbarkeiten aller Art bis hin zur Ehe. Ab und zu fanden sich melancholische deutsche Maler ein, russische Atomwissenschaftler, taxifahrende cubanische Chefärzte oder der immer betrunkene schwedische Barkeeper von der »Isabel«, dem Karibikkreuzer der Millionäre. Die zum Drink eingeladenen Musiker tranken ihren Cuba Libre ohne Rum und kassierten am Ende der Nacht die Differenz. Die Nacht endete wie alle Nächte gewöhnlich um sechs Uhr morgens.

Der Schwarze wartete auf Lilly, als sei sie der

Schlüssel zu einer Zukunft, die längst hinter ihm lag.

»Mann, das ist Realität! Verstehst du, was ich meine? Bei uns ist doch nichts mehr wirklich! Alles aufgekochte Pisse, Bilder, Geschwätz, Kommentare, Computer. Medien! Immer ist was zwischen dir und der Realität.«

Er stand auf, stellte sich ans Fenster und badete sein Gesicht im Regen. Carl sagte nichts. Er lebte seit 30 Jahren medienfrei. Der Schwarze setzte sich wieder.

»Ich hab einen Haufen von euch gelernt, ihr akademischen Arschlöcher, damals in den Sechzigern.«

»Von uns? Wir waren doch dümmer, als die Polizei erlaubt.«

»Einerseits.«

»Und andererseits?«

»Hab ich trotzdem von euch gelernt. Weißt du, warum ich damals die Zuhälterei an den Nagel gehängt habe? Ihr habt da im ›Grünen Baum‹ eure Sprüche geklopft von wegen einer gerechteren Welt und freier Liebe und dem Ende der Ausbeutung, und ich hab zugehört und war Zuhälter. Ihr wart die Akademiker und ich der Schwarze, der nix weiß und nix kann und die Weiber ausbeutet. Ich hab euch zugehört.«

»Und jetzt bist du der Millionär und ich der durchgeknallte Schriftsteller ohne Verlag. Du hast entschieden mehr von uns gelernt als wir von dir.«

Der Schwarze war Autodidakt vom Scheitel bis zur Sohle. Er hatte den Instinkt eines hungrigen Tiers und das Gemüt eines jungen Werther. Die Kombination hatte funktioniert.

»Vergiß es!« murmelte er. »Glaub's mir, wenn ich könnte, ich würde lieber heute als morgen mit dir tauschen.«

Sie schwiegen. Der Sturm legte zu. Der Regen prasselte auf die Straße. Carl starrte in sein Glas. Die Pfefferminze da drin nahm merkwürdige Formen an. Eine Bö jagte einen Regenschauer auf Carls Gesicht. Er dachte rückwärts: »Hast du dir eigentlich mal überlegt, warum wir uns ausgerechnet auf Cuba wieder getroffen haben?«

»Logisch. Ein Traumtänzer wie du kriegt doch woanders keine Luft mehr. Ich war in Guatemala – genau wie du. In Mexiko, in der DomRep – genau wie du. Ich hab Augen im Kopf!«

Er deutete mit beiden Zeigefingern auf seine Augen. Carl schüttelte den Kopf.

»Aber hier ... Mann, wenn einer was Falsches sagt, steht er mit einem Bein im Knast.«

Der Schwarze zuckte die Achseln.

»Und? In Mittelamerika kann jeder sagen, was er will, aber wenn er ausgeredet hat, ist sein Kind verhungert oder an der Cholera verreckt.«

Carl runzelte die Stirn. Der Schwarze stocherte mitleidslos im Schutt seiner verlorenen Träume herum. Er hatte schon 1966 nach Cuba gewollt, da war der Verfassungschutz gekommen. Später hatte er von direkter Demokratie geträumt. Ein roter und ein grüner Knopf am Fernseher, Volksabstimmung über jedes Gesetz. Auch da war der Verfassungsschutz gekommen. »Nach der Revolution kommst du ins KZ, mein Lieber«, hatte ihm ein maoistischer Freund versprochen. Später hatten sie ihn beim Weintrinken im »Grünen Baum« erwischt und aus der Bewegung ausgeschlossen. Revolutionären war es verboten, im »Grünen Baum« Wein zu trinken. Mit einer Handbewegung wischte er die Gedanken weg, griff zum Glas und trank.

Eine junge Frau kam herein, tropfnaß. Das Wasser lief aus ihren langen, schwarzen Haaren über das dunkelbraune Gesicht. Sie lächelte Carl an, nahm sein Glas und trank es aus. Carl zog einen Schlüssel aus der Hosentasche.

»Geh heim zu mir, Mädchen! Bei dem Wetter kannst du nicht nach Hause. Wir bleiben hier und warten auf Lilly.«

Sie ging. In der Tür drehte sie sich um.

»Alter Gauner! Danke!«

Der Schwarze schleppte sich in die Küche.

»Herr Ober, bitte bringen Sie noch zwei Mojitos!«

Er schlingerte an den Tisch zurück. Vor Jahren hatte er seinen Benz unter einen Laster gesetzt und seither mehr silberne Schrauben als Knochen im Leib. Auch die zwei Infarkte waren ihm nicht gut bekommen. Seit dem zweiten lebte er wie ein Berserker. Das nötige Kleingeld hatte er. Der Schwarze wußte seine Chancen zu nutzen, und von Finanzen verstand er eine ganze Menge.

»Die größte Schweinerei ist, daß sie sich weigern, Aktiengewinne zu besteuern«, sagte er unvermittelt. »Aber den Rentnern und den Kranken in die Tasche zu greifen, das ist kein Problem. Scheißstaat! Übrigens hab ich Karin ein Haus gekauft.«

»Karin, mein Gott, Karin! Zehn Jahre lang war ich hinter deiner Tochter her, Alter. Dann hat sie diesen Schlosser geheiratet, und der war in Ordnung, und ich hab den Schwanz eingezogen. Sind sie noch zusammen?«

»Klar.«

Der Fernseher lief immer noch. Lilly, atypisch aber bärenstark, erreichte gerade die cubanische Südküste. Noch 80 Kilometer bis Havanna. Die Schulen, die Krankenhäuser, die Sporthallen, sogar der Sitz des Staatsrates waren vollgepfercht mit Evakuierten. In den Häusern, die noch baufest waren, trommelten Hände, und wulstige Lippen sangen Gebete an Eleguá, den Gott der Wege. Wenn jemand Lilly noch aufhalten konnte, dann war es Eleguá. Falls der Gott keine Lust hatte, sich einzusetzen, würde die Altstadt Havannas in dieser Nacht endgültig zu einer Ruinenlandschaft. Zum Teil war sie es schon. Ein tropischer Regenguß brachte für gewöhnlich ein halbes Dutzend Häuser zum Einsturz. Lilly war ein Zyklon mit Winden von über 200 Stundenkilometern.

»Charlie ist gestorben.«

Der Schwarze zwirbelte seinen Schnurrbart. Der Schnurrbart war inzwischen so silbergrau wie seine Mähne. »Ich weiß«, sagte Carl. »Herzinfarkt. Das Fernsehen hat ihn umgebracht. Aber er wollte ja unbedingt fest angestellt sein. Das wirkt häufig tödlich.«

»Die Kleine müßte inzwischen bei mir zu Hause sein.«

»Vergiß die Weiber! Ich will Lilly. Ich bleibe hier.«

»Das nächste Mal fahre ich wieder nach Thailand. Cuba ist mir zu kompliziert.«

»Wieso?«

»In Thailand ist alles einfach. Das nächste Mal fahre ich wieder nach Thailand.«

»Wenn es ein nächstes Mal gibt. Wenn uns heute nacht kein Balkon auf den Kopf fällt.«

»Hast du Angst?«

»Nicht vor dem Sterben. Aber vor einem Dachschaden.«

Carl zog den Stuhl weiter vom Fenster weg. Der Sturm jagte dichte Regenschleier in das Café »San Francisco«. »Dieses Land ist verrückt. Wenn du Ausländer bist und reich, kriegst du alles, was du willst. Wenn du Cubaner bist und arm – vergiß es! Und trotzdem halten sie zusammen und singen und tanzen und freuen sich an ihrem bißchen Leben wie die Kinder.«

»Und jedesmal, wenn ich komme, gibt es mehr Autos.«

»Mehr Autos, mehr Huren, mehr Zuhälter, mehr Touristen, mehr Kneipen, mehr Koks, mehr Dollars und mehr Polizei. Alles überschlägt sich. Und trotzdem bleibe ich hier. Das Leben ist bunter und wärmer und voller als irgendwo anders. Stärker, lebendiger. Und weißt du warum? Die Cubaner sind Stoiker. Die kann überhaupt nichts erschüttern – nicht mal die Blockade und Lilly schon gar nicht.«

»Also gut. Thailand ist gestrichen. Ich komme wieder. Kannst du noch was zu trinken besorgen?«

Carl ging hinter den Tresen und holte zwei Doppelstöckige. Die Kellner spielten Domino in der Küche. Der Sturm heulte inzwischen wie ein mondsüchtiger Wolf. Carl stellte dem Schwarzen das Glas hin.

»Weißt du noch, wie wir uns kennengelernt haben? Das war 1960.«

»Klar. Ihr wart zu dritt, drei akademische Arschlöcher gegen mich armen proletarischen Luden im Poker, hahahaha! Aber mit den vier Assen habt ihr nicht gerechnet, hahahaha!«

»Mit deinen schnellen Fingern auch nicht.«

»Also für mich, für mich waren das schönere Zeiten damals. Irgendwie zärtlicher. Weißt du, was ich meine?«

»Millionäre sollten eigentlich anders reden.«

»Akademisches Arschloch!«

Lilly stürmte auf die Stadt zu. Der betrunkene Italiener versuchte, seiner Mulattin den Träger des Kleides über die Schulter zu streifen. Sie ließ ihn machen, bis der Ansatz der Brustwarzen zu sehen war. Dann stieß sie ihn lachend zurück, legte die Beine über seine Schenkel und küßte ihn. Der Spanier nahm sein Mädchen an der Hand und rannte mit ihm hinaus in den Regen. Draußen warf der Sturm die ersten Ruinen um. Die Revolution hatte die Hauptstadt vergessen und alles Geld in die jahrhundertelang vernachlässigten Provinzen gepumpt. Jetzt kam die Rechnung. Havanna duckte sich in Lebensgefahr unter den wasserfallartigen Regengüssen.

»Kulturgut der Menschheit«, sagte Carl. »Die UNESCO hat die Altstadt zum Kulturgut der Menschheit erklärt. Morgen können wir den am höchsten bewerteten Schutt des Planeten besichtigen, wenn wir noch leben.«

»Hol noch zwei! Mir bricht gleich das Rückgrat.«

Carl ging in die Küche. Die Kellner hörten Radio. Die Männer vom Meteorologischen Institut gaben Havanna noch drei Stunden. Draußen brachen Äste von den Lorbeerbäumen an der »Plaza de Armas«. Carl brachte die Getränke.

»Es gibt kein Taxi mehr. Es gibt überhaupt nichts mehr außer dem Klomann und den beiden da drüben.«

»Es gibt Lilly. Und es gibt uns.«

Auf der Stirn des Schwarzen standen Schweißperlen. Das Radio brachte jetzt Musik: Manolín, der »Medico de la Salsa«, der gegenwärtige Top-Mann. Auf der Insel behaupteten viele, daß Cuba ohne den Salsa-Arzt in den Krisenjahren untergegangen wäre. Offenbar wurde Manolín jetzt gegen Lilly eingesetzt.

Das Buntglasbild der Golden-Gate-Brücke schaukelte an seinem Nagel. »Arriba de la bola«, sang Manolín, »höher als der Ball fliegt.« Der Klowächter sammelte seine Münzen ein. Zum ersten Mal seit der Freigabe der US-Währung hatte er in einer Nacht weniger als einen Dollar eingenommen. Er warf einen säuerlichen Blick auf die beiden Deutschen, dann trat er hinaus in die Nacht.

»Du hast immer den dicken Max gemacht mit deinen Fernsehfilmen. Und dann hab ich dich mit der Sammelbüchse vom Roten Kreuz auf der Hauptstraße erwischt.«

»Das war für meinen Drogenclub.«

»Einmal Freier, immer Freier. Im Zock hast du auch nichts getaugt.«

»Einmal Freier, immer Freier.«

»Akademisches Arschloch!«

Der Schwarze packte Carls Kopf und drückte ihn zärtlich an seine Schulter.

»Wir sollten hier verschwinden.«

»Ich kann nicht laufen.«

»Es sind nur sieben Querstraßen.«

»Zu viele. Eine einzige bringt mich um.«

»Ich hol noch zwei, dann geht's vielleicht.«

»Mit dreifachem Rum.«

»Mit dreifachem Rum.«

Das Radio war vom »Medico« auf die »Van Van« umgestiegen. Die »Van Van« versorgten Cuba seit über einem Vierteljahrhundert mit hochkarätiger Musik. Sie waren eine Garantie für Kontinuität. Der Nagel, an dem die Golden-Gate-Brücke hing, hielt es nicht mehr aus und löste sich aus der Wand. Die Brücke zerschellte auf dem Fliesenboden des Café »San Francisco«. Es war schade um sie. Der Sturm nahm zu. Lilly war Gegenwart. Die Stürme in den Köpfen von Carl und dem Schwarzen waren ferne Erinnerung. Carl stellte die Drinks auf den Tisch und ging aufs Klo. Zum ersten Mal in drei Jahren konnte er im Café »San Francisco« gratis pissen. Auf dem Rückweg kam er an dem Italiener und seiner Mulattin vorbei. Sie küßten sich wie zwei Blutegel. Die Hand des Mädchens verschwand in der Hosentasche des Mannes und kam mit einem Zwanzig-Dollar-Schein wieder zum Vorschein.

»Mädel, so was tut man nicht«, sagte Carl und setzte sich wieder. Sie lachte.

»Recht hat sie! Diese Wichser ... für 20 Dollar wollen sie die schönsten Weiber der Welt ficken, Wichser, elende!«

Seit seiner Zeit als Zuhälter stand der Schwarze voll und ganz auf der Seite der Mädchen. Selten bezahlte er weniger als ein exqusites Abendessen und 200 Dollar für eine Nacht.

»Weiter so, Kind!« sagte Carl laut. »Mein Freund hier sagt, du hast ganz recht.«

Die Mulattin zwinkerte lächelnd mit den Augen. Ihre Hand verschwand wieder in der Hosentasche des Mannes, aber diesmal suchte sie offenbar etwas »Sensibleres« als Geld. Draußen polterte etwas Schweres auf die Straße. Carl trank aus.

»Reiß dich zusammen! Wir gehen.«

»Akademisches Arschloch! Ich kann nicht.«

Der Katastrophenschutz gab bekannt, daß Lilly die Jugendinsel vor der Südküste verwüstet hatte. Das »Auge des Orkans« war noch 40 Kilometer entfernt. Der Italiener stand auf, packte sein Mädchen um die Hüften und stolzierte hinaus in den Regen wie ein besoffener Storch. Der Schwarze fuhr sich mit der Hand durch seine Löwenmähne.

»Also gut! Wir gehen.«

Sie schwankten hinaus und stießen gegen den Regen wie gegen eine Wand. Die Straße war nicht zu sehen. Die wenigen Lichter kamen schon bei funkelndem Sternenhimmel kaum gegen die Dunkelheit an. Sie tasteten sich die Hauswände entlang vorwärts und warteten auf etwas, das ihnen auf den Kopf fallen würde. Ab und zu blieb der Schwarze stehen, um sich auszuruhen. Der Klang von Trommeln übertönte das Prasseln des Regens, das Jaulen des Sturms. Die *Santeros* riefen Eleguá.

Sie erreichten das Haus. Carl klingelte, und jemand warf einen Schlüssel auf die Straße. Der Schlüssel verschwand im Wasser. Carl fand ihn und schloß auf.

»Jetzt kommt das Schlimmste, Schwarzer. Ich wohne im vierten Stock, und es sind 88 Stufen.«

»Und der Aufzug?«

»Es gibt keinen Aufzug.«

Sie brauchten 20 Minuten, dann waren sie oben. Das Licht brannte, und der Fernseher lief. Lilly hatte nach Osten abgedreht. Eleguá hatte eingegriffen. Havanna war gerettet.

»Zieht euch aus und kommt ins Bett!« rief das Mädchen Lilly aus dem Schlafzimmer. »Und nehmt mich in die Mitte!«

Miguel Barnet

Der Dichter auf der Insel

Nicht dunkles Krokodil,
nicht gerades Zuckerrohr,
nicht die in goldenem Traumfluß
schwimmende Oshún,
nicht Sankt Barbara in glühender
Liebesnacht,
in der unauslöschlichen Nacht der
Geschlechter,
nicht die unverrückbar
in die fernste Richtung
weisende Giraldilla,
nicht die Hafenstraße, die das Wasser
wer weiß wohin forttreibt –
sondern die fordernde Tiefe,
die sandige Höhlung der Insel,
die nach mir fragt
und eine Antwort von mir erwartet.

DER DICHTER AUF DER INSEL. Der Dichter auf der Insel bin ich.

Ich möchte alle Mythen zerschlagen, die abgenutzten Metaphern und die Stereotypen sprengen. Das Land ist keine Gesamtheit von Gebieten, kein Lagerhaus voller Gebäude, sondern eine Persönlichkeit, die mich sucht und nach mir fragt. Und ich habe nur eine Antwort: Wo ich geboren wurde, wachse ich auf, wo ich geboren wurde, will ich sterben. Denn die Erinnerung daran darf keine angemalte Dirne sein, die Erinnerung füllt uns die Augen mit Fliegen, bedeckt uns mit Händen den Bauch; Adams erster Morgen wurde gesegnet von der damals apfelförmigen Erinnerung ... In der ersten Nacht ..., nun, in der ersten Nacht fehlte der Apfel noch. Was tu' ich ohne meine Echsen, wohin soll ich mich wenden ohne meinen Schatten, der mich in den Straßen meines Landes verfolgt, wo außer hier sind meine Augen, meine Spiegel, meine akustischen Bezüge...? Wer außer mir ist denn der Herr aller Prophezeiungen? Nicht umsonst habe ich gegen die Stürme angekämpft - das Unwetter ist mein bester Wegweiser gewesen, mein Kompaß die Geschichte. Und wo soll ich die finden, wenn nicht hier, lebendig und tief, eine Stütze des Vaterlandes?

Ich liebe New York sehr, aber dort weiß ich nicht, was mein Kopf will, wohin ich gehen soll, dort verliere ich mich.

Ich liebe Paris sehr, die schönste Stadt der Welt, aber auf mich wirkt sie kalt, ich finde dort meine Kürbisse nicht und sehe nur bunte Spiegelchen, die mir mit verletzenden Spritzern zublinzeln.

In Berlin liebte ich, in dieser Sprache rostiger Fässer, jemanden, der mir Bett und Brot gab und sogar ein Rassehündchen, das wir jeden Vormittag mit Oreganoshampoo badeten. Doch ich ließ alles zurück, da mich das Heimweh allzu rasch wieder nach Hause trieb. In Berlin ist meine Stimme die Stille. Ich will aber meinen schrillen Straßenlärm, mein kaputtes Telefon, mein hartes Brot aus ukrainischem Weizen, kurzum, ich will inmitten von dem leben, was ich liebe.

Bibliographie und Quellen

Barnet, Miguel: Cancion de Rachel, Havanna 1985

Barnet, Miguel: Cultos Afrocubanos, Havanna 1995

Barnet, Miguel: Gallego, Havanna 1985

Barti, Anwer: Zigarren, München 1993

Bibliographisches Institut: »Schlag nach!«, Amerika (Nord-, Mittel- und Südamerika), Mannheim, Wien, Zürich 1977

F.A. Brockhaus GmbH: Der große Brockhaus, Leipzig 1996

Burchardt, Hans-Jürgen: Kuba - Der lange Abschied von einem Mythos, Stuttgart 1996

Cabrera Infante, Guillermo: Drei traurige Tiger, Frankfurt am Main 1990

Cabrera, Lydia: El Monte, Havanna 1996

Carpentier, Alejo: Concierto Barroco, Havanna 1993

Carpentier, Alejo: La Ciudad de las Columnas, Havanna 1982

Carpentier, Alejo: Temas de la Lira y del Bongo, Havanna 1994

Castro, Fidel: Informe Central, Havanna 1975

Castro, Fidel: La Historia me absolverá, Havanna 1993

Fischer Taschenbuch Verlag, Der Fischer Weltalmanach '99, Frankfurt am Main 1998

GRANMA: Zeitung des Zentralkomitees der »Kommunistischen Partei Cubas«

Guerra, Ramiro: Manual de Historia de Cuba, Havanna 1971

Handbuch der Geschichte Lateinamerikas, Stuttgart 1996

Herzka, Alfred: Abschied vom Kommandanten?, Frankfurt am Main 1998

Hoffmann, Bert (Hrsg.): Wirtschaftsreformen in Kuba, Frankfurt am Main 1990

JUVENTO REBELDE: Zeitung der cubanischen Parteijugend »Union de Jovenes Comunistas«

Institut für Iberoamerika-Kunde Hamburg: Lateinamerika-Handbuch 1995, Frankfurt am Main 1994

Le Riverend, Julio: Breve Historia de Cuba, Havanna 1992

Niess, Frank: 20mal Kuba, München 1991

Nuñez, Antonio: En Marcha con Fidel, Havanna 1982

Officina Nacional de Estadisticas: Cuba en cifras 1990-1996, Havanna 1997

Orovio, Heliio: Música por el Caribe, Santiago de Cuba 1994

Ortiz, Fernando: Contrapunteo Cubano del Tabaco y el Azucar, Havanna 1991

Ortiz, Fernando: Estudios etnosociologicos, Havanna 1991

Ortiz, Fernando: Historia de una Pelea Cubana contra los Dominos, Havanna 1975

Paz, Senel: Erdbeer und Schokolade, Zürich 1995

Picardo, Hortensia: Documentos para la Historia de Cuba, Havanna 1988

Radio Havana Cuba, Cubanews from: Distributions 1998

Rodriguez, Olavo: De lo Afrocubano a la Salsa. Havanna 1994

Tablada, Carlos: El Pensamiento economico de Ernesto Che Guevara, Havanna 1987

LA TRIBUNA: Sonntagszeitung von Havanna

Statistische Angaben wurden auch Materialien des Nationalen Büros für Statistik, des Erziehungs- und des Kulturministeriums in Cuba entnommen.

Copyright-Hinweise

Der Verlag und die Autoren danken allen, die uns Karten, Texte und Fotos zur Verfügung gestellt haben, sehr herzlich.

Danksagung

Ich möchte dieses Buch widmen meinen besten Freunden, meinen Eltern, meiner Tochter Allison (meinem lieben »bicho«), a mi esposa maravillosa, a Clarita.

Und Euch allen, ohne die nichts so wäre, wie es ist, vielen, vielen Dank!

Annett', A. S., Cadi, Fernando, Gabi, Jochen B., Jochen H., Jürgen R., Kirsten, Klaus, Otto, Roberto, Thorsten, Uschi, Wilken, ... y ademas: Ana Fidelia, Goitia, Norka, Roque, Titi y Vando.

Ganz besonders danken möchte ich meiner Agentur ZEITENSPIEGEL, und da ganz speziell Jürgen, Susi und Uli für ihre Unterstützung und vor allem das Vertrauen in mich und meine Arbeit.

Muchas gracias por la ayuda: Cachaito, Manolito de Bohemia, Olga del Instituto de Biotecnologia, Rubén Gonzales, Rafael Lafarguez, Senel Paz, Silvia del CPI.

Ein großes Dankeschön gilt auch Wolfgang Behnken, Art Director beim STERN, der mir die Freigabe für dieses Buch für die Musik-Reportage gab, die eine STERN Produktion war, sowie Klaas Jarchow vom Verlag Rogner & Bernhard für seine begeisterungsintensive Betreuung des Projekts.

Und schließlich ein Dank an all die Cubaner, die dazu beigetragen haben, daß Cuba für mich eine Heimat geworden ist, und die es immer wieder schaffen, mit ihrer unbeschwerten Leichtigkeit mir helfen zu vergessen, daß Cuba nicht mehr das Paradies ist, als das ich es vor nunmehr schon 11 Jahren kennengelernt habe.

SVEN CREUTZMANN
La Habana, im Dezember 1998

Mein Dank gilt Silvia und Macías vom Internationalen Pressezentrum für die tatkräftige Unterstützung, Markis für ihr indianisches Verständnis und Naomi Narkis für den Versuch, gleichzeitig mit diesem Buch das Licht der Welt zu erblicken.

HENKY HENTSCHEL
La Habana, im Dezember 1998

Dieses Buch
wurde auf Recyclingpapier gedruckt,
das zu 95% aus deinktem Altpapier
besteht.